天皇と軍隊の近代史

加藤陽子 著

keiso shobo

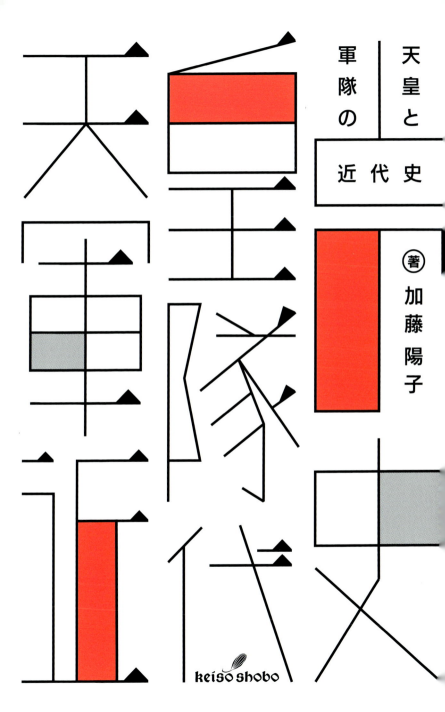

はしがき

この本は、一九三〇年代の日本の軍事と外交を専門としてきた著者が、ときに、東大教養学部の学生に向けて話した学術俯瞰《ふかん》講義、ときに、『岩波講座　日本歴史』の一章として寄せた論文、ときに、『考える人』の掌篇として描いた論考などを中心に編んだ八章と、今回書き下ろした長い総論から構成されている。

同じく勁草書房から刊行された『戦争の論理』（二〇〇五年）以降に書かれた論考からなる、著者にとって二冊目の論文集が、「むずかしい問い」をわかりやすく叙述するためのレーベル「けいそうブックス」シリーズの一冊として刊行されるのは、なによりも嬉しいことだ。

三〇年代の軍事と外交に著者が惹かれた理由の根幹にあるものを知りたい向きは、初めての著作『模索する一九三〇年代　日米関係と陸軍中堅層』（山川出版社、一九九三年、新装版二〇一二年）を手に取っていただくとよいかも知れない。イギリスからアメリカに国際秩序形成のヘゲモニーが移ってゆくこの時期、安全保障という点では、アメリカ中立法という外枠が設定され、経済発展という点では、やはりアメリカの互恵通商法という「坂の上の雲」が日本の目の前に現れる。このような時代にあって、安全と経済という二つの領域で政治的発言力を強めていった軍部、特に陸軍を分析対象として選んだ。

以上は、本の帯に使えそうな正面からのまとめである。だが、その裏面の、筆者の研究を支えていた問題意識は別のところにあった。過去の痛苦を「忘れないこと」や、戦争の前兆に「気づくこと」だけが、戦争を考えるときにそれほど万能な処方箋なのか、との淡い疑念が著者には早くからあった。過去を忘れないことや前兆に気づくことによってだけでは、戦争の本質を摑まえるのは難しいのではないかとの思いがかねてからあったのだ。

今から二二〇年以上も前、カントによって、共和的国家体制こそが永遠平和のために不可欠だと説かれたのはよく知られていよう。(1) その理由として、戦争の痛苦を一身に引き受けざるをえない国民ならば、戦争という「割に合わない賭け事」に自らのめりこんでゆくはずはない、との想定があった。戦争で犠牲となる国民にその未来を決定する権限を与えておけば、戦争は起こらないはずだった。だが、痛苦や惨禍を十分予想しえたとしても、「割に合わない賭け事」に自ら飛び込んでいく場合もあることを、ひとは経験的に知っている。

今から百年以上も前、幸徳秋水は、「日本人は日清戦争に苦しい経験をしたことをモウ忘れて終った」のか、と日露戦争前に慨嘆していた。(2) 秋水は、戦争の痛苦をすぐに忘れてしまう国民が、戦争の起こされる原因に気づけずに、また次なる戦争に駆りたてられていく不条理を憂いていた。

この嘆きの連鎖を止めるための方法はなかなか一筋縄ではいかないはずだと思った筆者は、ならば、非合理と暴力という要素だけから軍を描くのではなく、また、「奴隷の身分にあるものは、他者にその足枷を強いる最も残忍な代理人になれる」として日本の徴兵制軍隊を描くのでもなく、ひとまずは、①国家の安全の概念と外交政策形成との関係に及ぼす政治主体としての軍、特に陸軍を描き、②政府の政策決定方式の本質的変容における軍の影響力について描いてみようと思った。

今回、過去の幾つかの論文をまとめつつ、天皇と軍隊という、強力な磁場を持つ二つの言葉をタイトルに含む日本近代史の本を刊行するにあたって、長い序章にあたる総論を書いたのには理由がある。歴史学研究会編『天皇はいかに受け継がれたか』(績文堂出版、二〇一九年)の責任編集にあたりながら、譲位による天皇の代替わりが、近代にあっては初めてとなった事象が今年の春起きたことを目にし、近代の天皇の特徴とはなんだろうと改めて考えをめぐらせるようになったからである。

それは端的にいえば、軍隊の天皇親率との理念を根幹とするものだった。総論で詳しく述べるつもりだが、天皇と軍隊の間に特別な関係が創出されていった背景には、明治ゼロ年代における士族反乱状況に対処するため、幾つかの政治主体間に争われた軍事力再編構想の競合があった。私兵的結合を廃し、国内政治勢力に惑わされない中立不偏の軍事力の樹立が、西郷隆盛による内乱を経験した社会には不可欠だった。

だが、一八八二(明治一五)年の軍人勅諭中の「股肱《ここう》の臣」と表現された天皇と軍隊の特別な親密さや、八九(明治二二)年の大日本帝国憲法中の統帥大権(第一一条)と編制大権(第一二条)が規定する最高命令権者としての天皇の権威は、近代の三人目の天皇となった昭和天皇の時代、動揺し変容を迫られた。天皇自身、陸軍に対して次のように絶望感を述べている。一九三九(昭和一四)年一月、日独伊防共協定強化交渉が問題となったときにいわく、「どうも陸軍にも困ったものだ。要するに各国から日本が強いられ、満洲、朝鮮をもともとにしてしまはれるまでは、到底目が覚めまい」(6)、と。

いっぽう、軍人は軍人で、軍人勅諭中の徳目の第一条「忠節」の「世論に惑わず政治に拘らず、只々《ただただ》一途に己《おの》が本分の忠節を守り」の一節につき、軍人は政治に干与してはならないとの当初の解釈を、次第に自己に都合のよいように改変してゆく。例えば、宇都宮憲兵隊長・持永浅治は、一九二七(昭和二)年一二月二五日の座談でこの説明として、(7)「軍人たるものは、世相や世論が如何に変て行こうと、政治問題が如何にあろうと、一向無頓着で分らぬ方が宜い」との意味ではないとする。その理由は、将校たるもの、「世論に惑わされ、政治に拘って来た壮丁や召集兵を教育し、指導し、統率する立場にある」のだから、世論や政治に相当注意を払うべきなのだ、と論じていた。

このようにして、将校を中心とする軍人の政治干与に関するパンドラの箱は開いていった。五・一五事件の陸軍士官学校生徒に対する検察官・匂坂春平による論告中の「本件事犯の原因について」の部分では、検事自ら、政治と軍人の関係についての再解釈に踏み込んでしまっていた。いわく、軍人の「職分は国家の保護に在るが故に、事苟《いやしく》も国防に関する限り、仮令《たとい》政治的問題に付ても、全然之に無関心なる能はざるは、蓋《けだ》し免れざる所なり」(8)と述べていたのである。いっぽう、青年将校らの天皇観も変化をみせ、天皇とは「日本国の要約された姿」であり、天皇の尊厳は万世一系ゆえではなく「継承された皇位そのもの」にあるとの見方が生まれていた。

総論では、まず、明治初年の徴兵告諭から天皇制下の軍隊の在り方の特徴をおさえ、ついで、その原則が昭和初年になって変容するさまを、青年将校らによる国家改造運動の有していた意味を再検討することでおさえる。一九三二年という年は、昭和天皇が陸軍士官学校の卒業式に出席できなかった年であり、五か条の誓文に比すべき詔書の渙発を宮中側近が覚悟した年でもあった。

総論に続く八つの章は、文体や想定している読者など必ずしも同じではないが、それぞれの章で扱った「問い」は相互に深く関連しあい、また総論で描いた昭和戦前期の天皇と軍隊の関係の危機的状況について、そこに到るまでの前提条件やその後の帰結の説明ともなっている。どの章からでも読み始められる構えとなっているはずだ。

第1章では、日本人が過去の歴史を振り返る際、そこで想起される「この国のかたち」とは、いかなる戦争の「記憶」によって形成されてきたのか、この点について考察した。つぎに、明治維新以降の日本は、憲法と議会と徴兵制軍隊という、近代国家の標準装備を備えた国として不平等条約体制からの独立をめざしたといえる。ならばその際、日本の安全感や対外観における中国観・朝鮮観の特質はいかなるものであったのか、これを第2章では検討した。

つづく第一次世界大戦は、一九一七年のアメリカの参戦とロシア革命の勃発により根本的に戦争の性格を変えた。だが日本の外交・軍事当局者は、一六年という早い段階で講和条約草案の骨子を準備してしまっていた。第3章では、早すぎる「戦後」を準備することで日本は何を獲得しようとしていたのか、これを考えた。比較的短い第4章は、軍内部のクーデターである三月事件と関東軍の謀略による満州事変が起きた一九三一年から、大政翼賛会が成立し日独伊三国同盟が締結された四〇年までの一〇年間を扱い、一九三〇年代という時代、日米は何をめぐって闘争していたのか、この点をやや理念的に考察してみた。

天皇と軍隊の関係の変容は、軍人の政治不干与という大原則がさまざまな論理によって否定されてゆく過程で生じた。第5章は、総力戦として戦われた第一次世界大戦から第二次世界大戦終結までの時期を対象とし、軍による政治介入の問題を通時的に考察した。ロンドン海軍軍縮条約をめぐる国内対立や満州事変をめぐる国際連盟との軋轢は、日本の政軍関係をいかに変容させたのか。これを統帥権と兵力量をめぐる議論の変遷から追った。つづく第6章は、一九四〇年という一年間を対象として、三国同盟、近衛新体制、日米交渉という三大事案をめぐる国内政治勢力の対立構造を描き、これらすべての背景にあった日中関係の打開という大問題がいかに構想されていたのかを論じた。

第7章と第8章はともに一九四五年を対象としている。敗戦時に全国的に見られた軍需物資・資財の不正処理は何も個々の現場の兵士の判断でなされたのではなかった。鈴木貫太郎内閣最後の閣議決定の内容は、いかなる軍令として軍隊の末端まで指示されたのか、それについて第7章で論じた。第8章では、第二次世界大戦末期に内地の各都市が受けた空襲被害につき、花森安治の散文詩「戰場」を読み解くことから考えた。

註

（1）カント著、宇都宮芳明訳『永遠平和のために』（岩波文庫、一九八五年、原著は一七九五年に執筆された）。

（2）幸徳秋水「非開戦論」『幸徳秋水全集』第四巻（日本図書センター、一九八二年）四一五頁。

（3）その最良の研究成果は、藤原彰『天皇の軍隊と日中戦争』（大月書店、二〇〇六年）、飯塚浩二『日本の軍隊』（岩波現代文庫、二〇〇三年）。

（4）ハーバート・ノーマン「日本の兵士と農民」大窪愿二編訳『ハーバート・ノーマン全集』第四巻（岩波書店、一九七八年）所収。筆者の徴兵制理解については、加藤陽子『徴兵制と近代日本』（吉川弘文館、一九九六年）。
（5）この問題の重要性を先駆的に指摘したものとして、James B. Crowley, *Japan's Quest for Autonomy: National Security and Foreign Policy 1930-1938*, Princeton: Princeton University Press, 1966.
（6）原田熊雄述『西園寺公と政局』第七巻（岩波書店、一九五二年）二七二〜二七三頁。
（7）「服務資料綴」高橋正衛編『続・現代史資料　6　軍事警察』（みすず書房、一九八二年）二三八頁。
（8）「反乱被告事件論告要旨」原秀雄ほか編『検察秘録　五・一五事件　Ⅲ』（角川書店、一九九〇年）四三八頁。

目次

総　論　天皇と軍隊から考える近代史

本書のなかでいちばん長い論考となる本章は、この本のための書き下ろしである。つづく章を読んでゆく際、導きの糸となってくれる興味深いヒントや、時代のイメージを一新するに足る視角や史料の数々を置いておくための「ベースキャンプ」の役割を果たすべき章として書いてみた。序章ではなく総論としたゆえんである。明治初年、天皇と軍隊の関係が「親率」といった特別な理念で結ばれなければならなかった理由は何なのか。また、軍人勅諭の核心部分であった軍人の政治不干与という大前提が、いかなる論理と経緯から昭和初年に破綻し始めるのか。このような「問い」に導かれて他の章に進めば、近代日本の軍事と政治を天皇の在り方と関係づけた時に初めて見えてくる特徴がよりよく理解できるはずだ。

1　天皇と軍隊、その特別な関係

観兵式のイメージと「朕が股肱」というキーワード

天皇と軍隊といったとき、多くの人々にとって頭に浮かぶイメージは、一九四〇（昭和一五）年のある特別な陸軍観兵式の場面ではなかろうか。同年一〇月二一日、代々木練兵場で挙行された「紀元二千六百年記念」(1)観兵式(2)において昭和天皇は、御料馬・白雪の馬上で、徒歩部隊、戦車二百余台、各種機械化砲兵、飛行機五百余機を含む約四万三千名の部隊を閲兵した。馬前に整列した軍人のさまは、観兵式で天皇が読み上げ、東条英機陸相に授けられた勅語の末尾の一文「汝等《なんじら》倍々《ますます》奮励し、協心戮力《きょうしんりくりょく》、朕《ちん》が股肱《ここう》たるの本分を竭《つく》し、以て天壌無窮《てんじょうむきゅう》の皇運《こううん》を扶翼《ふよく》せよ」(3)中の「朕が股肱」(4)といったキーワードが具象化されたものと、当時の人々の目には映じたかもしれない。(5)

この観兵式のハイライト部分は、四〇年から作製が始まった国策ニュース「日本ニュース」中の一篇として全国の映画館で上映され、世に広められた。いっぽう、海軍による「紀元二千六百年」特別観艦式もまた、陸軍に先立つこと一〇日、一〇月一一日に横浜沖で挙行され、御召艦・比叡に乗り組んだ天皇は、連合艦隊旗艦・長門以下の艦艇九八隻の六列航行を親閲し、ここでも勅語を下している。

観兵式や観艦式で勅語を聞いた陸海軍軍人らにとって、朕が股肱という言葉は、軍隊生活で最も馴染みのある語句であったに違いない。これは、「我国の軍隊は世々《よよ》、天皇の統率し給う所にぞある」で始まる、一八八二（明治一五）年一月の軍人勅諭(6)中、忠節・礼儀・武勇・信義・質素の五か条の徳目が列

紀元二千六百年記念観兵式

（内閣情報部『写真週報』140号、昭和15年10月30日）
アジア歴史資料センター A06031073500（国立公文書館）

挙される前段の文章、「朕は汝等軍人の大元帥なるぞ。されば朕は汝等を股肱と頼み、汝等は朕を頭首と仰ぎてぞ、其親《そのしたしみ》は特《こと》に深かるべき」と謳った、天皇の肉声が聞こえてきそうなフレーズ中の言葉だった。教育総監部編『軍人勅諭謹解』（一九三九年版）はこの一文の大意を「朕はおまえたち軍人の大元帥であるぞ。それだから朕はおまえたちを手足として頼りにし、おまえたちは朕を頭首と思って敬い慕ってこそ、其の親密さは又格別に深いのである」(7)と載せる。さらに股肱の説明として、楠木正成《くすのきまさしげ》の子・正行《まさつら》が後村上天皇に最後の暇乞いをした折に天皇から賜った言葉「朕、汝を以て股肱とす」(8)を引き、歴史的な故事と結び付けていた。入営した現役兵や応召の兵士らが、軍隊内の精神教育の場でいかなる説明を聞かされていたのか推察できよう。

日米双方による終戦工作への天皇の利用

太平洋戦争に先立つ一年前の、この観兵式と観艦式で展開された、様式美と祝祭的なイメージで満たされた天皇と軍隊の姿が広く認知されていたからこそ、戦争の最終盤になったとき、アメリカと日本それぞれの側に、天皇利用の終戦工作が着手されえたとも考えられる。本書第7章に登場するが、戦前期の日本に留学し、美濃部達吉の憲法学を学んだアメリカの情報機関員チャールズ・ファース[9]は、それまで軍の行動の正当化のため利用されてきたシンボルとしての天皇を軍から引き剝がし、平和への復帰を促すシンボルとして転用しうると構想した。

いっぽう、宮中勢力と海軍上層部を担い手とし、アメリカを相手とする終戦の道しかないと、四五年三月以降、思い定めた東京帝国大学法学部長南原繁[10]ら教授グループは、天皇の詔書渙発方式による終戦を構想し、詔書に必須とされるフレーズの選定にまで及んでいた。本土決戦に突入する前、日本軍の絶望的な抵抗を止めうる唯一の力を持つ天皇という地位の存在意義に、英米側が利用価値を認めている間に終戦に持ち込むしかない、と南原らは考えていた。戦争最終盤にあって、なお七百万人の軍隊を無傷で内地に抱えていた日本軍。その武装解除を命じられる唯一の存在としての天皇に、アメリカと日本の双方が着目していたのである。

2　軍の論理と「幕府」論の存在

昭和天皇の辞世の御製

ここまで、紀元二六〇〇年記念の祝賀ムードに沸いた特別な年、一九四〇年の観兵式と観艦式に見る天皇と軍隊の関係性、四五年の戦争最終盤、本土決戦を回避するための日米双方の天皇利用計画を見てきた。二つの時点をつなげて見れば、軍隊に対する天皇の命令、戦いを止めよという命令は、いとも簡単に実行されたかのように思われる。

しかし、昭和天皇自身が、自ら終戦の際に詠んだ御製「爆撃にたふれゆく民の上をおもひ　いくさとめけり身はいかならむとも」など八首を、最晩年の一九八八年秋に至るまで心にかけ、和歌に関する宮内庁御用掛の岡野弘彦に選歌させていた事実を知れば、そこには違う風景が見えてくるのではないか。岡野は「身はいかになるともいくさとどめけり　ただたふれゆく民をおもひて」[11]の一首を最終的な終戦時の御製として選んだ。岡野はこの歌こそ天皇の事実上の辞世ではなかったかと考えたという。明治維新で創出された近代国家において、軍事指導者としての天皇は、復古・革命政権に他ならなかった明治政府が中核に置いたシンボルだった。明治、大正、昭和と、大日本帝国憲法とともに生きた近代の三人の天皇の中で、その最後に位置する昭和天皇の辞世のうち核となる言葉が、「いくさ（戦）と（止）めけり」「いくさ（戦）とどめ（止め）けり」であったことの意味は小さくないと思われる。

終戦に向けた天皇の動きは、実のところ危うい綱渡り上に結実した史実ではなかったか。[12] このような状況を生み出した、四五年七月のポツダム宣言受諾をめぐる御前会議や重臣懇談会での対立は本書第7章で詳しく論ずるつもりだ。陸軍を中心とする徹底抗戦派は、武装解除を行ったが最後、天皇制の維持、すなわち国体護持が保証されないとして、東郷茂徳外相や米内光政海相らの国体護持一条件降伏派に脅しをかけた。八月一〇日、前首相の立場で重臣懇談会に臨んだ東条英機は、国体護持は軍事力があってこそ可能だとの発言の根拠を「天壌無窮の神勅〔神話上、天照大神が天孫に下したとされる勅語〕」に求めていた。[13] 国体護持と兵備保持の不可分性について、この神勅自体が何かを語っていたわけではなかったが、重臣懇談会後の天皇への奏上でも東条は、陸軍力をサザエの殻に例え、殻を失えばサザエの中味(天皇制)は死にたえると諷したというので、軍隊と天皇、兵備と国体の不可分論は東条並びに当時の徹底抗戦派の持論であったのだろう。[14]

昭和期における天皇と軍隊の相克

本書の総論にあたるこの章では、昭和期における天皇と軍隊との間で生じた相克の一端を解明したい。関東軍の謀略に端を発して満州事変の勃発した一九三一年から、日本が国際連盟の脱退通告を行った三三年までは、短い期間ながらも重大な内外の案件が連続して起こった時期に相当する。対外的には満州事変と上海事変が、国内においては三月事件、一〇月事件、血盟団事件、[15] 五・一五事件、[16] 神兵隊事件な[17]ど、武力をともなったテロやクーデターの続発をみた。筆者が第一に注目したいのは、三二年七月一一日の陸軍士官学校の卒業式に、安全上の理由から昭和天皇が出席できなかった事実である。[18] また、三二年初頭から五月にかけての時期、内大臣牧野伸顕や内大臣秘書官長木戸幸一の周辺において、「五箇条の誓文」に比すべき詔書渙発が準備されていた事実である。[19] 幾つかの史料においては、これまでも少しずつその片鱗だけは見えていながらも全体像が見えにくかった天皇と軍・軍隊の関係性が、一九三〇年代初頭、大きく揺らいでいた事実を本章では押さえておきたい。

否定語としての「幕府」

当時にあって青年将校や民間の国家主義者らは、しばしば批判すべき対象に、「幕府」というレッテルを貼って批判した。たとえば、神兵隊事件の被告の一人・天野辰夫は、一九二五年から慣習的に成立していた二大政党制の政党内閣を、「政党幕府」と表現していた。浜口雄幸内閣がロンドン海軍軍縮条約を軍令部長加藤寛治の同意なしに締結したと断ずる彼らは、内閣のその行為を、孝明天皇の勅許なしに条約を締結した幕府になぞらえ、浜口首相や幣原喜重郎外相を井伊直弼に擬して批判していた。[20]

「幕府」が否定語として用いられた事例は他にもあり、それは本書第6章に登場する。第二次近衛文麿内閣を組織した近衛は一九四〇年八月、新党運動を本格化させる。その際、精神右翼[21]などは、「首班たるものが公権を背景として一国一党を作りその総裁を兼ねる」のは、一君万民の日本の国体の本義を乱すものだとして、「国体の自覚に依って幕府政治が打倒せられ（中略）た歴史を忘れてはならぬ[22]」と論じ立てた。近衛や近衛のブレインで政治学者の矢部貞治らが新党に密かに込めた期待、すなわち、一国一党形式での政治力結集によって軍部を抑えたいとの期待は、幕府的存在は許さぬとの精神右翼からの反対論で封じられる。その一方、陸軍省軍務局長武藤章などが軍の立場から要求していた、一国一党による軍事優先の強力政治体制の追求も、これら精神右翼らの攻撃により挫折した。この場合、幕府という用語に含意された意味は、一つには、行政と立法の二領域を一人で担うような集権体制全般への批判であり、いま一つは、天皇大権に対抗しうる軍事力を背景にした権力集中への批判[23]であった。

後者の意味での究極の具体例は、政治と軍事、あるいは軍政（予算、編制）と軍令（作戦、用兵）とが同一人物から出ることへの、他の政治勢力からは無論のこと、軍内部からも生じた、強い忌避感を示すものであった。本書第5章で論じているが、飛行機生産に必須のアルミニウム配分で陸海軍が深刻な対立に立ち至ったことを契機に、東条首相兼陸相が一九四四（昭和一九）年二月二一日、参謀総長を兼摂しようと図った際の参謀総長杉山元による天皇への反対意見奏上の際の言葉は、その象徴的なものだろう。杉山は、東条首相が、軍の編制・兵額の決定から戦時における軍の統帥・運用の輔翼まで同一人で担おうとするのは、「幕府時代に逆戻りするもの」で許されないものだ、[24]と批判していた。しかし、東条が参謀総長を兼任し、海相嶋田繁太郎が軍令部総長を兼任する人事は、反対奏上と同じ日に実現する。だがこの措置は、四四年六月のマリアナ沖海戦の失敗、七月のサイパン失陥とインパール作戦失敗の責任と相俟って、同年七月一八日の東条内閣総辞職への流れを形成した、終わりの始まりとなる。

3 徴兵制と軍人勅諭

天皇を戴く国家体制のありようを巡る相克

このように、昭和戦前期の天皇と軍部・軍隊をめぐっては、政治の側から、あるいは軍事の側から、その関係の抜本的な変革を図ろうとする試みが現れると、「幕府」という非難が瞬時に政治空間に現れ、変革の熱量をゼロにするような反復が繰り返された。

これまでも多くの優れた研究[25]が、この時期に焦点を当て、天皇と軍部・軍隊との緊張関係を描いてきた。だが、その分析視角としては、国際協調主義を信奉していた天皇と、新たな国際秩序を求め、大陸への侵攻を躊躇しない軍部という対比で捉えられてきたように思われる。一方、天皇と軍部・軍隊との非合理なまでの強固な関係が形成されえた背景についても十分に描かれてきたといえよう。これに対して、本章が描こうとする相克は、より深い淵源を持つもの、すなわち、天皇を戴く国家体制はいかにあるべきなのか、明治維新から昭和初年まで一心に近代化を進めてきた日本ではあったが、現実に眼前に生じている政治経済制度の不具合はいかに解決されるべきなのか、そのような問いを巡る相克であった。

昭和初年に侍従次長であった河井弥八の日記を読むと、満州事変が起こる年、一九三一年の宮中が、国民と天皇・宮中との関係についての再考を強く迫られていたことがわかる。三月二五日、牧野内大臣の許に送られてきた農民の窮状や各地の小作争議の状況を書き上げた記録に河井もまた目を通していた。また、五月二〇日の夜には、福沢諭吉の「帝室論」を読んでいる。[26] 天皇はといえば、五月二七日、凶作と恐慌下にあって、皇室費を減額してはどうかとの意を漏らし、[27] この天皇の発意は元老への御下問として西園寺の元に届けられている。

明治の初め、天皇と軍隊の関係はどう構想されたのか

このような問題を考えてゆく前に、まずは、天皇と軍隊との関係が明治初年の初発の段階でいかに構想され、創出されていったのかを見ておきたい。戊辰戦争で勝利した明治新政府は、国家の軍事力をいかに再編するかとの問いに答える必要に迫られた。幕末期に二六〇余を数えた藩の軍事力再編が課題であったのは無論だが、薩長土肥など雄藩の、どの政治勢力が掲げていた兵制構想が日本の国家としての軍事力再編を制するのか、この点こそ実は大きな問題だった。明治初年の政府部内における軍事力再編成の問題は、出身階層でいえば九割が士族層で占められていた陸軍省において、なぜ、士族志願兵制で

はなく、徴兵制の軍隊を選んだのかという問題に直結してゆく。

一八六八（明治元）年から七七（明治一〇）年の西南戦争終結までの明治ゼロ年代にあっては、士族叛乱、農民一揆、民権派による議会開設運動の三つの動きのうち、いずれかが連動して起こったが最後、天下「土崩」につながることは、当時の多くの政治主体に自覚されていた。以下、大島明子氏(28)による一連の優れた研究に依拠しつつ、兵制構想の競合過程をまとめておきたい。廃藩置県後の士族の不満と台湾や朝鮮に向けた外征論が相次いで起こった背景に、実のところ国家の軍事力再編をめぐる対立があったとした点に大島氏の研究史上の重要な意義がある。七一年一〇月、台湾南部に漂着した琉球人（宮古島島民）が台湾人に殺害された事件を受けて、最初の征台論が起きていた。七二年七月から八月にかけて、近衛都督西郷隆盛、熊本鎮台鹿児島分営樺山資紀、外務卿副島種臣（佐賀）の間で台湾出兵論が優勢となり、薩摩の士族中心の外征軍が出来てしまう恐れが生じた。

徴兵令に見える理念

ここで、七二年一一月二八日（太陽暦で一二月二八日）に布告された徴兵令（徴兵告諭）(29)を改めて読んでおきたい。そこには、傍線部のような激しい士族層への批判や急進的な四民平等理念が見うけられる。

我朝上古の制、海内に挙て兵ならざるはなし。有事の日、天子之が元帥となり、丁壮兵役に堪ゆる者を募り、以て不服を征す。役を解き家に帰れば、農たり工たり。又商賈《しょうこ》たり。固より後世の雙刀《そうとう》を帯び、武士と称し、抗顔坐食し、甚しきに至らば人を殺し官其罪を問はざる者の如きに非ず。〔中略〕然るに、大政維新、列藩版図を奉還し、辛未《しんび》の歳〔明治四年〕に及び、遠く郡県の古に復す。世襲坐食の士は其禄を減じ、刀剣を脱するを許し、四民漸く自由の権を得せしめんとす。是れ上下を平均し、人権を斉一にする道にして、則ち兵農を合一にする基なり（後略）。

この草案には、当時、急進的な四民平等・秩禄廃止論の牙城であった太政官の左院（立法審査機関）の発想が色濃く表れている。左院には、後藤象二郎（高知）、宮島誠一郎（元米沢藩士）などがおり、この草案に正院の板垣退助（高知）も賛意を示したことで、徴兵令がしかれた。[薩派]対[左院＋陸軍省]という力関係により、急遽、徴兵令が選択される運びとなったのである。(30)

天下士崩の危機

続いての七三（明治六）年一〇月の征韓論争の肝は、朝鮮側の非を問う動きとは別に、裏面で鹿児島の西郷隆盛、高知の板垣退助、これに佐賀が加わり、士族中心の兵制樹立構想が進められていた点にある。徴兵制に依拠する陸軍省にではなく、正院に兵力集中を図ろうとする構想であった。征韓論には、岩倉使節団から帰国した内治派の大久保利通と木戸孝允が反対を唱えたことはよく知られている。征韓論に敗れた西郷、板垣らの参議は辞職し、彼らに従う近衛士官百余名は辞職し帰郷していった。

翌七四年二月〜四月の佐賀の乱は、下野した参議の一人であった佐賀の江藤新平が、西郷隆盛と鹿児島士族の抱き込みを狙ったという点で政府側にとっての脅威となった。そのような内乱時、政府の兵力が本来依拠すべき拠点であったはずの熊本鎮台が、あろうことか鹿児島と佐賀の兵によって構成されていたからである。鹿児島、佐賀、高知の三県の士族が同時挙兵すれば、天下土崩の危機があった。江藤と西郷の結託を阻止するため、東京にいた薩派の参議大久保利通と、同じく在京の陸軍少将西郷従道、正院の大隈重信（佐賀）が諮った結果、大乱に発展しかねない鹿児島士族の不満を外征に向けるべく、七四年二月六日、台湾出兵が閣議決定されてゆく。正院別局に台湾蕃地事務局が設けられ、同事務局長官には大隈が就任し、陸軍省は蚊帳の外に置かれた。無名の師という批判や外国の反発もあり、政府は急遽中止を命ずるが、同年四月、台湾蕃地事務局都督西郷従道は鹿児島召募の志願兵の要求におされて、五月六日出兵を行ってしまう。そして、このような、士族の私党的結びつきによる挙兵を国家が抑止できなかった最大の事例が七七（明治一〇）年、征韓論で下野するまでは参議（最高レベルの政治指導者）にして近衛都督（最高レベルの軍事指導者）であった西郷が旧鹿児島藩士族に頭首と仰がれ挙兵した西南戦争に他ならなかった。

七八年一二月五日の参謀本部独立は、軍事予算、軍人の人事行政を司る軍政機関である陸軍省とは別に、天皇に直隷し、作戦計画・軍隊の指揮に任ずる軍令機関である参謀本部を設置したものだった。この時期に統帥権の独立が図られた理由としては、従来二つの方向からの説明がなされてきた(31)。第一の説明は、ドイツに留学していた桂太郎が帰国し、軍令を軍政から独立させているドイツ軍制が導入されたからというものである。第二の説明は、西南戦争と竹橋事件(32)の教訓であった。竹橋事件とは、七八年八月二三日午後一一時半、近衛砲兵大隊兵士が大隊長や士官を殺した事件で、民権運動の軍隊への波及を陸軍卿兼近衛都督山縣有朋は恐れた。軍人、軍隊を政治から遠ざけるという、統帥権独立の当初の意味合いはここにあった。この事件では、三六〇余名が有罪となり、そのうち死刑に処せられた者は五五名にのぼった。[33]

山縣有朋が構想した天皇と軍隊の結びつき

山縣は七八年一〇月一二日に「軍人訓戒」[34]を頒布し、忠実・勇敢・服従を軍人精神の中核に置き、天皇については「御容貌の瑣事たりとも」軍人は批評してはならないとし、また「朝政を是非し、憲法を私議」するも不可とし、参謀本部条例第六条において「其戦時に在ては、凡て軍令に関するものは親裁」と定めた。参謀本部独立、統帥権独立の第三の説明は、近年、永井和氏によって説かれた説[35]であり、極めて説得的な説明となっている。天皇による万機親裁の建前を政府が採る以上、天皇が軍人の人事などを公平に評価するため、政治から独立した輔翼機関の設置が必要だったというものである。

以上をまとめれば、木戸孝允（七七年五月病没）、西郷隆盛（七七年九月陣没）、大久保利通（七八年五月暗殺）亡き後、山縣が採った道は、公民からなる徴兵制軍隊を天皇に直隷させ、政治と軍事、二つの領域をカバーしたカリスマ的な指導者であった西郷に対抗しうる明治天皇像を確立することだった。軍事指導者としての資質が明治初年にはゼロだった明治天皇の権威を人為的、促成的に創出し、徴兵制軍隊と特別な親密さでつなぐのである。七九年一〇月一〇日の陸軍職制第一条では「帝国日本の陸軍は一に天皇陛下に直隷す」とした。

陸軍省がめざしたのは、天皇の許での軍隊統御[36]であり、政治勢力と軍隊の結託[37]の阻止、私兵化の阻止、民権派＝議会勢力からの軍事指揮権の分断であった。七八年の軍人訓誡は西周が草案を書き、山縣陸軍卿の名で頒布されたものだったが、人臣の身による命令では限界のあることを山縣はとうぜん自覚していただろう。この点について、時期は下るが、美濃部達吉が核心をついたことを述べている。戦後の一九四六年の論考「憲法改正の基本問題」[38]において美濃部は、「重要なのは形式であって、人心の機微は其の形式に懸って居る。〔中略〕天皇の詔勅であり命令であるという形式が備はって始めて能く民心を支配し国民が挙ってこれに従うことを期待することが出来る。議会の議決や総理大臣の命令と言うような形式を以っては到底それだけの権威を保持し得べきものではない」。

西周の軍人勅諭草案

山縣が軍人勅諭の草案を依頼した西周は、一八六二（文久二）年～六五年、蕃書調所所属教官の立場で、徳川政権初の欧州留学生としてオランダに留学し、ライデン大学法学部教授フィッセリングから自然法・国際法を広く受容した人物[39]であり、八〇年末に参謀本部御用掛となった万能人であった。森鷗外「ヰタ・セクスアリス」（一九〇九年発表）の東先生のモデルとされる。「東先生は洋行がえりで、摂生のやかましい人で、盛に肉食をせられる外には、別に贅沢はせられない。只酒を随分飲まれた。それも役所から帰って、晩の十時か十一時まで飜訳なんぞをせられて、その後で飲まれる」と描写される人物だった。

八〇年段階の西による軍人勅諭草案[40]には、「夫《それ》兵馬の大権は行政の大権と相終始して、全く我が皇統に繋属《けいぞく》する所なれば」、「此故に国法上に於ては　朕我が帝国日本海陸軍の大元帥として総軍人の首領たれば、是が為に官職尊卑の別無く推並《おしな》べて服従の義務を尽せしめん事を要するなり」との文言が見える。軍人が天皇に従う理由は、「歴史」ではなく、「国法」ゆえとした部分に、西の面目躍如たるものがある。

菅原光氏の言葉で上記をまとめれば、「天皇は国体論上の存在として上古の制度を踏襲して兵権を担うのではなく、「国法上」に定められた行政権の長として、名目上、兵権を保持するとされていた」となる。

西の草案段階で挙げられていた徳目は、秩序・胆勇・質直勤倹・信義であり、これを軍人勅諭と比べてみれば、「忠節」の徳目がないことに気づく。また、西による「秩序」の説明は、「軍人第一の精神は秩序を紊《みだ》ることなきを要す〔中略〕己が隷属する所に奉事して其命令を継承するは、直ちに朕が命を奉ずると異なる無きを宗《むね》とし」であり、また西による「信義」の説明は、「人として信義を守るは軍民の別無く人たるの常道なり〔中略〕或は徒を結び党を立て、或は政道の是非、王統の争論、果ては家々の争などに興じ、近日は又主義の論党などもある如く」となる。西は、道徳注入による統制を避けるべきだと考えていた。いわく、「法で治めると言ふは苛酷な様で却て寛大余裕のある」ものだとする、透徹した法への理解が西にはあった[41]。

軍人勅諭の形式と昭和期における結末

山縣は西の草案に加筆し、「信義」の徳目につき、「軍人たる者は輿論の党派に拘らず政治の如何を論ぜず、其本分を守て、義の山岳より重く、死の塵芥より軽きを思ひ常に其節操を誤ることなかるべし」と書き込んだ。この、後に多くの日本兵を死に追いやった、死の軽さに言及したフレーズは、後に福地源一郎〔桜痴〕の修文段階で「忠節」の項が新設され、その項に「仮令《たとい》世論はいかなる党派に分るるとも、政治は如何《いか》なる主義に変るとも、更に見向きもせず、只々一途《ただただいちず》におのれが本分の忠節を守り、義は山岳よりも重く死は鴻毛《こうもう》よりも軽しと覚悟せよ」へと修文されてしまった。福地段階で、徳目は実際の軍人勅諭と同じもの、すなわち、忠節・礼儀・武勇・質素・信義の五か条となった。西が「秩序」に置いた内容を福地は「礼儀」の部分に書き、「上官の命を承はること実は直に朕が命《おおせ》を承る義なりと心得よ」と改変してゆく。

軍人勅諭の形式に関する山縣のこだわりは強く、八一（明治一四）年一二月二七日、太政大臣三条実美に宛てた書翰(42)では、「陸海軍に被下《くだされし》勅諭は、陛下親《みず》から軍隊を統《す》べ、特に将卒に訓告を垂れ玉う者なれば、他の詔勅と均《ひと》しく太政官の宣奉を経て施行せらるべきに非ず、因ては太政大臣奉勅の例に拘らず、陛下親しく御名を記し、直ちに軍隊に下賜あらせられん事を奉祈《いのりたてまつり》候。〔中略〕追て下行《げこう》の手続は、陸海軍卿に親授あらせられ、陸海軍卿より軍隊に命を伝え候《そうろう》様《よう》致度《いたしたく》奉存候《ぞんじたてまつりそうろう》」と書いていた。形式は大事であり、将兵を心から動かすことの可能な勅諭が求められた。大臣が副署することで政治責任を大臣が天皇に代わって負う、通常の奉行の方式による勅語では駄目だ、と山縣は要求していたのである。

事実、山縣の望んだとおり、軍人勅諭は責任大臣の副署がなく、天皇の御名のみが記された特殊な政治文書として扱われてゆくこととなった。これは後に、国論を二分する問題を引き起こす要因となった。一九三五（昭和一〇）年三月八日、貴族院本会議で質問に立った井上清純（海軍兵学校卒、大佐で予備役）は、軍人勅諭に示された精神と明治憲法の機関説的解釈の間には齟齬があるがどうか、と岡田啓介首相や林銑十郎陸相に質した。それに対して、林陸相はある意味正直に答えてしまっている。美濃部の天皇機関説による説明と、軍隊内で建軍以来教授されてきた説明とは異なる(43)、と林は答弁し、それは、山縣の意図に沿って整えられた勅語の形式に起因する歴史の、昭和期における不幸な結末となった。

同日の答弁で林は「陸軍に於《お》きましては、〔中略〕従来から美濃部博士の吐いて居られまする憲法の議論、其憲法の類似の又議論等に付きましては、軍の伝統的の精神、即ち我々の最も尊重して居りまする軍人精神と云うものとぴたりと符合して居らぬ所がありまするので〔中略〕数十年の間、此説を陸軍の教育の中に採入れると云うようなことはやって居らないのであります」、まとめれば、陸軍の教育において天皇機関説を用いたことはない、と答えたのである。これに対し、林の発言を侍従武官長本庄繁に議事速記録を取り寄せさせて確認した天皇は、三月一一日、本庄を呼び、「自分の位は勿論別なりとするも、肉体的には武官長等と何等変る所なき筈なり、従て機関説を排撃せんが為め自分をして動きの取れないものとする事は精神的にも身体的にも迷惑の次第なり[44]」として不満を顕わにした。

天皇の職務とは

昭和戦前期における天皇と軍隊との緊張関係を述べる次節に入る前に、ここで、まずは天皇の職務の概要をまとめ、ついで、大日本帝国憲法と皇室典範体制[45]のもとで、法で律することが困難な例外領域の存在を確認しておこう。天皇の職務は、永井和氏のまとめによれば、(i)国政、軍事、宮中の三領域にわたる祭祀と儀礼の主宰、(ii)国務、軍務、宮務の案件の裁決、に分類できる。裁決の前提をなす「万機親裁」と呼ばれる職務は、「国務、宮務、軍務の諸事項について天皇が裁可を下し、国家意思を最終的に確定」させる行為であった。万機親裁を、天皇の身体と動作に着眼して説明すれば、(a)内閣、宮内省、軍部からの奏請書類を決裁し、親署が必要な公文書に署名すること、(b)内閣、宮中、軍部の輔弼者（それぞれ、国務大臣、内大臣・宮内大臣、陸海軍両総長と両軍部大臣）からの奏上を聞き可否の意を示すこと、となろう。

天皇の国務に関する輔弼責任は国務大臣が基本的に負うが、国務大臣が負わない例外的な責務もあった。美濃部はその領域を、(i)政府と分離されている宮中（宮中府中の別）に対する責務、(ii)政府と分離されている軍・軍隊（国務と統帥の別）に対する責務、(iii)天皇の祭祀に関する責務などとしてまとめた[46]。憲法が制定されて立憲君主制となって以降の天皇の政治的安定性は、国務大臣の責任が及ばない領域、その領域と天皇との間で結ばれる関係性のいかんにかかってくると考えられる。その場合、(i)の宮中と天皇、(ii)の軍・軍隊と天皇の関係性が、国政の安定を生み出す基盤であったはずだろう[47]。

4　宮中側近への攻撃と満州事変の作為

牧野内大臣排除を狙う国家主義者らの働きかけ

昭和戦前期にあって後継首班奏薦を行っていたのは、最後の元老といわれた西園寺公望であった。まずは、その内閣製造者であった西園寺に対する、右翼、国家主義者の側からの働きかけを見ておこう[48]。

一九三一（昭和六）年六月一三日、満州事変のおよそ三か月前、西園寺の秘書であった原田熊雄は侍従長鈴木貫太郎に対して、宮中側近に対する「西公の憂事[49]」を伝えた。国家主義者らは、二八年六月四日の関東軍参謀河本大作による張作霖爆殺事件、いわゆる満州某重大事件の処理をめぐり、牧野内大臣らの了解のもとに天皇が当時の首相田中義一に辞職を迫ったとされる一件を批判した。「側近の輔翼」

が悪いので、牧野などの側近を辞めさせよとの意見書や怪文書が西園寺の許に多数届いていた。(50) 注意を促された河井侍従次長は、このような内容は全て「訛言《かげん》」だとし、宮中側近への元老の信頼を失わせるための策謀(51)だと原田には反論しつつ、翌一四日、宮内次官関屋貞三郎に対し、「宮内省要部に対する陰謀(52)」がある旨を報じていた。

　牧野排除を図る工作が、実際、国家主義者らによって計画されたことは、工作者側の史料からも裏付けることができる。三二年の血盟団事件や五・一五事件など一連の国家主義運動事件の立案者の一人が海軍士官であった藤井斉であり、その日記の三一年六月二一日条には、彼らによる西園寺への働きかけの動きが登場する。いわく、「西園寺が宅野田夫〔黒龍会に関係のある画家、宅野田夫こと宅野清征〕氏等に覚醒せられ、宮中、牧野、一木〔喜徳郎、宮内大臣〕一派を除かんとする考え(53)」を持つようになっている、との楽観的な認識とともに登場する。

　藤井日記中に名前が出た宅野が牧野に送付した脅迫状の内容は、同年九月二九日付で、警視総監高橋守雄から、首相、内務・外務・宮内各大臣、京都府知事宛に送付された文書「普通要注意人の行動に関する件(54)」中から判明するが、その手紙は次のようなものだった。「〔前略〕御実父大久保利通卿を斬りたる島田一郎銘刀正重を東久邇宮《ひがしくにのみや》殿下台覧の御写真、各紙に有之《これあり》御覧なされ候事と奉存候。貴卿《ききょう》も〔中略〕引退せられては如何《いかん》。貴卿の怠慢より御聖徳の隆昌不満足に候。今上陛下を不幸に導くものは貴卿に候。軍部は申すに及ばず、各方面貴卿の引退を要望致居候《いたしおりそうろう》。貴卿の御行動に対して皇族殿下方も御不満を御漏しに候。〔後略〕」。

　当時、歩兵第五旅団長を務めていた東久邇宮稔彦王が、牧野の父大久保利通暗殺時に島田一郎が用いた刀剣を眺めている写真に注意を促している。牧野の輔弼が不十分だから、天皇の聖徳も発揮できない、牧野を不満に思っているのは軍部以外に皇族もいる、と書くその手紙は、その皇族殿下が東久邇宮その人だと匂わせていた。東久邇宮のお附武官を務めていた安田銕之助《てつのすけ》の文書から[55]は、宮内省と陸軍省が当初予定していた留学期間を大幅に超過してもフランスから帰国せず、ようやく一九二七年一月に帰朝した東久邇宮が、皇室費の逼迫から帰朝を強く促した牧野や一木らを深く恨んでいた事情[56]がわかる。

陸軍の策動と三月事件

このように、牧野をターゲットとし、東久邇宮も牧野排撃の支持者であるかのように見せた宮中側近批判がなされていたが、別種の問題も続いて起こっていた。内大臣秘書官長であった木戸幸一は、三一年六月二六日、「軍部方面が浪人連と連絡をとり支那に於て策動[57]」しているとの情報を得て、すぐに牧野に伝えている。また、七月一一日、木戸のもとに集まった情報からは、陸軍部内においては大蔵省が立案した予算案への反発・硬化があることが判明。六月一六日、木戸は住友別邸（西園寺公望の実弟が住友財閥の当主であった）に陸軍省軍務局長小磯国昭、整備局長林桂、外務省亜細亜局長谷正之、情報部長白鳥敏夫を参集し、満蒙問題や軍制改革について情報を集め[58]、同月二九日、牧野に上げていた。

陸軍の策動は、怪文書の線からも判明する。司法省刑事局「青年将校を中心としたる国家改造運動の概要」からは、三一年七月一七日、参謀本部の長勇少佐ほか陸軍士官学校二八期から四二期生一四一名が署名した、満蒙問題解決に関する檄文が西園寺の許に送られていたとわか[59]る。田中首相辞任をめぐる宮中側近攻撃、第二次若槻礼次郎内閣の井上準之助蔵相への陸軍の不満、中国における陸軍の策動、この三つの問題が同時に噴出していた。

三一年八月七日、満州事変のひと月前の時点で、三月事件の存在を原田は知った[60]。西園寺は、事実関係を明らかにした上で、天皇、秩父宮（陸軍大学卒業直前の時期に相当）、閑院宮（皇族の長老にして参謀総長）に報告しておくよう原田に指示を与えた[61]。九月九日、今度は木戸が、貴族院議員で「革新」派との関係も深かった有馬頼寧から、三月事件の細部の情報を摑んだ。有馬は、大川周明を通じて事件への参加を要請された一人だったからである。有馬は三月事件の特徴を、(i)共産主義者の侵入の多さ、(ii)最終的には皇室を推戴する運動、(iii)天皇を戴く国家社会主義によって既成政党を打破し、独裁政治を行おうとする大川一派の主張に軍が共鳴したもの[62]、とまとめた。

5　共産主義の影

クーデターを企図した陣営の共産党観

クーデターの推進者の中に共産主義者がいるとの有馬評を少し掘り下げてみたい。民間右翼、国家主義者、陸海軍軍人ら、多数のグループの間の連携を指示したことで知られる海軍士官であり、一九二八（昭和三）年三月、海軍将校の同志を集めて「王師会」を組織していた藤井斉[63]。その日記からは、彼らが自覚的に共産党に接近していたさまがよくわかる。三一年二月五日の条に、「夕方、東君〔東昇中尉〕訪問、色々と画策しつつあり。今、連隊内に読書会を開き、左右両方の書を研究しつつ指導中と云う[64]」と書き、長崎県大村の歩兵第四六連隊内で東が読書会を開いているさまを記す。同年二月一二日条には

〔東中尉より〕参情報密を借りて帰る、共産党の戦術を書けるものなり」[65][66]とある。

共産主義者について藤井は、「彼等の運動が大衆的組織的なるは大に可。彼等の運動が言論機関を十分に用ゆるは大に可」[67]として、組織と言論の二方面から着目している。二月一四日条に「『所有と社会主義』[68]を読む。〔中略〕ソビエト連邦の共産革命綱領を写し終る」[69]、二月二三日条に「今日無産運動、共産党の或る者の中には、有為の人物あらん、須《すべか》らく之を用ゆるべし」[70]との認識も見える。藤井の読んだ『所有と社会主義』の著者は、満鉄東亜経済調査局員でロシア専門家として知られた島野三郎だった。島野は一九一八(大正七)年に、満川亀太郎を世話人とする国家主義団体・老壮会に参加[71]、また翌一九年結成の北一輝の猶存社にも参加、二五年結成の大川周明の行地社にも加わっていた運動家でもあった。

共産主義者と軍人の関係

ここまで、血盟団事件、五・一五事件などのテロ・クーデターを企図した側の共産党観を見てきた。次に、共産主義と極めて近い考え方、あるいは、共産主義者との関係を持っていたとされる人物だった海軍将校濱(浜)勇治と、ロンドン海軍軍縮会議時の軍令部長加藤寛治との関連を見ておこう。

東宮御学問所総裁を務め、一九一三(大正二)年に元帥となった東郷平八郎。その側近・小笠原長生の日記は、三二(昭和七)年五月二〇日の軍事参議官会議終了後の雑談中、五・一五事件が共産主義者によって起こされ、前海軍軍令部長で現軍事参議官の加藤が、共産主義者との関係を持っていたことが問題とされたとの報を書き留める。[72]加藤は、日露戦争前のペテルブルクにロシア駐在員としての赴任経験があり、広瀬武夫とともにバルト海のロシア軍港情報を入手した経歴[73]を持っていた海軍中のロシア通として知られていた。

加藤日記には、五月二〇日にあったとされる軍事参議官会議の記述はないが、直近の記述として、同年七月四日条に「軍事参議官会議。〔中略〕午後迄続会、五・一五事件報告、山田の態度頗る軽率」(74)との記述が見える。ここにいう山田とは、同じく加藤日記の三一年一〇月一九日条に登場していた海軍法務局長山田三郎(75)と推定される。一〇月事件発覚直後のこの日、山田は加藤を尋ね、「陸軍青年将校に関連する海軍関係調査」(76)を行っていた。小笠原が記していた、加藤と共産主義者との関係というのは、加藤日記の三二年二月三日条に登場する濱勇治に関するものと思われる。いわく、「外語支那科浜勇治大尉来り〔早朝〕西田及北の不届《ふとどき》を報ず。予の談を聞き、憤慨し彼を詰責すべしと云い帰る」(77)。加藤は濱の属性を外語支那科と書くが、事実、濱は二九年一一月から三〇年一二月まで上海特別陸戦隊勤務、三一年四月からは海軍大学校乙種学生として外国語学校支那語科に在籍していた(78)。濱は中国語を解したとみなせるだろう。

濱は藤井が組織した王師会のメンバーだった(79)。藤井日記の三一年八月二八日条には、「浜も来れり。〔中略〕浜は共産党に手をつけあり」と記され、一〇月二三日条には、「夜、水交社に浜を呼んで夜遅くまで話す」(80)と書かれる。藤井は濱を評して、「彼は今迄の種々の疑問晴れ、我の言に従いて、中央の機密に参じ通信連絡にあたることを誓えり」(81)と書く。海大学生にして外国語学校学生という濱の身分は、東京において改造運動の連絡役として動くにはうってつけだったろう。後に、濱の取調べにあたった検事木内曽益による「浜勇治聴取書」にも、「海軍側同志の連絡役」(82)とある。濱は三二年二月、小沼正が前蔵相・井上準之助暗殺に用いた拳銃を隠し、また菱沼五郎に三井合名会社理事長・団琢磨暗殺に用いる拳銃を渡した嫌疑で、同年三月九日に海軍省法務局に連行され[83]、同一二日から横須賀海軍刑務所に留置されていた。

濱の出身地は長野県の諏訪であり、この地域では当時、「教員赤化事件」と後に呼ばれる、治安維持法違反の嫌疑で教員が多数検挙される事件が、三三年二月四日に起きていた。彼らの多くは党員ではなかったが、治安維持法の目的遂行罪で起訴された者もいた。濱と共産主義者との関係とは、おそらくこの諏訪における関係を指したものだろう。

当時の日本共産党

藤井が共産党の活動を注視していたことは既に述べたが、その頃の共産党指導部は、東京帝大学生の田中清玄[84]とモスクワ帰りの佐野博ら、いわゆる極左派に指導されていた[85]。田中自身も回想で、書記長として武装方針をとったと述べていた[86]。史料批判が必要だろうが、田中は回想やインタビューで、旧制弘前高校時代に大川周明・磯部浅一・村中孝次らと既に面識があったと述べている。武装主義を採った時代の共産党は、軍の青年将校などが共感しやすい存在となっていたのかもしれない。

権力の厳しい弾圧下に置かれた日本共産党の運動の評価を正確に行うことは簡単ではないが、三二年一二月一一日、モスクワで開催されたコミンテルン執行委員会政治書記局会議での日本の運動状況についての報告は、当時のコミンテルン中央の目に日本の姿がどう映じていたかとの観点からは参考になる。注目されるのは、「〔日本共産〕党は、疑いもなく軍隊内工作を強化するのに成功した。一九三〇年が煽動、宣伝の年であったことが認められているとすれば、一九三一年は党の軍隊工作、特に軍部隊内に細胞をつくる面での組織の年であり、一九三二年は兵士の積極的行動によって特徴づけられる」の部分だ。[87][88]続いて、次のような記述が政治書記局会議で報告されていた。いわく、「上海では、周知の兵士の抗命の事実のほか、日本の軍用機から上海上空で共産主義のビラがまかれるという事実があった」。これは、日本共産党軍事部が創刊した兵士向け新聞『兵士の友』第一号に掲載された記事がモスクワに送られ、政治書記局の注意を引いた結果、報告中に採り入れられたものだろう。[89][90]

西園寺公望の目に映じた社会情勢

この時期、共産党と軍部の関係性を疑っていた人物に元老西園寺がいた。国家主義団体の怪文書から警視総監の報告書まで、ありとあらゆる情報が上がってきていた西園寺の目には、当時の社会情勢はいかに映っていたのだろうか。一九三一年一〇月六日、西園寺は原田に向かい、次のように述べていた。[91]

どうも陸軍の若い士官の結社の状況から見て、また自分の所に来る投書や情報に鑑みて見ると、いかにも巧妙であり、また未だ嘗てない種々な事柄を発見するが、自分は、或は陸軍の中に赤が入っていはしないか、と思ふ。世界の歴史を見ると、帝室の亡びる時、――帝室を覆そうとして、即ち革命の前提にいろいろな手段をとるが、実にそれによく似ている事柄がある。〔中略〕陛下の幕僚長である参謀総長や陸軍大臣が御前に出た時に、また来たか、というような嫌な顔をされたとか、或は今度のこの結社の行動には皇族方も御賛成である、所謂血判をしておられるとかいうことを以て、在郷軍人あたりは宣伝している。こういうような種がすべて陸軍側から出ているのを見ても、どうしてもこれは極左が動かしているように感ずる。

引用中、傍線部を付した「世界の歴史を見ると」といった西園寺の述懐には重みがある。フランスでの遊学時代、一八七一（明治四）年からの一〇年間パリの空気を吸った西園寺。伊藤博文が憲法調査を行った際、欧州の王室法の調査にあたっていた西園寺。また、オーストリア、ドイツ、ベルギーの駐在公使を務めたこともある西園寺であれば、王室・革命・極左について、日本にあって最も具体的なイメージを想起できたに違いない。

6　士官候補生の天皇観

皇族を無意義とする錦旗革命論の天皇像

先に、牧野を脅迫した手紙を引いた折、宅野が天皇の評判が芳しくない理由を宮中側近の不十分さに帰していたのを見た。陸軍内部に確かにあった天皇への不満は、一九三一年九月上旬、立憲政友会幹事長の森恪が近衛文麿に伝えた内容と一致するものだったろう。陸軍と太いパイプを持つ森は、陸軍一部の話として「今の陛下は凡庸で困る」(92)との噂を聞き込んでいた。また同年一二月頃のこととして、侍従武官長の奈良武次は、「民間策士の所業ならんも、実際、陸海軍共に軍紀厳粛ならず、若手連中の間にて互に連絡あり、又民間策士指嗾《しきょう》煽動を受け、北一輝、安岡正篤、大川周明等の門に出入りするものあり、歩兵第三連隊の菅波〔三郎〕中尉の如き、錦旗革命論と名のる意見を潜《ひそか》に宣伝する者出で、士官学校生徒に対し天皇否認論を認《したた》め配布するものあり、生徒間の思想悪化者二名、退校処分を受くるに至れり」[93]と記していた。ここにいう、退校処分を受けた二名とは、野砲兵第二五連隊士官候補生の池松武志と、歩兵第四五連隊候補生の米津三郎であった。

天皇が凡庸だとの陸軍一部の評価、また、天皇否認論を唱える士官の登場に、奈良は衝撃を受けていた。奈良に錦旗革命の主唱者と名指しされた菅波は、それでは何を語っていたのだろうか。三一年一一月二三日、同志の会合において菅波が述べた講話[94]は、池松武志の供述によれば次のようなものだった。まずは、日本の国体の歴史的変遷を三段階で説明していた。第一段階の古代は、国民に自覚なく、天皇一人だけに自覚がある状態であり、第二段階の藤原時代から幕末までは、国民の一部が自覚し、天皇を補佐した時代であり、第三段階の明治維新以降は、「国民全部が自覚して政治組織も人格的平等」が実現した社会となった。「天皇は国民の先頭に立たれて、長い間の歴史的経過を経て国民を人格的人間に迄引き上げて来られた」。ここまでは良いだろう、続いて、「簡単に云えば天皇とは日本国の要約された姿であり、完成された理想の日本が即天皇其のものの姿であり内容」だとまとめていた。傍線部の天皇像は、日本国憲法第一条の「象徴」の意味に最も近いのではないか。

菅波の講話内容を供述した士官候補生・池松の仲間、米津三郎作成による宣言・綱領[95]も遺されている。三一年一二月作成と見られる「綱領（草案）」の第一項に「大日本帝国は天皇之が統治権を行使す」と置き、その説明として「統治権の所在は国家にして、天皇は国民の一人なることを明白ならしむ。天皇の尊厳は其の血族にあらず、人格にあらず、統治権の代行権そのものにあり。即ち華族は勿論、皇族の特権階級としての存在は意義をなさぬ」との議論が展開されていた。統治権が国家にありとするのは、美濃部の天皇機関説の肝の部分であった。

　国家によって天皇機関説が禁じられる三五年より前の段階の話であるから、この点は問題とはならないが、天皇の尊厳の由来を「万世一系」に求めるのではなく、統治権を最高機関として担っているという事実に置いているのが興味深い。すなわち、天皇という役割を担っていること、まさにそこにのみ尊厳の由来があるというのは、当時にあっては過激な議論であったろう。さらに、皇室を天皇とともに構成するとされる皇族について無意義な存在としていたことは、捜査や裁判に当たった権力側にとって衝撃的であったと思われる。

　明治天皇と有《あり》栖川《すがわ》宮《のみや》熾仁《たるひと》親王との深い信頼関係や、一八七二（明治五）年一二月九日の太政官達「皇族自今海陸軍に従事すべく[96]」を思い出すまでもなく、皇族の存在意義の一つとして、大元帥としての天皇の機能を特別な地位にある軍人として補佐する、という点が含まれていたとすれば、皇族否定論は、天皇を軍事面で補佐しうる人間のリソースを脅かしかねないものとなる。

　米津が記した綱領に対する池松のコメントも遺されている。「天皇」という項を立てた池松は、「天皇たるの位置、即ち皇位は血統的に継承させられなければならない。然し我々の指導者並に我々の代表者としての尊厳は飽く迄も血統に繋る肉体に依属せずして、継承されたる皇位そのものに依存すべきである[97]」と書く。尊厳は血統ではなく、皇位から生ずるとの位置づけであった。天皇という「役」を務めることに尊厳の由来が置かれている。

　ならば、藤井斉の天皇観はどうであったか。三一年一月二二日、『天皇信仰』などの作品で知られ、当時、勤労無産党を組織した遠藤友四郎（無水）によって、「天皇に全てを返せ」という運動を批判する文脈で藤井は、次のように述べる。「国家民人は天皇のものに非ず〔中略〕天皇も社稷《しゃしょく》の一部、国土民人も亦然り。只《ただ》、日本の天皇はこの社稷を生成化育の作用を祐《たす》けたるに始まり、又之を道業として持続し来りたるが故に、日本人は天皇なくしては又この作用なく、天皇なくしては日本は統制せられず[98]」。ここで注目すべき語句は傍線を引いた「道業」であろう。本来は修行を意味する仏語だが、ここでは家業として、国家を運営してきたといった意味だろう。

人心帰一の基軸としての皇室

先に、美濃部が例外領域として、宮中と軍の二つを挙げていたことを確認した。またそれゆえに、宮中と天皇、軍と天皇の関係の安定性が、安定的な国政運営を左右するとの見通しに触れた。シュタインに学んだ憲法を日本で運用するにあたって伊藤博文は、人心帰一《じんしんきいつ》の機軸は、西欧世界では神（キリスト教）あるいは宗教だが、神なき国の近代化を図る必要のある日本では、どうすべきかを考えた。一八八八（明治二一）年六月一八日、枢密院議長としての伊藤の発言を見ておこう。「我国に在ては、宗教なる者、其力微弱にして一も国家の機軸たるべきものなし。〔中略〕我国に在て機軸とすべきは独《ひと》り皇室あるのみ[99]」。

人心帰一の機軸に伊藤は、皇室（天皇＋皇族）を設定していた[100]。政治体制のなかに天皇をいかに位置づけるかについての伊藤の構想については、三谷太一郎氏[101]、坂本一登氏[102]、瀧井一博氏らの優れた研究に譲る。

7　事件の計画性について

打倒後の計画がないように見えるのはなぜなのか

実際の死者が出たテロ事件である一九三二年の血盟団事件と五・一五事件、あるいは、未然に検挙された三三年の神兵隊事件などを考える際、財閥の巨頭や首相を殺めた後の計画性のなさについては、研究史上、常に俎上に上げられてきた[103]。そのような研究動向に対する一つの打開策が、青年将校運動を二つのグループに分ける考え方だった。斬奸に目的を置く天皇主義派と、上部工作を通しての政治変革を目指す改造主義派。この二つの類型から青年将校運動を説明した筒井清忠氏による研究[104]は画期的なものだった。

打倒後の計画がないように見える点については、一八八五（明治一八）年、旧自由党左派が起こした大阪事件を論じた牧原憲夫氏による分析視角[105]をここでは思い出したい。牧原氏の研究は、大井憲太郎らが準備した事件関係資金の額の大きさにまずは着目したところから始まった。朝鮮独立のための義挙でこれだけの資金を必要とするのか、と。大井らが裁判で朝鮮独立のための義挙を前面に出して陳述したのは、そうすべき理由があったからなのではないか、こう牧原氏は考えを巡らせた。朝鮮支援を名目とすれば裁判では外患罪に問われただけで済むが、そこを自覚的に狙ったのではないかと牧原氏は考えを進め、多様な史料から、説得的な新たな大阪事件像を打ち出した。

大井は本来、明治政府が準備していた大日本帝国憲法の内容と帝国議会が、おそらく最悪最低のものとなることを予想していた。よって、国内改革に政府が取組まざるをえなくなるような、国内クーデターを実行することが必要だと考えていたのだという。国内のクーデター計画を隠蔽するため、あえて雲を摑むような、朝鮮独立のための義挙といった荒唐無稽なプランを裁判では語ったとの見立てであった。

大審院での審理となった神兵隊事件

牧原氏の研究から示唆を受け、まずは、神兵隊事件から見ておこう。東久邇宮のお附武官であった安田銕之助の逮捕に至ったからには、公判で皇族の名がたくさん登場してくることが予想された。弁護士だった今村力三郎が遺した史料群から、神兵隊事件を考察した日高義博氏、石村修氏、大谷正氏らは、皇族の名前が国家改造運動事件の公判で何度も出てくるのを避けようとした政府が諮り、神兵隊事件に「内乱予備罪」を適用し、大審院での一審だけの裁判としたのではないか、と推測している[106]。事実、大審院判事だった三宅正太郎[107]による原田熊雄への内話からも、神兵隊事件の予審で伏見宮、秩父宮などの名前がさかんに上がっていたことがわかる。三宅は原田に、「どうしても内乱罪として取扱って、大審院の公判に付する方が適当であると思う。現に、内乱罪として起訴されるだけの材料は十分あるのであるから」とアドバイスしていた。

内乱罪となれば、当時の裁判所構成法によって裁判管轄権は大審院となり、一審で結審する。実際に、大審院で演述された神兵隊事件に対する検察側主張は、「本件暴動計画は、政治の中枢たる政府を顚覆し、その他憲法および諸般の制度を根本的に不法に変革せんことを目的として為したるものなるが故に、内乱予備罪を構成する[108]」と述べていた。対する弁護側は、神兵隊事件被告人等の行為が、正当防衛、緊急避難、自救行為等にあたるものだとして、無罪を主張した。

判決は、内乱予備罪の適用ではなく、殺人予備罪、放火予備罪の成立を認めたもので、内乱予備罪適用が成立するとした検察側の主張を退けた。[109] その理由として大審院が掲げていたのは、内乱罪が成立するには朝憲紊乱《びんらん》の目的のあることが必須となるが、神兵隊事件のように閣僚を殺害して内閣の更迭を目的とするに止まり、暴動によって直接に内閣制度その他朝憲を不法に変革することを目的とするものでない場合は、朝憲紊乱の目的がなかったものとして内乱罪を構成しない、こう論じていた。

五・一五事件における弁護側の論理

ここから転じて、五・一五事件における弁護側の論理を見ておこう。五・一五事件について、陸軍士官学校生徒の弁護を担当した菅原裕は、一九三三年八月二三日、陸軍第一師団軍法会議で、長時間にわたる弁護に立った。席上菅原は、減刑歎願書が五万も送付されてきたこと、また複数の人間が歎願のため小指を切って送付してきたことなどを披露している。この菅原とは戦後、極東国際軍事裁判で荒木貞夫の弁護人を務めた人物であった。

菅原は、五・一五事件に国家防衛権の議論が該当するかの可否から弁じた。[110] 国家防衛（権）論というのは、国家危急の際、国民はやむをえない場合に限り、直接実力を以て、国家に対する侵害を除くべき権利・義務を持つとする議論であった。五・一五事件の起こった三二年五月段階の日本が国家危急の状態にあったかどうか、ここに議論を持ってゆく。弁論中には、満州事変から五・一五事件への社会状況の深刻化を描写する際、教科書でも馴染みのある内容が網羅されていた。いわく、(i)経済的にいえば、世界恐慌が日本経済に甚大な打撃を与えている。(ii)外交に関しては、満州問題をめぐって日本は五〇余国、全世界を向こうに回して孤立状況にある。(iii)農村、なかんずく、東北・北海道の飢饉の状態は最悪であり、一歩間違えば、百姓一揆か共産革命を招来する程の深刻さである。青年将校らは彼らの危機意識の上では、国家の危急存亡をまさに現前のことと判断したのだろうと考えられる。急迫性の高い危機が存在していたとみなせるので無罪、との議論を展開していた。

菅原の弁論で注目されるのは、国家存亡の危機があったとする証拠として、国民の同情を確実に動員できる「爆弾」を準備していた点である。菅原は、全国農民組合青森県連合会委員長の淡谷悠蔵[11]が、青森県西北郡の凶作地を足で稼いで調査した、三二年一月時点での東北農村の窮状報告書を裁判で読み上げた。菅原は自らの演述を冊子として広く頒布してもいた。

海軍士官・陸軍士官候補生・民間右翼が実行した、国家改造を目指すテロ事件、五・一五事件の弁護に、全農県連合会委員長作成の報告書を援用したのである。現体制を支える政党・財閥・地主への国民の怒りを、左派の農民組合が作成した報告書を引用することで、被告らへの同情と共感の方向へ一挙に転換した。青森県車力村の学童の様子は「殆ど全部欠食」と描写され、総括部分では、「凶作の惨害／小作人より農業労働者、漁民に一層甚し。救済施設／現在何等実行せられず、殊に農業労働者、漁民に対しては将来共実施せらるるとは思はず。餓ゆるままに放擲せられある状態」と述べられていた。地主対小作といった旧来からの対立構造では全く捉えがたい凶作農村の姿が、データで示されていたのである。三・一五事件、四・一六事件に関する日本共産党の公判は、三一年七月七日から開始され、公判廷における共産党幹部の発言自体が、初めて国民が目にしたり耳にしたりする共産党「党史」となったように、右翼・国家主義運動関係の裁判においても、裁判自体が彼らの行動の正当性を国民に訴える場として十全に機能していた。

世の中の危機が急迫性を帯びているとの印象が社会の中で強ければ強いほど、五・一五事件被告の弁護の論理が説得力を増すような社会状況が生まれていたのである。血盟団事件や五・一五事件について現実に現れた行動からは、国家改造計画の具体性は感じられない。「裁判に付された被告らが、まず現体制の破壊がさきで建設のことはまだ十分考えていなかったとたびたび陳述しているのをみてもわかる」[112]と書かれるのも無理はない。だがそこに、大阪事件同様の裁判戦術がなかったかどうか、また計画の全貌についても、三二年二月に上海で戦死した藤井が本来は準備していた綱領の中味など、陸軍士官学校生徒作成の綱領などから復元していく作業が今後必要になるのではないか。

8　上海事変の持った意味とは

三友タオル会社という場所

五・一五事件の捜査にあたった検察側は事件関係者に対し、三二年四月、上海事変停戦後の上海で拳銃や銃弾を入手した経路について執拗に質問を繰り返していた[113]。菅波三郎に対しては、同年四月三日、上海の三友タオル会社において、海軍士官であった村上格之、大庭春雄の来訪を受けていたかどうかを尋問していた。また、同年四月一七日、同じく三友タオル会社で村山の来訪を受け、南部式拳銃と銃弾を受け取ったかどうかを質している。

ここまで読んできて、「上海」という地名や「三友タオル会社」という名前に何か引っかかるものを感じはしなかっただろうか。通常の教科書的記述では、三一年九月の満州事変と三二年一月の上海事変の関係性については、次のように説明されるのが普通だろう。すなわち、国際連盟理事会が、いわゆるリットン調査団を三一年一二月に派遣し、日本、中国、中国東北部を視察することにしたのを受け、国際社会の目を満州からそらすため、日本の特務機関が謀略によって上海事変を作為したとの説明である。

海軍側自身が上海事変を叙述した歴史草稿にも、三友タオル会社工場で日蓮宗僧侶が同社職工に襲撃された（事実は日本側が襲撃を作為していた）との記述があり、三友タオル会社工場の説明として「支那人経営三友実業社」と書かれていた。(114) 三二年一月二八日の上海事変の発端が日本側によって作為された場所と、五・一五事件に使用された拳銃がやりとりされた場所が同じなのは、何を意味しているのだろうか。国内でのクーデターと、外国における謀略もまた、呼応した地続きのものだったのではないか。

財閥の困惑と上海で謀略を起こすことの意味

当時にあって、右翼・国家主義者ら国家改造を図る勢力は、財閥・政党・宮中などの結託ぶりを批判していたが、彼らが敵と認定する人々が、三二年二月一七日、原田熊雄邸に顔を揃えていた。この時期は、二月九日に前蔵相井上準之助が暗殺された後であり、三月五日の三井合名理事長団琢磨が暗殺される前に相当する。(115) 参集したメンバーの顔ぶれは、壮観な眺めといえるだろう。参加者は、元老秘書の原田、内大臣秘書官長の木戸のほか、海相の大角岑生、外務省亜細亜局長の谷正之、横浜正金銀行頭取の児玉謙次、三井合名理事の安川雄之助、三菱商事会長の三宅川百太郎、住友支配人の矢島富造、東亜同文会と日清汽船の白岩龍平だった。

三大財閥に横浜正金銀行が加わり、東亜同文会の大物が鳩首して、大角海相から上海事変の今後の予測を聞いていたのである。情勢は日露戦争以上の難局だと大角は述べていた。また、三一年一一月一四日の段階で原田は、三井の池田成彬、横浜正金の児玉から聞いた話として、英国の金輸出再禁止、米国の財政悪化のため、資本の海外逃避の動きがあることを摑んでいた(116)。

列強の東アジアの拠点に他ならない上海という場所で大規模な戦闘が引き起こされていた。これは普通に考えれば、満州事変から目をそらすためどころの話ではなく、まさに列国の目を極東に釘付けにするような愚行であろう。原田邸に参集した財閥や銀行家は、海外に資金が逃避したり、貿易や海運が日中両国の戦闘下に停滞したりするのを憂慮していた。「財閥」が困惑する状況が、上海事変の結果、現実のものとなっていた。このように見てくれば、日本軍の特務機関が上海で謀略を起こした意味は、二つの方向から考えられるのではないか。一つは、列強の経済に出血を強いることで、列強の怒りに火をつけ、対日干渉をより強いものとし、現政党内閣の存立基盤を危うくすること、二つは、列強の経済に出血を強いることで、日本への干渉的政策から手を引かせることであった。

9　皇族という不安と詔書渙発

東久邇宮の強硬な対満州方策

かつて外遊問題で宮内省との関係をこじらせたことがあった東久邇宮は、この時期の内外の政治状況をいかに見ていたのだろうか。満州事変後、名古屋に赴任していた東久邇宮が在京の秘書安田銕之助に与えた幾つかの指示から東久邇宮の認識を読み取ることができる。一九三一年一二月中旬に書かれたと推定される手紙には、「先日送りました満蒙に関する愚見を述べた手紙を清浦〔奎吾〕老人にわたしてくれましたか。そして老伯はそれに就いてどんな意見でしたか。荒木〔貞夫〕中将が新しく陸軍大臣になりたる事は国軍のためにお互に喜ぶ可き事なり」(117)とある。内容から、第二次若槻礼次郎内閣が総辞職し、犬養毅内閣が成立する時期、陸相が南次郎から荒木へと交代する時期に書かれたと推定できる。では、東久邇宮が抱く「満蒙に関する愚見」はいかなるものだったのか。下記の書翰(118)から、東久邇宮が、満州〔東三省、中国東北部〕に熱河省を加えた東北四省、この地域を保障占領すべきだとの考えを持っていたことがわかる。

先日お話ししました東四省保証《ママ》占領の事はどうなりましたか。支那が日本と既に結びたる諸案及び今後日本が提出す可《べ》き諸案も全く実施終る迄、東四省を保証占領する事が絶対必要だと思ひます。此の占領間、将来に必要なる諸施設をなし、他日満蒙を日本の領有となす諸準備をなす、而して保証占領の時期が終りたらば、満蒙を日本の領土となすか又は日本の保護領となす。東洋永遠の平和のため、又日本将来の安全のため、日本の最後の目的は満蒙を完全に我が領有となすにあり。〔中略〕日本のため永遠の良策は、満蒙を日本の領有となすに在り。此の際、国際連盟、何ら恐るる所なし。又、英米露何ら日本に対し為し得ざる可し。故に日本は何ら他に顧慮する事なく将来のため、必要なる事は断然実行せざる可らず〔後略〕。

東久邇宮の満州問題解決策は、当時の陸軍省はもちろん、外務省、天皇や宮中・元老らが考える解決策に比して強硬なものだったといえるだろう。さらに、東久邇宮が安田に対して連絡をとるよう促していた相手である清浦といえば、牧野ら宮中側近に対して、詔書の渙発を働きかけていた人物であった。侍従次長河井の日記、三一年一〇月二三日の条には、「大詔渙発の件、政党の挙国一致内閣組成の件」[119]を牧野と相談しているさまが記される。

木戸幸一による詔書渙発案

注目すべきは、清浦による詔書渙発の動きとは別に、内大臣秘書官長の木戸による独自の動きもあったことである。三二年三月一日付の木戸日記に、次のような記述がある。近衛邸で、陸軍内部の情勢[120]、国軍立て直しの見込み、超然内閣組織の可能性などを論じていたさなか、やや唐突に木戸は、「恰《あたか》も明治維新の際に五ヶ条の御誓文を宣せられたるが如《ごと》く、今日に於《おい》ても或時期に今後国の赴くべき途につき其の大綱を宣せらるるも一案[121]」と述べていた。

木戸案のより具体的な内容は、五・一五事件の翌日の記述で判明する。「時局収拾大綱」と題され、牧野に対して提案された策は以下のようなものだった。渙発されるべき詔書には「我国の赴くべき途[122]」が書かれるべきであり、「憲法及五条の御誓文」を時代の推移に応じて新たに解釈し直したような詔書の渙発が望まれるとした。一方で、「軍部の規《のり》を越へたる近時の行動を戒め」るとともに、他方で、「政党政治による腐敗を戒め」、かつ、「時代に適応せる政策の樹立」に言及すべしとして構想されていた[123]。

同年五月二一日の河井の日記には、「清浦伯の連合内閣組織に付、勅語意見」[124]と見え、清浦の勧める勅語案は、依然として木戸の詔書案とは別にあったことがわかる。

木戸の発案による詔書渙発話は、同年六月四日になると様相が変わってきている。牧野は斎藤実内閣の成立にあたり、かねてから清浦が提案してきた詔書（あるいは勅語）案を、内閣官房総務課事務嘱託吉田増蔵に修文させていた。だが、本案を見た侍従長鈴木貫太郎が難色を示し、宮内大臣一木喜徳郎も斎藤首相に任せるべきだと答えていた。[125]清浦＋吉田案に対し、「恰《あたか》も二つの詔書を只つなぎ合せ」たようだと感じた木戸と同じ感想を鈴木は木戸に伝えた。また、一木は、詔書を渙発するかしないかは斎藤首相が考えることなので、当面、この案を斎藤に伝えたらよいと示唆した。

これを受けて木戸は、「明治天皇の御偉業たる憲政の確立と徴兵制度の実施を二大根幹」として冒頭に置き、憲政の確立と徴兵制実施の二大政策によって日本は発展してきたが、世界大戦の影響もあり混迷を深めているので今や建て直しの必要があると書く[126]、との方針を決める。木戸の意見を反映させて準備された詔書案[127]は下記のような内容であった。

明治天皇が、「立憲の政治を敷き、徴兵の制度を定め」たことで我が国の発展がもたらされたが、「世界各国は欧洲大戦の余弊を承け、救済の暇《いとま》」がなく、日本もその影響を受けている。現在の日本の困難な状況を「匡済せんには挙国一体」を図る必要がある。文武官も互いに信頼し、「本分を守り」、「公に背きて私に徇《したが》うことなく、義を舎て、利に趨《はし》ることなく、一に国家」のことを考えて行動して欲しいと。

詔書の案文を読むと、いかに木戸が、憲法と徴兵制の二大柱で明治日本が進歩したことをアピールしつつ、軍部の政治進出、政党政治の党利党略を批判しようとしてはいても、このような文案の詔書では、国民の心を動かすことは到底不可能だっただろうと思わざるをえない出来だった。木戸家の子孫として、一八六八（慶應四）年三月一四日（四月六日）の五か条の誓文の画期性が頭に去来したことなど想像しうるが、この文案では回天は不可能だったと思われる。

斎藤首相のラジオ放送

結果的に斎藤首相が、農民の困窮状態に配慮し、国民の不満に向き合ったラジオ放送を行ったのは、極めて賢明な措置だったといえる。斎藤は、三二年七月六日午後七時三〇分からラジオで「重大なる時局に際して国民に告ぐ」[128]と題した放送を行った。国民生活の不安を除いて安定を期すことが最大急務であり、後にいわゆる高橋財政（金融緩和、為替管理、輸入防遏）と呼ばれることになる政策を実施し、追加予算では農村土木事業に邁進する決意を示した。斎藤は最後に一言として、政界革新の必要性に触れ、立憲政治を立て直すため、党争の弊害を除くことを約し、地方長官の党派的異動の抑制などについても触れた。だが、木戸が自らの詔書案の一つのポイントに置いていた、軍部の建て直しについては、全く言及していなかった。

この斎藤のラジオ放送を、西園寺は聞いていた。七月九日、西園寺は原田に向かい、「よく内大臣から自分に、陛下の詔勅を賜はることが必要である、と言ってよこすことがあるが、ことによるとこれは清浦伯の進言ではないかと思つたので、直接内大臣にただしたところ、その通りだった」と前置きし、「今日の放送の話も『詔勅を賜はったらどうか』といふことを内大臣或は重臣方面から、総理に対して勧めて来たのを、総理もああいう思慮深い人であるから、陛下をお煩はせするよりも、自分が何か放送した方がいい、と感じてのことではないかと思う[129]」、との見方を述べていた。同日、原田は斎藤に直接会って、「詔勅云々の件もちやうど公爵の想像通り[130]」だったことを確認している。

天皇親政を要求した秩父宮

勅語、あるいは詔書が準備されていた頃、天皇をより直接的に動揺させうる問題が起きていた。三二年五月二八日、天皇は侍従武官長の奈良を呼ぶ。「朝香宮〔鳩彦王、歩兵第一旅団長、陸軍少将〕、秩父宮〔雍仁親王、歩兵第三連隊第六中隊長、陸軍歩兵大尉〕両殿下の御話に依れば青年将校の言動意外に過激[131]」だと認識したので、秩父宮を国家改造運動が盛んな歩兵第三連隊から移す必要があるのではないかを陸相に尋ねさせている。また、同年六月二一日、天皇は鈴木侍従長と奈良を呼び、秩父宮が天皇に述べた深刻な意見の内容を伝えた[132]。

秩父宮が何を語ったのかの内容について奈良日記は詳細を書かないが、奈良の後任として、三三年四月、侍従武官長となった本庄繁が伝聞の記録を残している[133]。本庄は鈴木侍従長から聞かされた内容として、「或日、秩父宮殿下参内、陛下に御対談遊ばされ、切《しき》りに陛下の御親政の必要を説かれ、要すれば憲法の停止も亦止むを得ずと激せられ、陛下との間に相当激論あらせられし趣」と書きとめた。その後、天皇は侍従長に向かい、「祖宗の威徳を傷つくるが如きことは自分の到底同意し得ざる処、親政と云うも自分は憲法の命ずる処に拠り、現に大綱を把持して大政を総攬せり。これ以上何を為すべき。又憲法の停止の如きは明治大帝の創制せられたる処のものを破壊するものにして、断じて不可なりと信ず」と述べたという。

秩父宮は天皇親政を要求したのだった。この事態に対して、宮中側近や元老周辺も早急に動いた。六月二一日、木戸は近衛、原田とともに一木宮相官邸に招かれ、そこにおいては「秩父宮の最近の時局に対する御考が稍々《やや》もすれば軍国的になれる点等につき(134)」意見の交換がなされたという。

天皇と軍隊の関係の揺らぎという危機

七月一一日の陸軍士官学校卒業式に、学校側から行幸を願わないということで天皇が出席を取りやめたことは先に述べた。秩父宮の抱いていた思想が判明したからか、西園寺は、秩父宮を内大臣牧野の後任にしてはどうかといった、近衛などが以前持ちかけていた話に対し、これは断乎反対だと警戒して述べていた。「かねて近衛あたりから、秩父宮を内大臣にしてはどうかという話が出た時に、自分は、必要な場合には已むを得まい、と答えたことがあるけれども、いま考えてみると、もう絶対にそんなことはよくない。〔中略〕秩父宮を内大臣になどすることは絶対によくない、ということを西園寺が言っていた、と近衛に話しておいてくれないか(136)」。

西園寺は、満州事変、上海事変に対する対処法を探るための御前会議を開催したいとの天皇の希望に対して、御前会議決定に従わない軍人が出たら、天皇の権威が決定的に失われると危惧して反対した。この時の西園寺の頭には、対外紛争の処理と、天皇制国家存続の危機の回避と、どちらを選ぶのかという究極の二択が浮かんでいたのではないか。憲法停止、天皇親政を天皇の前で希求した直宮・秩父宮の登場、また、満蒙問題解決のために東四省の保障占領が必須だとの考えを持つ第五旅団長・東久邇宮の存在。天皇にとって、人心帰一の機軸たる皇室の安定的運営は望むべくもなかった。

おわりに

あと少しだけ一線を越えれば、陰謀史観と見まがうような筆致でここまで書いてきた。ここで陰謀史観と書いた意味は、本文中で一九三一（昭和六）年一〇月六日、元老西園寺が秘書の原田に述べた言葉、すなわち、「陸軍の中に赤が入って」いるのではないか、「極左が動かしている」のではないかとの述懐を、まずは的確な観察なのではないかと仮定して筆者が実証をスタートさせたことをいっている。

戦前期に起きた歴史の事象を共産主義者等の陰謀に帰す語り口が、二八年、緊急勅令で「改正」された治安維持法の目的遂行罪追加を想起するまでもなく、内務省・司法省等の当局者による過大な「幻想」あるいは誇大な「妄想」に多くを負っているのは間違いないところだろう。[137] だが、上は国家機密の文書から下は怪文書まであらゆる情報が上がっていたはずの元老の観察眼を、ありがちな共産主義への恐怖心や反共意識によるものとして最初から無視してしまうのは、相手が西園寺であるだけに危険だと筆者には思われたのである。

三一年から三三年までの時期に続発した事件をここでおさらいしておきたい。クーデター未遂事件（三月事件、一〇月事件、神兵隊事件）、国外における武力行使・戦争の作為（満州事変、上海事変）、連続テロ（血盟団事件、五・一五事件）が、軍部・右翼・国家主義者らに主導されて起こっていた。このような事態を前に西園寺が行った選択がいかなるものだったか、筆者の興味はここにあった。結論として見えてきたのは、国外における戦争の芽を効果的に鎮静化させるための方策と、天皇（皇統）や皇室を維持してゆくための方策、そのどちらかを選ぶとなった時、西園寺が躊躇なく後者を選んだという見通しである。出先の関東軍は内閣や軍中央の制止をも無視し、謀略を用い、外国においての武力行使・戦争を躊躇なく開始した。歴史的に振り返った時、満州事変特に上海事変の重大性に注意していた天皇の観察眼は的確だった。英米仏三国による対日経済封鎖の危険性を天皇は憂慮しており、『昭和天皇実録』の三二年二月五日条[138]には、「上海事件を御憂慮になり〔中略〕英米仏三国の対日態度につき御下問」との記事が見え、同日、天皇は牧野内大臣に対し御前会議開催の可否を質してもいた。

中国国民政府の蔣介石の動きを分析した研究によれば、蔣は三二年一月、上海の第一九路軍（広州の臨時国民政府唯一の直系部隊で抗日・容共意識が高いと観測されていた）を、番号はそのままとして、蔣直系の八七師団・八八師団という精鋭部隊に入れ替えていたという[139]。密かに増強されていた中国軍を前にした上海情勢の危機的状況について、日露戦争以上の「難局」だと捉えていた大角岑生海相の観察眼は正確なものといえた。この上海事変が日本側の当初の思惑を裏切った激戦となり、三二年三月、中国政府が国際連盟に対し規約一五条をもって新たに提訴し直したことに鑑みれば、時局に対する天皇の危機感、また内閣・統帥部に何等かの対策を採るように求めた天皇の判断は、正当な反応といえた。

この天皇の憂慮を目にしつつも、西園寺は御前会議開催を絶対に認めようとせず、三三年二月、侍従武官長の奈良も、熱河攻撃への裁可取消しを求めた天皇の要求に従わなかった[140]。西園寺や奈良が見ていた政界裏面に進行していた光景は、クーデターの混乱下の憲法停止、東久邇宮あるいは伏見宮なり皇族を推戴した暫定内閣の誕生、昭和天皇の一歳下の弟秩父宮の内大臣就任、天皇親政という名の下での昭和天皇無力化という一連の悪夢ではなかったか。

西園寺がこの時期に迫られていた究極の選択については、筆者と同様の問題意識に早くから立っていた坂野潤治氏の研究がある。[141]坂野氏はこの時期の対外政策・国内テロ政策と政権構想との組合せの問題を論じ、西園寺が第二次若槻礼次郎内閣の後継に犬養毅内閣を三一年一二月に選んだ行為について「元老西園寺が政友会単独内閣を指名した時に、陸軍三長官・軍事参議官会議の決定を知っていたとしたら、その後の事態に対する西園寺の責任はかなり大きいといわねばならない」[142]と結論づけた。陸軍は、三長官会議や軍事参議官会議で犬養内閣成立なら陸相は荒木貞夫、安達謙蔵らによる政友会・民政党協力内閣成立なら陸相は南次郎の留任、と決定していた。この事実を捉えて坂野氏は、荒木陸相を選択した西園寺の責任を示唆していた。

だが、上海事変の意義を満州事変から国際社会の目をそらすためと捉えてきた通説を見直した本総説の実証から見れば、西園寺の選択の重さは坂野氏の解釈よりもより重いものとなるだろう。総論においては、天皇と特別親密な関係で結ばれているとされた軍隊を天皇の統帥権の下で指揮すべき立場にあった青年将校や士官候補生の側に生じた新たな考え方に着目した。武力をもって国家を保護することを自らの任務と心得てきたはずの将校らは、危機の時代にあって国内の危機（共産革命や農民一揆）からも国家を保護するのが自らの任務だと読み替え、軍人の政治不干与を謳った軍人勅諭の核心部分を破壊していったといえよう。

（1）これは、一九四〇（昭和一五）年が、『日本書紀』が記す神話上の神武天皇即位から二六〇〇年にあたるとして同年一一月一〇日に皇居前広場で記念式典がなされた一連の祝賀行事をいう。内閣情報部刊行のグラフ雑誌『写真週報』一四三〜一四五号（一九四〇年一一月）では全国の祝賀行事の内容が確認できる。
（2）宮内庁編修『昭和天皇実録』第八巻（東京書籍、二〇一六年）二一三〜二一四頁。
（3）同前書二一四頁。なお、陸軍への勅語末文と、海軍への勅語末文は同じであった。同前書二〇六頁。
（4）股肱とは、腿と肘、すなわち、手足のことで、最も信頼する臣下をいうとの解説が、教育総監部編『軍人勅諭謹解』（一九三九年）四〇頁にはある。
（5）特別観兵式の映像は、「日本ニュース第二〇号」中の一篇として、一九四〇年一〇月三〇日から全国の映画館で公開されていた。現在では、NHK戦争証言アーカイブズ内のサイトで閲覧可能。海軍の特別観艦式の映像は、「日本ニュース第一九号」中の一篇として、同年一〇月一六日から公開されていた。
（6）「単行書　軍人へ勅諭」（国立公文書館蔵、レファレンスコードA04017133200）。
（7）前掲『軍人勅諭謹解』四一頁。
（8）前掲『軍人勅諭謹解』四三頁。
（9）ファースが書いた一九四二年六月「日本計画」については、加藤哲郎『象徴天皇制の起源　アメリカの心理戦「日本計画」』（平凡社新書、二〇〇五年）三〇頁、また本書第7章三二五頁を参照。
（10）丸山眞男・福田歓一『聞き書き　南原繁回顧録』（東京大学出版会、一九八九年）二六七〜二六九頁、また本書第7章三二六頁を参照。
（11）岡野弘彦の発言「昭和天皇実録　識者はこう読む」『読売新聞』二〇一四年九月九日付朝刊。
（12）昭和天皇が大本営に列する軍人に対し、遼東還附の明治天皇の詔勅に言及し、説得に努めていたことについては、加藤陽子『増補版　昭和天皇と戦争の世紀』（講談社学術文庫、二〇一八年）三五四頁。また、遼東還附の詔勅の歴史的な正しい意味については、佐々木雄一「近代日本における天皇のコトバ」御厨貴編著『天皇の近代　明治一五〇年・平成三〇年』（千倉書房、二〇一八年）。
（13）本書三〇五頁。

(14) 昭和戦前期における国体の捉え方の変遷については、前掲『増補版　昭和天皇と戦争の世紀』三九二頁。

(15) 血盟団事件、五・一五事件、神兵隊事件についての概要、暗殺目標、公判（求刑、判決）については、我妻栄編集代表『日本政治裁判史録　昭和・前』（第一法規、一九七〇年）を参照。血盟団事件について検察は殺人共同正犯の罪を適用、弁護側は裁判官忌避戦術をとって対抗、井上日召（昭）・小沼正・菱沼五郎に対して検察は死刑を求刑するも判決は全て無期懲役となった。減刑歎願書は三〇万にのぼったという（血盟団事件については雨宮昭一氏執筆）。

(16) 五・一五事件については、前掲『日本政治裁判史録　昭和・前』中の田中時彦氏執筆部分を参照のこと。概要、事件の背景、事件の経過、司法的処理過程が的確に説明されている。陸軍側被告の判決（陸軍刑法二五条の叛乱罪を適用）の最高刑は禁固四年、海軍側の最高刑は禁固一五年（叛乱罪、叛乱予備罪）、民間の橘孝三郎（爆発物取締罰則違反、殺人未遂罪）などは無期懲役。

(17) 神兵隊事件は、一九三三年七月一一日を期して、首相官邸・内大臣官邸・政党本部などを襲撃し、閣僚・内大臣・政党総裁を殺害して国家中枢を破壊した後、大詔渙発によって皇族首班内閣の実現を目指したが、事前に一斉検挙されたクーデター未遂事件。愛国勤労党の天野辰夫、大日本生産党の鈴木善一、予備役陸軍中佐安田銕之助を主謀者とする。安田元久『駘馬の道草　大正末期・昭和初期の激動と前半生の自伝』（吉川弘文館、一九八九年）、伊藤隆「神兵隊事件と安田銕之助」『日本歴史』五〇〇号（一九九〇年）を参照。また、吉野領剛「昭和初期右翼運動とその思想」『法政史学』五七号（二〇〇二年）。

(18) 波多野澄雄ほか編『侍従武官長　奈良武次　日記・回顧録』第四巻（柏書房、二〇〇〇年）一六九頁。

(19) 木戸日記研究会校訂『木戸幸一日記』上巻（東京大学出版会、一九六六年）一六五頁。

(20)「神兵隊事件予審終結決定書（写）」、原秀男ほか編『検察秘録　五・一五事件　Ⅳ』（角川書店、一九九一年）四六四頁。

(21) 精神右翼、革新右翼という名称は、新体制や新党の合憲性などを近衛に助言していた東京帝大教授の矢部貞治の考案による。精神右翼の代表的な論者は、時局協議会の井田磐楠・小林順一郎、また蓑田胸喜など。今井清一、伊藤隆編集『現代史資料　44　国家総動員　2』（みすず書房、一九七四年）資料解題を参照。

(22) 同前書三六九頁。

(23) 近衛新体制期の「革新」派の一人で、この時期、大政翼賛会総務兼企画局東亜部長であった亀井貫一郎が近衛文麿に宛てた一九四一年三月書翰での使い方。前掲『現代史資料 44 国家総動員 2』四六六頁。近衛新体制期の「革新」派については、伊藤隆『大政翼賛会への道 近衛新体制』(講談社学術文庫、二〇一五年、初版は一九八三年)。

(24) 参謀本部編『杉山メモ』下巻(原書房、一九九四年)資料解説三一頁。

(25) 藤原彰『昭和天皇の十五年戦争』(青木書店、一九九一年)、同じく藤原『天皇の軍隊と日中戦争』(大月書店、二〇〇六年)。吉田裕『昭和天皇の終戦史』(岩波新書、一九九二年)、同じく吉田『日本軍兵士 アジア・太平洋戦争の現実』(中公新書、二〇一七年)。山田朗『日本の戦争III 天皇と戦争責任』(新日本出版社、二〇一九年)。

(26) 高橋紘ほか編『昭和初期の天皇と宮中 侍従次長 河井弥八日記』第五巻(岩波書店、一九九四年)四五頁、八五頁。

(27) 同前書八九頁。

(28) 以下の参照文献はすべて大島明子氏のもの。①「「士族反乱期」の正院と陸軍」藤村道生編『日本近代史の再検討』(南窓社、一九九三年)、②「廃藩置県後の兵制問題と鎮台兵」黒沢文貴ほか編『国際環境のなかの近代日本』(芙蓉書房出版、二〇〇一年)、③「御親兵の解隊と征韓論政変」犬塚孝明編『明治国家の政策と思想』(吉川弘文館、二〇〇五年)、④「一八七三(明治六)年のシビリアンコントロール」『史学雑誌』一一七編七号(二〇〇八年七月)、⑤「明治維新期の政軍関係」小林道彦・黒沢文貴編著『日本政治史のなかの陸海軍 軍政優位体制の形成と崩壊 1868-1945』(ミネルヴァ書房、二〇一三年)、⑥「第5講 陸海軍の創設」小林和幸編『明治史講義 テーマ篇』(ちくま新書、二〇一八年)。

(29) 「徴兵令」(アジア歴史資料センター、レファレンスコード C09060002500)。

(30) 一八七五(明治八)年設置の元老院における徴兵令改正をめぐる政治思想については、尾原宏之『軍事と公論 明治元老院の政治思想』(慶應義塾大学出版会、二〇一三年)。

(31) 梅溪昇『軍人勅諭成立史 天皇制国家観の成立 上』(青史出版、二〇〇〇年)。

(32) 澤地久枝『火はわが胸中にあり　忘れられた近衛兵士の叛乱　竹橋事件』(岩波現代文庫、二〇〇八年)。
(33) 牧原憲夫『シリーズ日本近現代史　②　民権と憲法』(岩波新書、二〇〇六年)。
(34) 大山梓編『山縣有朋意見書』(原書房、一九六六年) 七五〜八三頁。
(35) 永井和「太政官文書にみる天皇万機親裁の成立 —— 統帥権独立制度成立の理由をめぐって」『京都大学文学部研究紀要』四一号 (二〇〇二年三月)、同じく永井「万機親裁体制の成立　明治天皇はいつから近代の天皇となったのか」『思想』九五七号 (二〇〇四年一月)。
(36) ここでは詳述しないが、天皇の許での軍隊統率という理念のほか、私兵化を防止した契機は、陸軍における官僚制の確立にある。この点については、大江洋代「日清・日露戦争と陸軍官僚制の成立」前掲『日本政治史のなかの陸海軍』第二章、また大江『明治期日本の陸軍　官僚制と国民軍の形成』(東京大学出版会、二〇一八年)。
(37) 谷口眞子「西周の軍事思想　服従と忠誠をめぐって」『WASEDA RILAS JOURNAL NO.5』二〇一七年一〇月。大久保利謙編『西周全集』第三巻 (宗高書房、一九六六年)、菅原光『西周の政治思想　規律・功利・信』(ぺりかん社、二〇〇九年)。
(38) 美濃部達吉「憲法改正の基本問題」『法律新報』一九四六年四・五合併号。
(39) 西周の学問の内容についての深い理解は、大久保健晴『近代日本の政治構想とオランダ』(東京大学出版会、二〇一〇年) 序章、第一章。
(40) 「陸海軍ニ賜ハリタル勅語ノ原稿修正草稿及決定案」(宮内公文書館蔵、識別番号三七四〇二)。
(41) 西周「百一新論」大久保利謙編『西周全集』第一巻 (宗高書房、一九六〇年)。
(42) 前掲『山縣有朋意見書』一〇四〜一〇五頁。
(43) 発言は帝国議会会議録検索システムによる。
(44) 本庄繁『本庄日記』(原書房、二〇〇五年新装版) 二〇三頁。
(45) 前掲永井「太政官文書にみる天皇万機親裁の成立」、永井和『青年君主昭和天皇と元老西園寺』(京都大学学術出版会、二〇〇三年)。
(46) 美濃部達吉『逐条憲法精義』(有斐閣、一九二七年) 五一〇〜五一二頁。

(47) 加藤陽子「近代の三人目の天皇として」歴史学研究会編『天皇はいかに受け継がれたか　天皇の身体と皇位継承』（績文堂出版、二〇一九年）。
(48) 本章が対象とする、一九三一年の三月事件、一〇月事件、三二年の血盟団事件、五・一五事件、三三年の神兵隊事件などの右翼、国家主義運動について、押収史料に依拠した分析として、司法省刑事局「右翼思想犯罪事件の綜合的研究」、今井清一・高橋正衛解説『現代史資料　4　国家主義運動　1』（みすず書房、一九六三年）所収。
(49) 前掲『昭和初期の天皇と宮中　侍従次長河井弥八日記』第五巻、一〇二頁。
(50) 同前書一〇三頁。一九三一年六月一三日条。
(51) 同前書一〇二～一〇三頁。
(52) 同前書一〇三頁。
(53)「故藤井〔斉〕海軍少佐の日記写」原秀男ほか編『検察秘録　五・一五事件　Ⅲ』（角川書店、一九九〇年）六八七頁。
(54) JACAR（アジア歴史資料センター）レファレンスコードB04013151100、要視察人関係雑纂／本邦人ノ部　第十七巻（I-4-5-2-2_2_017）（外務省外交史料館）、三画像目。
(55) 安田銕之助文書の目録と筆耕は、学習院大学史料館編刊『学習院大学史料館所蔵史料目録第一〇号　安田銕之助関係文書』（一九九〇年）参照。安田銕之助文書は国立国会図書館憲政資料室でも閲覧できる。
(56) 安田銕之助と東久邇宮の関係については、多くの一次史料を渉猟して書かれた、浅見雅男『不思議な宮さま　東久邇宮稔彦王の昭和史』（文藝春秋、二〇一一年）が参考になる。
(57) 前掲『木戸幸一日記』上巻、八五頁。
(58) それぞれ、前掲『木戸幸一日記』上巻、八六頁、八九頁。
(59) 専修大学今村法律研究室編刊『神兵隊事件　別巻一』（二〇一三年）三一二頁所収。
(60) 前掲『木戸幸一日記』上巻、九二頁。
(61) 同前書九三頁。
(62) 同前書九八頁、一九三一年九月九日条。

(63) 前掲「右翼思想犯罪事件の綜合的研究」『現代史資料 4 国家主義運動 1』四三頁。王師会では五か条からなる綱領と、宣言を準備していた。明治維新がその道半ばにして挫折したという認識を抱いていたことがわかる。
(64) 前掲『検察秘録 五・一五事件 Ⅲ』六六〇頁。
(65) 東昇が入手し藤井に渡した参謀本部の研究資料として翻訳・作製された「ソ連共産革命綱領」が何年段階のものかは判然としない。日記中の「共産党の戦術」、「ソビエト連邦の共産革命綱領」との表現からは、一九二八年「国際共産党綱領」ではないかと推察される。日本共産党の綱領や日本共産党がなすべきテーゼではないと思われる。事実、二八年「国際共産党綱領」の第六項は「プロレタリアートの独裁のための闘争における国際共産党の戦略及び戦術」との項目となっていた。本綱領は、山辺健太郎解説『現代史資料 14 社会主義運動 1』(みすず書房、一九六四年)所収。また藤井日記の三一年五月一九日条には、「毛利君より露国革命綱領送り来る」とあり、いくつかの種類の革命綱領を入手していたと思われる。
(66) 前掲『検察秘録 五・一五事件 Ⅲ』六六一頁。
(67) 同前書六六二頁。一九三一年二月一二日条。
(68) 南満洲鉄道株式会社東亜経済調査局編刊『所有と社会主義』(一九二九年)であろう。
(69) 前掲『検察秘録 五・一五事件 Ⅲ』六六二頁。
(70) 同前書六六四頁。
(71) 前掲「右翼思想犯罪事件の綜合的研究」『現代史資料 4 国家主義運動 1』一二三頁。
(72) 田中宏巳「昭和七年前後における東郷グループの活動(二) 小笠原長生日記を通して」『防衛大学校紀要』第五二輯(一九八六年)四七頁。
(73) 田嶋信雄『日本陸軍の対ソ謀略 日独防共協定とユーラシア政策』(吉川弘文館、二〇一七年)一六頁、稲葉千春『バルチック艦隊ヲ捕捉セヨ 海軍情報部の日露戦争』(成文社、二〇一六年)四五〜四九頁。
(74) 伊藤隆ほか編『続・現代史資料 海軍』(みすず書房、一九四四年)一八二頁。
(75) 同前書一四八頁。
(76) 同前。

(77) 同前書一六四頁。
(78)「浜勇治聴取書」(一九三二年五月一二日陳述)、「木内曽益文書 30」(国立国会図書館憲政資料室)。
(79) 前掲「故藤井海軍少佐の日記写(抄)」前掲『検察秘録 五・一五事件 Ⅲ』七〇二頁。
(80) 同前書七〇四頁。
(81) 同前。
(82) 註78に同じ。
(83) 事件後における、海軍上層部の、濱との関係の隠蔽工作については、濱勇治の子息・濱廣匡氏の著作が参考になる。濱廣匡・五味幸男『五・一五事件の謎 濱大尉の思想と行動』(鳥影社、一九九六年)二九頁。五・一五事件後の六月一六日、かつての濱の上司・艦政本部の島崎利雄が獄舎を訪れ、加藤寛治と海軍士官らとの関係について口止めがなされたという。
(84) 大須賀瑞夫著、倉重篤郎編集『評伝 田中清玄 昭和を陰で動かした男』(勉誠出版、二〇一七年)。
(85) 富田武・和田春樹編訳『資料集 コミンテルンと日本共産党』(岩波書店、二〇一四年)解題二二頁。
(86) 前掲『評伝 田中清玄』一六一頁。
(87) 軍隊における日本共産党の活動については、山岸一章『聳ゆるマスト 日本海軍の反戦兵士』(新日本出版社、一九八一年)に詳しい。海軍内で共産党組織が初めて作られたのは広島県の呉海軍工廠であり、その呉で、二等機関兵曹であった阪口喜一郎は三一年一一月二〇日頃共産党に入党し、三二年二月一四日、水兵向け新聞『聳ゆるマスト』を創刊した。創刊号の部数は三〇部だったが第四号は百部ほどあったという。同前書八二〜八八頁を参照。
(88) 前掲『資料集 コミンテルンと日本共産党』三一九頁。
(89) この事実関係を確認することはできないが、藤井は大村航空隊所属の操縦士であり、上海事変時に空母・鳳翔から飛び、三二年二月五日戦死していた。ビラがまかれたのは三二年二月二一日とされる。
(90)『兵士の友』一号(一九三二年九月一五日)、藤原彰編集・解説『資料日本現代史1 軍隊内の反戦運動』(大月書店、一九八〇年)二〇二頁。
(91) 原田熊雄述『西園寺公と政局』第二巻(岩波書店、一九五〇年)八八頁。

(92) 同前書、一九三一年九月一四日口述分、九月四日から八日の間、四七頁。

(93) 前掲『侍従武官長　奈良武次　日記・回顧録』第四巻、一六六頁。

(94) 「菅波中尉講話の概要」前掲『検察秘録　五・一五事件　Ⅲ』六三七頁、菅波のこのような講話のタネ本としては、北一輝『北一輝著作集』第一巻（みすず書房、一九五九年）二四四〜二四五頁などが挙げられる。北の「国体論及び純正社会主義」を菅波は引照していた。

(95) 「米津三郎の宣言及綱領」前掲『検察秘録　五・一五事件　Ⅲ』六四七〜六五二頁。

(96) 小田部雄次『皇族　天皇家の近現代史』（中公新書、二〇〇九年）四一頁。

(97) 「飛躍後の組織大綱」前掲『検察秘録　五・一五事件　Ⅲ』六五三頁。

(98) 「故藤井〔斉〕海軍少佐の日記写」前掲『検察秘録　五・一五事件　Ⅲ』六五七〜六五八頁。

(99) 『枢密院会議議事録』第一巻（東京大学出版会、一九八四年）一五七頁。

(100) 三谷太一郎『日本の近代とは何であったか　問題史的考察』（岩波新書、二〇一七年）。

(101) 坂本一登『伊藤博文と明治国家形成　「宮中」の制度化と立憲制の導入』（講談社学術文庫、二〇一二年、原版は一九九一年）、坂本一登解説『憲法義解』（岩波文庫、二〇一九年）。

(102) 瀧井一博『文明史のなかの明治憲法　この国のかたちと西洋体験』（講談社、二〇〇三年）、瀧井一博『伊藤博文　知の政治家』（中公新書、二〇一〇年）。

(103) 例えば、有馬学『日本の歴史　23　帝国の昭和』（講談社学術文庫、二〇一〇年）一二五頁など。「五・一五事件はこれをクーデター計画として見るならば、お粗末きわまりないものであったろう」。

(104) 筒井清忠『二・二六事件とその時代　昭和期日本の構造』第五章（ちくま学芸文庫、二〇〇六年、原版は一九八四年）。

(105) 「大井憲太郎の思想構造と大阪事件の論理」大阪事件研究会編『大阪事件の研究』（柏書房、一九八二年）。

(106) 専修大学今村法律研究室編『今村力三郎訴訟記録　神兵隊事件　別巻　1』（二〇一三年）、同編『神兵隊事件（二）』（一九八五年）。

(107) 原田熊雄述『西園寺公と政局』第四巻（岩波書店、一九五一年）一五五〜一五六頁。

(108) 前掲『神兵隊事件(二)』一一一頁。
(109) 同前書一一三頁。
(110) 「官選弁護人　菅原裕　元士官候補生拾壱名反乱被告事件之弁論」、前掲『検察秘録　五・一五事件　Ⅳ』三四七〜四〇八頁。
(111) 淡谷については、青森県近代文学館の中のサイト、また、『淡谷悠蔵著作集　野の記録』(北の街社、一九七六年)第一巻二一〇頁に、渋川善助が、この淡谷作成の凶作資料を借りにきた話が出ている。「私がつくった凶作資料のパンフレットを、是非欲しいといった。五・一五事件の公判が近く開かれるので、その論告の材料にしたいというのであった」。淡谷が作成した資料は、公判廷や新聞を震撼させるに足る迫力を持っていたことだろう。
(112) 前掲『日本政治裁判史録　昭和・前』中の「五・一五事件」田中時彦氏執筆部分。四六七頁。
(113) 「第二回　訊問調書　村上格之」前掲『検察秘録　五・一五事件　Ⅲ』二六八頁。
(114) JACAR(アジア歴史資料センター)レファレンスコードC14120181700、公刊昭和六、七年支那事変史上(公刊昭和六、七年事変海軍戦史原稿)(防衛省防衛研究所)。
(115) 前掲『木戸幸一日記』上巻、一三九頁。
(116) 同前書一一三頁、一九三一年一一月一四日条。
(117) 「安田銕之助文書　目録番号一九七」。
(118) 「安田銕之助文書　目録番号一九八」。
(119) 前掲『昭和初期の天皇と宮中　侍従次長河井弥八日記』第五巻、一八二頁。
(120) 前掲『木戸幸一日記』上巻、一四四頁。
(121) 同前書一四四〜一四五頁。
(122) 同前書一六四〜一六五頁。
(123) 同前書一六五頁。
(124) 高橋紘ほか編『昭和初期の天皇と宮中　侍従次長河井弥八日記』第六巻(岩波書店、一九九四年)一〇一頁。
(125) 前掲『木戸幸一日記』上巻、一七二頁。

(126) 同前書一七二頁。
(127) 「〔詔書案文〕牧野伯へ清浦伯意見参照」、「斎藤実文書　書類の部（二）一四〇―六」（国立国会図書館憲政資料室）。
(128) 財団法人斎藤子爵記念会編刊『子爵　斎藤実伝』第三巻（一九四一年）一六二～一六九頁。
(129) 前掲『西園寺公と政局』第二巻、一九三二年七月九日口述分、三一六頁。
(130) 同前書三二一頁。
(131) 波多野澄雄ほか編『侍従武官長　奈良武次　日記・回顧録』第三巻（柏書房、二〇〇〇年）四四一頁。
(132) 同前書四四六頁。宮内庁編『昭和天皇実録』第六巻（東京書籍、二〇一六年）によれば、一九三二年六月二〇日条に、「翌日午前、侍従武官長奈良武次・侍従長鈴木貫太郎を召され、最近の時局に対する〔秩父宮雍仁〕親王の言上意見につき御内話になる」との記述がある（一一二頁）。
(133) 本庄繁『本庄日記』（原書房、二〇〇五年）一六三頁。本庄の記録では「満州事変発生の昭和六年の末より同七年の春期に亘る頃の事」と題された後に、引用した部分がくる。
(134) 前掲『木戸幸一日記』上巻、一七六頁。
(135) 前掲『侍従武官長　奈良武次　日記・回顧録』第四巻、一六九頁。
(136) 前掲『西園寺公と政局』第二巻、三四三頁。一九三二年八月四日条。
(137) 「ETV特集　自由はこうして奪われた――治安維持法一〇万人の記録」（二〇一八年八月一八日放送）、小森恵著、西田義信編『治安維持法検挙者の記録　特高に踏みにじられた人々』（文生書院、二〇一六年）などを参照のこと。
(138) 宮内庁編修『昭和天皇実録』第六巻（二〇一六年）。
(139) 黄自進『蔣介石と日本　友と敵のはざまで』（武田ランダムハウスジャパン、二〇一一年）一四三頁。
(140) 前掲『増補版　昭和天皇と戦争の世紀』二三六頁、二四一頁。
(141) 坂野潤治『近代日本の外交と政治』（研文出版、一九八五年）二三九頁。
(142) 同前。

第1章　戦争の記憶と国家の位置づけ

本章はもともと、二〇一三年度冬学期、東京大学教養学部で学術俯瞰講義「この国のかたち――日本の自己イメージ」というタイトルのもとに、憲法学の長谷部恭男氏、西洋古典学の葛西康徳氏らと行った連続講義を文章化したものである。日本近代史学にとっての「この国のかたち」は、日本人及び日本の国家としての累積された戦争の「記憶」にあると考えた筆者は、日清戦争と日露戦争に関して、最も信頼すべき最新の研究成果で明らかにされた史実をまずはきっちりと押さえてみようと思った。

はじめに

累積された戦争の記憶

一九四一（昭和一六）年四月から一一月にかけてなされた日米交渉をご存じでしょうか。太平洋戦争が始まる直前の時期に相当しますが、この日米交渉が難航した理由は二つありました。一つは、三七年七月から始まって当時も依然として続いていた日中戦争に対し、アメリカが日中間の停戦調停に乗り出すための条件をめぐって生じた日米間の攻防です。いま一つは、四〇年九月に締結された日独伊三国軍事同盟（実質的には、アメリカの欧州参戦抑止のための条約）と、四一年三月にアメリカで成立した武器貸与法（イギリスやソ連などの連合国にアメリカが兵器や軍需物資を供与するためのアメリカ国内法）の矛盾の摺り合わせにありました。結果的に、前者の問題、すなわち日中停戦条件をめぐり、日本側が①「満州国」（以下の引用では括弧をはずす）承認、②停戦後にも軍隊を中国に駐兵する権利（防共駐兵権）保持につき、譲歩しようとはしなかったため、日米交渉が頓挫したのは歴史の示す通りでした。

ここで注目したいのは、満州国承認や駐兵権について妥協できなかった日本側の心性についてです。日米交渉という国家の命運を左右する意思決定に際し、日本側の為政者の判断を縛ったものが何であったのかを考えることは意味がありそうです。たとえば、第二次近衛文麿内閣で外相だった松岡洋右は、自らが事実上更迭される直前の四一年七月一〇日、「日米交渉に関する件」との文書を作成し、日本の東アジア政策が堅持されなければならない理由を次のように述べていました。「永年に亘り幾多の困難を排除し、三度国運を賭し、二十余万の生霊と巨大なる国幣を犠牲とし、漸くにして其基礎を築き上げた」からである、と（外務省 一九九〇上：二五五）（史料引用については、適宜読点を補った。以下、同じ）。

日米英戦争が不可避となるかどうかの瀬戸際にあった四一年の時点で、三一年の満州事変はもとより、一九〇四年の日露戦争、一八九四年の日清戦争までが遡って回顧され、多くの犠牲者と国庫負担で獲得した満州の地に対する想念が喚起されていることがわかります。国家の命運を左右する外交交渉時に、譲れない条件＝「この国のかたち」として、累積された戦争の記憶が重要な要素として浮上している点にご注目ください。

太平洋戦争の開戦前の時点で、満州という土地をめぐる日本人あるいは国家の記憶が重要な意味を持っていたとするならば、次に問われるべきは、日本側が後に満州権益といわれるものを獲得する契機となった日露戦争についての日本人あるいは国家としての記憶がいかなるものとして形成されたのかという点でしょう。日露戦争にいたるまでの日露対立の歴史的経緯、日露戦争後になされた講和条約の内容、特に日露講和条約締結後になされた日清間の交渉内容などについて、私たちの理解は、学界の研究水準からして適切なものといえるのかどうか。これが問われています。

日本のみならず、ロシア、中国、韓国など、日露戦争に関係した当事国において史料の保存と公開に支えられて格段に進展してきた研究史を確認する必要があり、同様のことは、日露戦争の一〇年前に戦われた日清戦争についてもいえるでしょう。日本人および日本の国家としての記憶＝「この国のかたち」が、現実に起きた歴史の事実とかけ離れているとしたら問題です。戦争に関する国家と国民の記憶が歴史的事実と異なっている場合、日本と密接不可分の過去の歴史を共有する隣国と共存してゆくのは不可能です。本章では、まずは戦争の記憶をめぐる問題を考え、つづいて、日清戦争と日露戦争に関する研究史の現在をご紹介したいと思います。

1　戦争の記憶

歴史学の特性

本章では歴史学の立場から、「この国のかたち」と戦争の記憶の関係を考えますが、その前に歴史学の特性とは何かを考えておきましょう。眼前の社会を歴史学的に捉えようとする時、たとえば、経済学の手法といかなる点で違いが出てくるのでしょうか。

経済学の学問的特性については、東大経済学部の小野塚知二先生の説明を紹介しておきます。経済学部とは何を学ぶ場所なのかを教養課程の学生に向けて説いた小野塚先生の文章は、経済学の目的を「市場の諸現象と、それに関連する人の行動や意図とを合理的に証明すること」とまとめています（小野塚 二〇一四）。人間にとっての幸福は人によりさまざまですが、幸福を実現する条件には多くの人に共通する部分があるため、その条件を科学的に解明することこそがアダム・スミス以来の経済学の究極の目的だというのです。

対する歴史学の目的については、羽仁五郎に語らせたいと思います。羽仁は、イタリアの歴史哲学者ベネデット・クローチェに傾倒し、伝記『クロォチェ』を著したことで知られる歴史学者でした。クローチェは、一九二〇～三〇年代にかけてイタリアやドイツに生じた、権威主義やファシズムの傾向を早い段階から批判し、自由主義へのゆるぎない支持を学問的に明らかにしたことで知られています（羽仁 一九三九）。

その羽仁は、四〇年三月に刊行された著書の中で、多くの若者が出征してゆく戦時にあって、特権的な徴集猶予の特典を享受していた大学生が何故学問に励まなければならないかを説いていました。「歴史および歴史科学」という文章から引いておきます（羽仁 一九四〇：二七～二九）。

わが国現在のいわゆる官公私立の各大学の在学生約五万は、全人口約一億について、約二千人中の一人であり、全国二十歳前後の青年約一千万について、実に二百人中の一人である。〔中略〕わが青年が正義の戦場に武器をとっては断じて退却せぬとき、わが学生諸君が学問の戦場において理性の戦線より退却するがごときことがあったならば、諸君は何のかんばせかあって、現在常務学業をなげうって砲煙の中に辛苦する同胞朋友にまみえることができようか。

徴集を猶予されている大学生こそ学問に励まなければならないと述べた羽仁は、政治権力や道徳の制約、宗教的権力の制約の中で著されてきた過去の歴史学上の業績を挙げつつ、「歴史とは、根本において、批判である」（羽仁 一九四〇：四二）と喝破しています。

オラドゥール・スール・グラヌとヒロシマ

次に、日本の戦争に対する記憶の特質を考えるために、フランスにおける戦争と記憶について、歴史民俗学の立場から探った研究をみておきましょう（関沢 二〇一〇：一六七〜一七七）。フランス中部の都市リモージュ西方にあるオラドゥール・スール・グラヌという小さな町、一九三六年の人口調査で一五七四人という記録が残っている町で、四四年六月一〇日、ナチス親衛隊によって、町民六四二人が殺害されて町も焼き払われた事件が起こりました。

生存者の証言に基づいてフランス政府は五三年、ボルドーで裁判を行い、当初、虐殺に関与したドイツ人被告七名以外の一四人のアルザス出身のフランス人に対して、死刑及び強制労働を命じた判決をいったんは下しましたが、後に全員に特赦を認めたのです。これに憤った事件の遺族たちは七四年まで政府と対立しますが、八九年、ミッテラン大統領が記憶のための資料館建設に着手することで両者の対立は解消に向かい、一〇年後のシラク大統領の時代に資料館の開館を迎えた経緯がありました。

現在、この町を案内するガイドは、自らの感慨を述べることなく、村人全員が集められた広場、男たちが入れられた六つの納屋、女性と子どもが集められた教会、墓地を案内します。その際、特に重視されているのは起こった事実の再確認であり、史跡入口には「憶えておいて」という、死者から生者に向けたメッセージが掲げられています。

フランスの例からは、死者から生者へのメッセージが正確に写し取られていることが確認されますが、この点、日本ではどうでしょうか。ただちに想起されるのは、広島市平和記念公園にある原爆死没者慰霊碑の碑文「安らかに眠ってください。過ちは繰り返しませぬから」ではないでしょうか。日本の場合、生者から死者に向けて発せられる言葉は、誓いと祈りの言葉となっています。誓いと祈りの言葉で原爆を記憶しようとする日本側の態度は、外部からの視線で捉えるとき、日本人が原爆を風水害など天災のようなものと見ているのではないかとの想念を誘うことになります。

たとえば、五八年、第四回原水爆禁止世界大会に出席するため、広島・長崎を訪れたドイツの哲学者ギュンター・アンダースは、日記に次のように書きました（アンダース 一九六〇：一一）。

かれらは〔被爆者を指す、引用者註〕一様に、咎めるべき者について語らず、出来事が人間によって起こされたという点について沈黙する。そして一様に、このうえない犯罪の被害者となったにも関わらず、ほんの少しの怨嗟も抱いていない――これはわたしからすればあまりに行き過ぎていて、理解を通り越してしまう〔中略〕あの破局について、かれらは一様にそれが地震や隕石の落下、あるいは津波でもあるかのように語るのだ。

特攻と学徒兵

しかし、生者から死者へ向けて、ある種の思いを託そうとする態度は、同時に、生者の都合で死者の気持ちを忖度するおそれも生じやすくします。太平洋戦争の戦死者を取り上げる場合に特筆されることの多いのは、特攻による戦死者なのではないでしょうか。しかしながら、全戦死者のうち、特攻による戦死者の割合は非常に小さなものであったことにも目を向ける必要があります。この点につき、中世史家の東島誠氏が次のように語るのは、示唆に富むものです（東島・與那覇 二〇一三：二六七）。

アジア・太平洋戦争の戦死兵二三〇万人（日本政府の公式発表数）のうち六〇パーセントの一四〇万人

が、じつは戦病死者（ほとんどが餓死者）だった。これに引き換え、われわれのなかに映像として刷り込まれてしまっている特攻死は、じつは四〇〇〇人だったんですよね。だから「英霊たちの最期」みたいな二時間物のドキュメンタリー映画をもし愚直に撮るとすれば、七三分までは餓死するシーンで、特攻隊のシーンは一二・五秒という、コマーシャル未満の時間しか割り当てられない。

多様な戦没のあり方を事実に即して想像することでしか戦争の記憶の相対化はできません。二〇一三年八月一五日に、政府主催の全国戦没者追悼式で安倍晋三総理大臣が述べた式辞は、それとは違ったものでした。安倍首相は、戦没者に「祖国を思い、家族を案じつつ、戦場に倒れられた御霊」と呼びかけ、「いとしい我が子や妻を思い、残していく父、母に幸多かれ、ふるさとの山河よ、緑なせと念じつつ、貴い命を捧げられた、あなた方」と呼びかけました（式辞の文章は首相官邸ホームページ）。

戦没者の気持ちがどうであったのかを史料に基づいて考えることは簡単なことではありません。しかし、たとえば、特攻で戦没した兵士がいかなる考えをもって戦争に臨んだのかを知るため、戦時下にあって比較的自由に文章を書き遺せる外的環境に恵まれていた学徒兵の遺した記録を読んでみることは、一つの方法ではないでしょうか。

ここでは、東大戦没学生の手記『はるかなる山河に』に登場する佐々木八郎の場合をご紹介します。佐々木は一九二二年生まれ、三九年に第一高等学校に入学、四二年に東京帝国大学経済学部へ進学。しかし、四三年徴集猶予停止による学徒出陣、飛行予備学生となり、四五年四月一四日、特別攻撃隊第一昭和隊員として沖縄方面に出撃、戦死しました。その佐々木は、「正直な所、暴米暴英撃滅とか、十億の民の解放とか言う事は単なる民衆煽動のための空念仏としてしか響かないのだ。そして正しいものには常に味方をしたい。〔中略〕好悪感情、すべて僕にとっては純粋に人間的なものであって、国籍の異るというだけで人を愛し、憎むことはできない」と書き遺しています（岡田 二〇〇九：三）。

いま一人、和田稔の場合も紹介しておきましょう。和田は一九二二年生まれ、佐々木と同じく一高を経て、四二年一〇月東京帝国大学法学部入学、学徒出陣により四三年大竹海兵団に入営、四五年七月二五日、人間魚雷「回天」搭乗員として訓練中に浮上せず事故死（戦死）しました。その和田の入営直後の四三年一二月二八日の日記には、「帝大新聞を見る。学生を取りもどした様な気持ちでむさぼり読む。そこには我々の姿を美しいと書いてある。さうかなあと思ふ」の気持ちが綴られていました（東京大学学生自治会戦歿学生手記編集委員会編 一九五一、新装版一九八九：一二六）。

佐々木八郎と和田稔の二人が遺した手記や日記は、監視の目をはばかり、面会日などに家族に手渡されたことで今日に伝えられたものですので、脚色の余地が少ないとみられます。淡々と綴られる文章から察せられる境地は、戦没者追悼式で首相が読み上げた式辞の質感とは異なっていると思われます。

2　日清戦争研究の現在

教科書ではどのように書かれてきたか

日清戦争は、一八九四年七月二五日から翌九五年四月一七日まで戦われた戦争でした。これから、日中関係に関する国民的な記憶の淵源としての日清戦争をみていきますが、まずは、現在の高校教科書でどのように説明されているのかを、山川出版社の『詳説日本史』で確認しておきましょう。一八八二（明治一五）年の壬午軍乱と八四年の甲申事変という、二度の事変を経て、朝鮮に対する日本の影響力が著しく後退した一方、清国の朝鮮進出は強化されていった（笹山ほか編 二〇一八：二八九〜二九〇）として、背景となる歴史的経緯が説明されます。朝鮮への影響力回復をめざす日本が軍事力増強に努め、朝鮮への経済進出を図ろうとした一方、朝鮮政府は清国の軍事力を後ろ楯として日本に対抗しようとしたため、ここに日朝間の緊張が高まることとなりました。

このような経緯が描かれた上で、「一八九四（明治二七）年、朝鮮で東学の信徒を中心に減税と排日を要求する農民の反乱（甲午農民戦争、東学の乱）がおこると、清国は朝鮮政府の要請を受けて出兵するとともに、天津条約に従ってこれを日本に通知し、日本もこれに対抗して出兵した。農民軍はこれをみて急ぎ朝鮮政府と和解したが、日清両国は朝鮮の内政改革をめぐって対立を深め、交戦状態に入った」（笹山ほか編 二〇一八：二九〇）とまとめられます。イギリスは日清対立でイギリスの極東権益が害されることを嫌い、日清間を調停する立場をとっていましたが、九四年七月一六日、日英通商航海条約を締結したことでイギリスのそのような態度も好転し、八月一日、日本は清国に対して宣戦布告を行った、と描かれます。

ポイントは、日清間の対立の直接の要因を、朝鮮の内政改革の是非をめぐるものと捉え、またイギリスが当初、日本の対清開戦に反対であった事実も正確に書かれており、研究成果をふまえた記述となっています。教科書の記述は両論併記を避ける傾向があり、また歴史的事実が確定されるまでの研究史の流れについては紙幅上書けないので、教科書を読む際には、書き手の真意を読み取る技が必要です。この部分の記述で重要なのは、先にも述べたとおり、開戦の直接的契機が朝鮮の内政改革をめぐる問題と書かれていることで、戦争後に調印された九五年四月の日清講和条約第一条に記された「清国は朝鮮国の完全無欠なる独立自主の国たることを確認す」にある、朝鮮の独立を清国に認めさせる云々をめぐる対立ではなかった点に注目してください。

古典的な研究

日清戦争について、その開戦過程の研究には大きく分けて三つの段階がありました。古典的な研究、修正主義的な研究、最新の研究段階に分けてみておきましょう。古典的な研究としては、中塚明氏の『日清戦争の研究』（中塚 一九六八）が挙げられますが、この見解では、一八九四年六月二日に第二次伊藤博文内閣が行った朝鮮出兵の閣議決定の意義を、日本が好機を摑み、対清開戦に持ち込んだ契機として解釈しています。

六月二日という日は、行政整理と海軍改革への不徹底さを理由として内閣を批判していた自由党と、かねて条約改正阻止を唱えていた対外硬（条約改正などの問題につき、欧米などの不平等条約調印相手国に強くでるべきだと主張する人々）六派との連合に直面した伊藤内閣が、衆議院を解散した日にほかなりません。そうじて六〇年代の先駆的研究は、伊藤内閣が国内政治の矛盾や国民の不満を対外戦争に転化したものと解釈する傾向があります。また六月二日に戦時混成旅団派兵の決定が伊藤首相によって下された経緯については、陸奥宗光外相と川上操六参謀次長の計略に伊藤がだまされたとの林董外務次官の回想『後は昔の記』（戦時混成旅団の兵力は六千であったが、伊藤は二千程度と誤認しており、その誤解を陸奥と川上が利用して閣議決定を獲得した）（林　一九七〇）から説明されることが多かったのです（宇野　一九七六：四六）。

朝鮮の内政改革を日清共同で行おうとの日本側提案の重要性について、換言すれば、この提案に関する日本政府の本気度について、古典的な研究が軽視してきた理由としては、陸奥外相が三国干渉後に執筆した『蹇蹇録《けんけんろく》』の記述に引きずられたことなどがあるでしょう。陸奥は、九四年六月一四日の閣議で、朝鮮の内政改革を日清共同で行う提議について、これは清側が「十中の八九まで我提案に同意しない」ことを見越した上での提案であり、この共同提議には格別重きをおかなかったと外交回顧録で説明していたのです（陸奥　一九八三）。清が日本提案を拒絶してくることを予期して、日本側が「被動者の地位に立つ」こととした、との陸奥の言葉はよく知られたものでしょう。

その後の研究動向

古典的な研究を大きく覆したのは、伊藤博文をはじめとする長州系政治家たちが遺した一次史料を綿密に読み解き、対清、対朝鮮政策をめぐっては、長州系政治家には薩摩系政治家とは異なる穏健性があったことを解明した高橋秀直氏の研究でした（高橋　一九九五）。日清戦争は、日本にとって必ずしも不可避であった戦争ではなく、戦う必要のなかった戦争であったとの高橋氏の見解は、古典的な戦争理解への訣別を告げる新鮮なものでした。

そのような修正主義的な研究動向をさらに推し進め、最新の研究への新時代を築いたのは大澤博明氏による一連の研究（大澤　一九九二）であり、特徴的な論点は伊藤首相による日清共同の朝鮮改革提起が本気でなされたものとみる点にありました。伊藤にとって、八五年に天津条約を締結した際の相手方・

李鴻章への信頼は厚かったものとみえ、李であれば日清共同改革案に乗るのではないかと伊藤は期待していたというのです。しかし、日清共同による朝鮮改革の可能性を伊藤首相がある意味で楽観的に確信していた分、六月二一日、「日本は最初より朝鮮の自主を認め」てきた国なのだから、朝鮮の「内政に干与するの権」はなく、朝鮮自らの改革にまかせればよいのではないか（外務省 一九五五上：一四一～一四二）との筋の通った回答を清国が日本に対して行った時、内閣は他に採るべき選択肢を失っていた、との読み解きです。

伊藤首相の当初の意図を探るため、九四年六月二日になされた派兵決定の閣議決定を確認しておきましょう。

我兵を以て我国民を保護するを怠るべからざるが為めに清国と連合派兵するを待たず、条約の明文に従い、行文知照し直ちに出兵するを適当とす。京城駐在公使館杉村書記官よりの来電に依れば、朝鮮政府は已に応援を清国に求めたりと云へり。清国の之に応じたるや否やは未だ報知を得ずと雖も、将来清国も其兵員を派遣し両国の軍隊或は連合の働きを為し、或は朝鮮政府の要求に由り臨機に応援防護するの必要を生ずるのも亦料るべからず、此れ亦予め算画の中に置かざるべからず。

傍線を引いた部分ですが、これは蜂起した農民軍に対して、日清連合で鎮圧行動をとる可能性について述べているものです。さらに六月七日、派遣軍の一部を仁川に上陸させるにあたって、大山巌陸相と西郷従道海相が、陸軍の福島安正と上原勇作、海軍の伊集院五郎に対し、「此度の出兵は全く我公使館領事館及び帝国臣民保護の為めに出したるものにして決して清国と事を起すが為にあらざるは断言し置く所なり」との訓令を出していた事実も注目されます（大澤 一九九二：一五七～一五九）。伊藤首相はまた、大鳥圭介公使が朝鮮帰任に際し憲兵を伴ってソウルに入京するのは、清国兵との間に不測の事態をひきおこす可能性があるとして、憲兵を巡査に代えた方が得策であると陸奥外相に書き送ってもいました。

以上の経緯に鑑みれば、六月二日の派兵決定は、戦争を誘引するための口実ではなく、日清共同での農民反乱鎮圧、日清共同での朝鮮内政改革を導く端緒として考えられていたといえそうです。開戦という結果になったのは、被動的に戦争へと誘導した内閣の政策の勝利などではなく、政策目標の追求に失敗した内閣の失政にほかならなかったのです。

朝鮮中立化論と帝国議会の混乱

ここで問題となるのは、日清共同での朝鮮内政改革はどれほどの実現性があったのかという点です。また二つ目には、すでに六月二一日の清国の拒否回答をみましたが、そのような断乎とした拒否回答を日本に送った清国側の意図を考える必要もありそうです。

一つ目の点、日清共同による朝鮮内政改革という路線は、一見すると、実現性に乏しいようにみえます。しかし、日本側の為政者の内部には、朝鮮の中立化を複数国で担保することで日本の安全を確保しうるとの見通しが早くからありました。一八八二年九月の井上毅「朝鮮政略意見案」は、朝鮮をベルギー・スイスにならって中立化する構想にほかなりませんでした。朝鮮は清の朝貢国であっても属国ではないので、朝鮮は一つの独立国たるを妨げないとしたのです（大澤 一九九八）。また、八五年六月の井上馨外相「弁法八ヵ条」は、朝鮮に対する清の優位を認め、清に朝鮮政府の改革を行わせ、ロシアの浸食を防ぐというものであり、日清英での協調体制を想定したものでした。

九〇年三月の山縣有朋「外交政略論」もまた、日本が利益線とみなした朝鮮を必ずしも日本の支配下に置こうとしたものではありませんでした。伊藤博文に行政権独立の重要性と憲法のエッセンスを教えたことで知られるシュタインは、山縣に利益線論・主権線論を教えます。シュタインは、ロシアによるシベリア鉄道建設（一八九一年建設開始、一九〇四年全線開通）が日本にとって死活的な意味を持つのは、ロシアが海軍根拠地を求めて朝鮮を占領した時のみだとして、ロシアが朝鮮に海軍根拠地を築かないよう、朝鮮を中立に置くことができさえすれば、必ずしも朝鮮への武力干渉の必要はないと説いていました（加藤 二〇〇二）。シュタインの説をうけて山縣も「曾て聞く李鴻章は久しく朝鮮の為めに恒久中立共同保護の策を抱く、而して英独の策士亦往々此説を持する者あり」、「朝鮮の中立は独清国の冀望する所たるのみならず英独の二国亦間接の利害を有する者」と述べ、複数国での朝鮮中立の担保可能性を冷静に測っていました。

朝鮮の側でも動きがありました。八五年末、アメリカ留学から帰国した兪吉濬《ユギルチュン》は「中立論」を著し、朝鮮は清に朝貢していて、ブルガリアのトルコに対する地位に似てはいるものの、朝鮮は他国と条約を結んでいる独立国であるから、ベルギーと同じなのだと説いています。八七年、朝鮮は日本に弁理公使を派遣し、清の了解を得た上で駐米公使も派遣しました。八〇年代半ばには、朝鮮に対する清の宗主権は強化されたものの、朝鮮国王は外国勢力も巻き込み、清を牽制する態度もとるようになっていました（月脚 二〇〇九）。

二つ目の問題に移ります。中国側が日清共同改革を拒絶し、日本側に撤兵を求める措置を主張した背景には、日本側の国内状況の混乱を見透かした判断がありました。第二次伊藤内閣は元勲を網羅して議会と対峙した内閣でした。政府と民党連合（自由党・改進党ほか）は、予算査定と地租減税で対立を深めており、第五議会（一八九三年一二月開会）においては、条約励行論を唱える硬六派の建議案を通過させないために、相次ぐ停会の後に一二月三〇日に衆議院を解散しています。しかし、九四年三月一日になされた第三回総選挙で自由党が議席を伸ばし、さらなる行政整理を求めて政府に対立すると政府は、六月二日、再び衆議院解散の挙に出ます。結果的に開戦に先立つ半年余の間に、議会を二度も解散しなければならないような内政状態に日本は立たされていました（五百旗頭 二〇〇七）。清国からすれば、このような国内の混乱を抱えた日本が、戦争を賭してまで朝鮮の内政改革を単独で挙行するとは考えられなかったとしても不思議はありません（坂野 一九八三）。

軍拡と戦争準備の進展

最後に確認しておきたいのは、このような内政の混乱を抱える日本が、清国と朝鮮から撤兵を迫られたにもかかわらず、七月二五日、清国軍艦を先制攻撃する挙になぜ出られたのか、その理由です。一八九〇年代に松方正義蔵相が進めた緊縮財政計画が一段落ついたことで、日本は日清戦争を準備する軍拡が可能となっていました。九〇年になされた陸海軍連合大演習以降、防衛軍から上陸軍としての演習を積み重ね、九一年には青森・岡山間鉄道を全通させ、九三年にはドイツ式の「歩兵操典」「野外要務令」に合わせた戦時編制・平時編制の改訂作業も進めていたのです。九四年には兵站・運輸・通信に関する規程も制定され、九三年には陸海両軍統合機関として戦時大本営の編制条例もできていました。内閣による切迫した対清交渉を裏面から支え、六月二八日になされたロシアとイギリスからの戦争回避をめざす調停を断り、開戦を選択した背景には、対清戦争を戦えるだけの軍事力と陸海軍の統合的な運用力を、九四年はじめの段階で身につけていたことが挙げられます（斎藤 二〇〇三）。

神話の定着

以上で日清戦争研究についてのまとめを終えますが、福沢諭吉が九四年七月二九日付の『時事新報』の論説「日清の戦争は文野の戦争なり」で述べていたような、「彼等（清国人を指す）は頑迷不霊にして普通の道理を解せず、文明開化の進歩を見て之を悦ばざるのみか、反対に其進歩を妨げんとして無法にも我に反対の意を表したるが故に、止むを得ずして事の茲《ここ》に及びたるのみ」とした戦争を正当化する論理と、実際の戦争は違いました。朝鮮の改革は朝鮮にまかせよ、日中は撤兵すべきだとした清国の理性ある回答を拒絶し、撤兵に応ぜず単独で朝鮮の内政改革に着手し、ロシアやイギリスの調停も断り、戦争に突き進んだのは日本に他なりませんでした。しかし、後には、朝鮮の進歩を邪魔する清国を倒し、朝鮮を独立に導いた、との神話が日本国内で広く信じられてゆきました。

3　日露戦争研究の現在

昨今の研究動向

日露戦争は、一九〇四年二月六日から翌〇五年九月五日まで日露間に戦われた戦争でした。日露戦争から百年ということで、二〇〇五年にはたくさんの国際会議が開催されました。筆者も参加したものに、慶応義塾大学東アジア研究所が主催した国際会議があります。その成果は、すでに刊本としてSteinberg et al., *The Russo-Japanese War in Global Perspective: World War Zero*, vol.1 (Brill, 2005), Wolff et al., *The Russo-Japanese War in Global Perspective: World War Zero*, vol.2 (Brill, 2007) が刊行されました。この会議は、日英米仏露などの研究者を広く集め、総力戦のはしりとしての日露戦争の側面に注目したものです。また、この国際会議を後援した新聞社である読売新聞も、読売新聞社取材班編『検証　日露戦争』（中央公論新社、二〇〇五）を刊行しています。

さらにこの年には、日露戦争研究会主催でもう一つの国際会議が開かれ、その成果は、日露戦争研究会編『日露戦争研究の新視点』（成文社、二〇〇五）として結実しました。日露戦争研究会が開催したこちらの国際会議は、日本、中国、ロシア、韓国など、戦争の当事国であった国々の研究者を集めた点で特徴がありました。

日露戦争に関しては、筆者も『戦争の論理』（勁草書房、二〇〇五）第三章として自らの考えをまとめたことがあります。韓国への排他的支配を狙う日本、ロシアの援助のもとに自国の中立化を願う韓国、満州を占領しつつ韓国の希望を支持するロシア、という三者三様の立場を前提とし、戦争に先立って半年間にわたっておこなわれた日露交渉で、日露が最後まで譲れなかった問題が、朝鮮半島における中立地帯の設定であったことに鑑みますと、日露戦争は、やはり回避は困難だったのではないかとの考えを述べたものです。昨今の研究動向が、日露戦争は回避可能だったとすることへの筆者なりの批判を表明したものです。

これまで、日本側の研究者は、日清戦争を、朝鮮の「独立」を日本の力で清国に認めさせる戦争、つまり、朝鮮への日本の支配権を確立するための戦争であると理解し、その上で、日露戦争を、次なる目標、満州の開放をロシアに認めさせる戦争、つまり、満州への日本の支配権を確立するための戦争というように、日清戦争と日露戦争を、段階的に理解していたように思います。しかし、ロシアで新たに公開された新しい史料に基づいて進められたロシア専門家の研究と摺り合わせると、これまで以上に、日露開戦前の外交問題として韓国問題が依然として重要であったのではないか、との思いを強くします。

戦争前の社会の状況

これまで日露開戦前の一〇年といえば、三国干渉への怒りに燃えた日本国民が臥薪嘗胆して日露戦争に備えた、とのイメージで捉えられてきたことが多かったのではないでしょうか。しかし、一九〇四(明治三七)年二月一一日の『原敬日記』で確認しますと、事実は異なるようです(原 一九六五:九〇)。

(前略)我国民の多数は戦争を欲せざりしは事実なり、政府が最初七博士をして露国討伐論を唱へしめ又対露同志会などを組織せしめて頻りに強硬論を唱へしめたるは、斯くして以て露国を威圧し、因て日露協商を成立せしめんと企てたるも、意外にも開戦に至らざる行掛を生じたるもの丶如し(中略)而して一般国民就中実業者は最も戦争を厭ふも表面に之を唱ふる勇気なし、如此次第にて国民心ならずも戦争に馴致せしものなり。

臥薪嘗胆といった物語が広く信じられるようになったのは、徳富蘇峰編述『公爵山縣有朋伝』（一九三三年）や同じ徳富蘇峰による『公爵桂太郎伝』（一九一七年）など、日露戦勝後に描かれた、日本を八大国へと押し上げる功績を挙げたとして顕彰された人物らの伝記の記述によるところが大きいと思います。

開戦前の非戦の雰囲気

日露戦争については、これまでも、優れた研究が積み重ねられてきました。坂野潤治氏は、新しい実証研究の動向を切り開いた第一人者でした（坂野 一九八三：三二三）。坂野氏は、「日本国民のかなりの部分と支配層の一部は、日露戦争の直前までは、むしろ厭戦的であった」と分析しました。日露戦争前に行われた一九〇三年三月の第八回衆議院選挙で、日露戦争に後ろ向きであった政友会が一九三議席という議会の議席の過半数を占め、憲政本党も九一議席を獲得したことから、少なくとも地主や実業家が日露戦争に賛成してはいなかった様相を読み取りました。また、一九〇二年一月に締結された日英同盟について、原敬は日記で、「地租増徴に反対すべし、又此地租を財源として海軍拡張をなさんとするの計画にも反対すべし、其訳は日英同盟の結果として暫く軍備の拡張を見合わすこと適当の処置なり」と書いていました（原 一九六五：三二）。

三谷太一郎氏もまた戦争前の日本側の状況について注目すべき論点を出しています（三谷 一九九七）。元老をはじめ、政界上層部の間にはむしろ非戦論（少なくとも潜在的非戦論）が少なくなかったとし、その根拠として、〇三年一二月二八日、開戦を想定して戦費の調達のための財政上の緊急処分をもりこんだ勅令案の枢密院審議が難航した事実を挙げています。〇四年二月五日、開戦直前の原敬日記には次のようにあります（原 一九六五：九〇）。

昨日来、時局の切迫露国は戦争に決せし由、風聞頻々たり、号外を発する新聞紙多し、時局の成行に関して政府秘密政略過度の弊、国民は時局の真相を知らず、又政府も最初は満洲問題に関し露国に請求せし由なるも漸次変遷して今は朝鮮に於て中立帯の広狭を争ふ位に過ぎざるもの丶如し、斯くても開戦とならば国民は無論に一致すべきも、今日の情況にては国民の多数は心に平和を望むも之を口外する者なく、元老と雖ども皆な然るが如くなれば、少数の論者を除くの外は内心戦争を好まずして而して実際には戦争に日々近寄るもの丶如し。

最後の訓令が届いていれば戦争はなかったとの説明

気鋭の外交史研究者である千葉功氏はその著書『旧外交の形成』において、実証的に開戦過程を解明しており（千葉 二〇〇八）、注目されます。千葉氏は、〇三年七月から翌〇四年二月までおこなわれた日露交渉の議題とされた論点や、その当時の元老会議の内容の変遷を緻密に検討しました。そして、日本の対露開戦決意が非常に遅い時点までなされなかったことを解明したのです。〇三年一二月に開催された元老会議の出席者は、伊藤博文、井上馨、松方正義、大山巌、山縣有朋の各元老と、桂太郎首相、寺内正毅陸相、山本権兵衛海相、小村寿太郎外相などの大臣からなっていました。

千葉氏は、これまで、開戦に積極的であったとみなされてきた山縣・桂・小村らと、消極論の代表とみなされてきた伊藤との間では、「満州問題と韓国問題は密接不可分であるからこの二つの問題を同時にロシア側と交渉する」との立場においては相違がなかったと論じました。〇三年一二月二一日付の桂首相宛山縣書翰を見ておきましょう（国立国会図書館憲政資料室所蔵）。

芳翰敬読。過日十六日御会合之重要問題に付ては、老兄に於ても御承知之如く、老生は最早今日之時機にては満韓交換問題を提出するを以て得策となすの論を主張せしも、外相其他再考論を以て今一応是非相試むるとの事に相決したる次第に有之候。勿論政略は当局則責任者之駈引《かけひき》に出へきは当然なるを以て、此上は敢て主張すへき事に無之と外相に向て申置たる事に候。貴諭之第二問題に付ては断然たる手段則戦争開始之論は、老生は承知不致様相覚申候。此段予め及開陳候。細縷譲拝青《はいせいにゆずり》候。〔後略〕

山縣元老が桂首相宛に述べていたことは、先の会議で自分が同意したのは、朝鮮問題解決のための戦争についてであり、満州問題解決のための対ロ開戦については許可を与えていない、との異議申し立てでした。開戦二ヶ月前の段階で、日本の最高意思決定の場で、いまだなお、開戦決意がなされていなかった事実が明らかになりました。

また千葉氏は、ロシアのクロパトキン陸相が手記で用いた資料「極東特別委員会に保存されていた対日交渉資料」が日本の「大阪毎日新聞」に〇七年一月一〇日から一八日に掲載されたものを用いて、ロシア皇帝ニコライが、日本の韓国占領を容認することを認めたロシア側の最終回答があったこと、その回答が日本側に届かないうちに日本の先制攻撃によって戦争が始まってしまったことについても紹介しました。

結論として千葉氏は、ロシア側の最終回答（〇四年一月二八日）が、より迅速により確実に日本側に到着していれば、日露戦争は避けられたのではないか、との展望を述べています。

ロシア史からの研究の潮流

これまで、戦争前の日本国内にあった非戦の雰囲気、また、日本の最高意思決定機関における対ロ開戦決意が最後までもつれたことについて見てきました。近年、ロシア側でも史料の公開と分析が進み、その成果は、和田春樹氏の研究（和田 二〇〇九、二〇一〇）や、I・V・ルコヤーノフ氏の研究として結実しています。その他、加納格氏の研究も研究史を大きく前進させました（加納 二〇〇六）。

まず、和田氏に代表される新しい研究動向の画期性を理解するために、日露戦争におけるロシア側の動向について最も人口に膾炙した作品である、司馬遼太郎『坂の上の雲』における記述をみておきましょう（司馬 一九六九）。ウィッテ蔵相などは戦争の回避を願ったが、ベゾブラーゾフ一派が朝鮮領有をめざした冒険主義をとり、ニコライ皇帝はその影響もあって侵略熱にうかされ、クロパトキン以下の軍人はロシアの勝利を疑わず、日本軍の実力を過小評価していた、との見方です。

司馬の見方は、ウィッテの回想録に引きずられたものであり、またクロパトキンに対する見方も、クロパトキンが戦争中に自らの責任回避のため皇帝に上程した『戦争の総括』に引きずられたものであることについて、和田氏は批判的に明らかにしました。このように当事者の回想に基づいて考えてゆくと、ロシアには主戦派はいなかった、戦争をやる気はなかったとの見方が生まれてしまいそうです。

和田氏のみるところ、最も優れた開戦過程の研究は、ロシア参謀本部が編纂した一〇巻本の公式戦史の第一巻第一章を担当したシマンスキー少将が、業務用に作成した調書（一九一〇年）だそうです。そこには、これまで書かれてきたこととは全く異なる史実が明らかにされていました。強硬派と目されてきたベゾブラーゾフは、日露戦争直前において、すなわち、〇四年一月一〇日（ロシア暦で前年の一二月二八日）の段階で露日同盟意見書なるものを作成し、ロシアは満州を併合せず、日本も朝鮮を独立国のままとし、ロシアと日本が国策開発会社を作ることで、それぞれ満州と朝鮮の天然資源を開発するとの提案書を実のところ作成していたというのです。

ニコライ二世文書中から本史料を発見したのは加納氏でした。天皇とツァーリの直接連絡で同盟案を進めようとした案でしたが、皇帝はベゾブラーゾフの提案を裁可しませんでした。しかし、栗野慎一郎駐露公使はこの提案に興味を持ち、小村外相に長文の電報を送っていました。この電報は一月一五日に日本に到着していたはずです。しかし、ロシアのラムズドルフ外相は栗野公使に対して、ベゾブラーゾフは「一個の狂人にして」「相手とするも更に益なきこと」と語り、この案での交渉を取り上げようとはしませんでした。ラムズドルフ外相は、二月三日、対日回答案を旅順のアレクセーエフ極東太守に打電しましたが、皇帝の意思として示された内容は、朝鮮の中立地帯設置の承認を日本から、秘密条項でもよいから確保したいというもので、日本側が絶対に受諾できない条項、すなわち、朝鮮半島の三九度線に中立地帯を設定する、との条項に最後まで固執したものでした。

このように和田氏の著作をみてきますと、やはり、朝鮮問題が日露交渉の最大の対立点であったことがわかります。ロシアは日本に対し、朝鮮の戦略的不使用要求と中立地帯の設定を求め続け、日本はこれを拒絶し続けたのが、半年余にわたる日露交渉の内実でした。

さて、韓国皇帝高宗はといえば、〇三年八月一五日にロシア皇帝宛に密書を送り、戦争になれば韓国はロシアに味方をすることを伝え、韓国の戦時中立を日露両国が認めるよう求めたいとの意向を示しました。ロシア外務省文書からわかることは、ロシアはこの高宗の申し出に好意的に反応したということです。

ロシア人研究者による最新の研究

ロシアでトップを走る研究者は、当該期の史料を最も多く読んでいるはずの、I・V・ルコヤーノフ氏でしょう（ルコヤーノフ 二〇一二）。氏は、ニコライ二世からの信頼を一九〇三年には確立してロシアの極東政策の決定に大きな力を持ったベゾブラーゾフ一派（*the Bezobrazovtsy*）の政策や主張をまずは研究しました。一派は、次のような二つの主張をしていました。①ロシアは北満洲から軍隊を撤退させて、むしろ遼東半島先端の旅順・大連に軍隊を送るべきである、②日本の勢力圏と接する鴨緑江沿岸を開発すべきである、つまり、韓国に積極的に進出すべきである。

〇三年八月一二日に開始された日露交渉において、満州問題でロシア側に譲歩し、朝鮮問題だけを論ずる姿勢を日本側がとれば、それは対露宥和的なものとなり、交渉はまとまる、と日本側為政者は考えていたと思います。しかし、日本側為政者の思い込みを、ロシア側の研究が明らかにしたことと摺り合わせてみた時、果たして日露交渉妥結の可能性はあったといえるのでしょうか。ルコヤーノフ氏の研究に初めて接した時、筆者の念頭にはこの疑念が生じました。ロシア側の極東政策形成に決定的な影響力を持ったベゾブラーゾフ一派が、朝鮮を重視する姿勢を新たに見せ始めていたとすれば、日本側提案との妥協の可能性は低かったのではないでしょうか。換言すれば、朝鮮（韓国）を重視するベゾブラーゾフ一派の発想と、それに対して必ずしも自覚的ではなく、満州問題でロシアに譲歩をすれば韓国問題では妥協を引き出せる、と考えていた日本側の発想のずれは大きかったと筆者には思われます。

日本側が、韓国問題を重視し始めたロシアの事情に疎かったのは、日本自身が、韓国問題だけでは英米の支持を受けにくい、との考えに縛られていたことと無縁ではありませんでした。満州の門戸開放を訴える戦争ならば、英米からの支持を調達できると日本側は考えていました。一方、ロシア側も、日本の安全保障上に意味する韓国問題の位置づけの重さに気づいてはいませんでした。

おわりに

一九〇四年二月に日本の先制攻撃によって始まった日露戦争に関しては、「日本は中国の満州地域をロシアから守るため、いわば中国のためにロシアと戦った」、との講談調の歴史解釈が今なお根強くのこっています。しかし実際の日露戦争は、朝鮮半島を自らの安全保障上の懸念から排他的に支配しようとした日本と、それを認めようとしなかったロシアとの間で戦われた戦争でした。開戦に先立つ一〇年ほど前までのロシアは、ウィッテ蔵相を中心として、中国の遼東半島へ向けた鉄道開発に邁進していました。しかし、旅順の軍港、大連の貿易港を合理的に守るためには、莫大な予算のかかる遼東半島開発よりも、朝鮮に地歩を確保するメリットの方が経済的にも引き合う、との見方が皇帝側近のベゾブラーゾフ一派に抱かれ始めたのが、開戦の数年前のことでした。朝鮮を再び重視するロシア側に生じたこの変化に日本側は無自覚であり、満州と韓国の利権を交換すれば、ロシアとの交渉妥結も不可能ではない、と考えていました。このあたりに日露戦争の開戦過程を理解する上での難しさがあると思います。

満州をめぐる言説が現れたのは、日露開戦にあたって日本側が、英米を味方につけるべく、満州の門戸開放のための戦争だと喧伝したことによります。戦争を正当化する論壇には、吉野作造や朝河貫一らの一流の知識人も登場してきます。吉野作造は「征露の目的」と題する論文において、「吾人は露国の領土拡張それ自身には反対すべき理由なく、只其領土拡張の政策には常に必ず最も非文明的なる外国貿易の排斥を伴ふが故に、猛然として自衛の権利を対抗せざるべからざる也」と述べていました（加藤 二〇〇二：一四一）。

本当は韓国問題をめぐる対立であったものが、いつのまにか満州をめぐる日露対立へ、満州の門戸開放へと話がずれていきました。一九三一年の満州事変を機に国際連盟の場で弁明を迫られた日本側は、「数十万の生霊を失い、二十億の負債」を負って満州を守ったのは日本、だとの論陣をはるまでになります。一九〇四年の戦争の記憶が、三一年の事件の都合によって上書きされた事実に目を向けたいと思います。

これまで見てきましたように、日清戦争と日露戦争の開戦経緯の実態は、広く信じられ、説明されてきたものとは、随分違ったものでした。しかし、朝鮮を清国の宗主国支配から解放し、自主独立の国とするために日本は日清戦争を戦ったとの説明、満州を門戸開放するため、あるいは、ロシアに占有された満州を中国に取り戻すために日本は日露戦争を戦ったとの説明は、現在においても、無視しがたいレベルで国民の中に影響力をもっていると感じることが多くなりました。

　このような思い込みが世の中に蔓延するなか、柔軟な頭脳をもつ皆さんには是非とも、『日本外交文書』など原史料に接することで、歴史の真の姿に迫る努力をしていっていただきたいと思います。現在では、日本外交文書の大部分は外務省のホームページで読むことができます。最後になりましたが、満州事変後、国際聯盟理事会から選任されて、日本・中国・満州地域に調査に赴いた調査委員会を率いたリットンの言葉を皆さんに贈りたいと思います。調査のための訪日時に、リットンが内田康哉外相に向かって述べた言葉です（リットン 一九三二：一四〜一五）。少し長いですが、「はじめに」でふれた、日米交渉時の松岡外相の考える「この国のかたち」に対する有力な反論となっていますので味わってみてください。

満州は日本の生命線であり、此の点に関しては日本は非常に敏感であり、何人と雖も日本のとれる立場を疑うことは許されないと云われました。我々は之を全部認めます。〔中略〕併し他の国民も亦それぞれ敏感なるべきものを持ち、誇るべきものを持ち、又日本が満州に就《つい》て感ずると同様に非常に強く感ずる所の在るものを持っていることを申上げ度いと思います。欧州大戦の際には、或る国々はその国の命の限り迄戦いました。又或る国々は国の全部を挙げて戦いそれを全部失ってしまいました。貴方は日本が満州に於て十億円を費したと云われました。欧州大戦の際には之等の諸国はそれより遙かに多くを費し今後長くその子の孫を苦しめる所の負債を背負いました。日本は二十万の精霊を失いましたが、之等の諸国は何百万の生命を失いました。然も之等の国々は唯一つの事を除いては大戦の結果何物も得ませんでした。此の大戦争に於て之等の国々が払った凡ての犠牲の結果として得た唯一のものは、平和を維持し、この惨禍を再び繰り返さざる為めの協同の機関であります。

私はこの講義で、日本人および日本の国家としての記憶を、「この国のかたち」と表現しました。「この国のかたち」を考える際に大切なことは、それぞれの国や人々にも「この国のかたち」があるという当たり前の事実を、常に頭に思い描くことだと思います。

参考文献

アンダース（一九六〇）篠原正瑛訳『橋の上の男　広島と長崎の日記』朝日新聞社

五百旗頭薫（二〇〇七）「第二章　開国と不平等条約改正」、川島真・服部龍二編『東アジア国際政治史』名古屋大学出版会

宇野俊一（一九七六）『日本の歴史　26　日清・日露』小学館

大澤博明（一九九二）「伊藤博文と日清戦争への道」、『社会科学研究』四四巻二号

大澤博明（一九九八）「朝鮮永世中立化構想と近代日本外交」、『青丘学術論叢』一二集

岡田裕之（二〇〇九）『日本戦没学生の思想〈わだつみのこえ〉を聴く』法政大学出版局

小野塚知二（二〇一四）「本郷各学部案内　経済学部」『教養学部報』第五六五号

外務省（一九九〇上）『日本外交文書　日米交渉　１９４１年』上巻、外務省

外務省（一九六五上）『日本外交年表竝主要文書　1840-1945』上巻、外務省

加藤陽子（二〇〇二）『戦争の日本近現代史　東大式レッスン！征韓論から太平洋戦争まで』講談社現代新書。史料は「斯丁氏意見書」、「中山寛六郎文書」所収（東京大学法学部附属法政史料センター原資料部所蔵）。
加納格（二〇〇六）「ロシア帝国と日露戦争への道」、『法政大学文学部紀要』五三号
斎藤聖二（二〇〇三）『日清戦争の軍事戦略』芙蓉書房出版
笹山晴生ほか編（二〇一八）『詳説日本史』山川出版社
司馬遼太郎（一九六九）『坂の上の雲』第二巻、文藝春秋
関沢まゆみ（二〇一〇）『戦争記憶論　忘却、変容そして継承』昭和堂
高橋秀直（一九九五）『日清戦争への道』東京創元社
千葉功（二〇〇八）『旧外交の形成　日本外交一九〇〇〜一九一九』勁草書房
月脚達彦（二〇〇九）「第二三章　一八八〇年代の朝鮮と国際政治」、三谷博ほか編『大人のための近現代史　一九世紀編』東京大学出版会
中塚明（一九六八）『日清戦争の研究』青木書店
羽仁五郎（一九三九）『クロォチェ』河出書房
羽仁五郎（一九四〇）「歴史および歴史科学」河合栄治郎編『学生と歴史』日本評論社。現在入手しうる論考は現在、斉藤孝編集解説・山領健二解題・校訂（一九八六）『羽仁五郎歴史論抄』筑摩叢書に所収。ページ数は、『羽仁五郎歴史論抄』による。
原敬（一九六五）『原敬日記　第二巻』福村出版
林董（一九七〇）『後は昔の記　林董回顧録』平凡社
坂野潤治（一九八三）『大系日本の歴史　13　近代日本の出発』小学館
東島誠・與那覇潤（二〇一三）『日本の起源』太田出版
三谷太一郎（一九九七）『近代日本の戦争と政治』岩波書店
陸奥宗光（一九八三）『新訂版　蹇蹇録』岩波書店
リットン（一九三三）リットン、太平洋問題調査会訳『リットン報告書の経緯』太平洋問題調査会

ルコヤーノフ（二〇一二）「日露戦争に至る最後の日露交渉」、早稲田大学ロシア研究所編刊『20世紀初頭におけるロシアの対外認識　アメリカ観および日露戦争』。他に同氏の研究として参照すべきものに、ルコヤノフ、イーゴリ・B「ベゾブラーゾフ一派　ロシアの日露戦争への道」、日露戦争研究会編『日露戦争研究の新視点』（成文社、二〇〇五年）がある。

和田春樹（二〇〇九、二〇一〇）『日露戦争　起源と開戦』上・下巻、岩波書店

和田氏の研究としては、和田「日露交渉　日本からの見方」、早稲田大学ロシア研究所編刊『20世紀初頭におけるロシアの対外認識』（二〇一二年）所収、和田「日露戦争　開戦にいたるロシアの動き」、『ロシア史研究』七八巻（二〇〇六年五月）等も参照されたい。

（付記）二〇一三年以降で特筆すべき研究として、佐々木雄一『帝国日本の外交1894-1922　なぜ版図は拡大したのか』（東京大学出版会、二〇一七）、長南政義『新史料による日露戦争陸戦史　覆される通説』（並木書房、二〇一五）がある。

第2章　軍国主義の勃興

――明治維新から第一次世界大戦終結まで

本章はもともと、スタンフォード大学の郭岱君氏によって集められた台・日・中・米四か国の日中戦争研究者が分担執筆した、二〇一五年刊行の『重探抗戰史㈠ 從抗日大戰略的形成到武漢會戰（1931-1938）』の巻頭論文として書かれた。①日本の安全感や対外観における中国観・朝鮮観の特質、②大日本帝国憲法や帝国議会など、戦前期日本の立憲制のもとでの軍事制度や軍部の特質、③統帥権の解釈の時代ごとの変化、主としてこの三点につき、読者が海外の漢字圏の人々であることを意識しつつ、白黒をはっきりつけて書くよう努めたので、筆者の書く通常の論文より読みやすいのがアピールポイントか。

はじめに

本章では、明治維新以降の日本、すなわち、列強との不平等条約体制を脱すべく、国家の「独立」を目指した明治政府が富国強兵政策を取り始めて以降の歴史を振り返る。日清戦争（一八九四〜九五年）から後は一〇年ごとに戦争をしてきた観のある近代日本の特徴を歴史的に捉えるため、次の三点の「問い」を設定したい。[1]①極東の島国である日本と、その国民である日本人は、いかなる安全感（安全観念、国防観）を持ってきたのか。また、その対外意識の中で中国はいかに位置づけられてきたのか。②憲法や議会を含めた日本の政治制度の中で、日本の軍事制度はいかに位置づけられていたのか、またその特徴はどのようなところにあったのか。③台湾を獲得し、朝鮮を併合して植民地帝国の一つとなった日本が、あるべきアジア太平洋地域の国際秩序をめぐり、アメリカやイギリスなどの国々と、いかに対立を深めていったのか。なお、①の叙述にあたっては、どうしても日本側から見た当時の歴史情勢への認識や国民感情が叙述されるが、言うまでもなくそれは、当時の日本側から見た歴史情勢への見方であり国民感情だという点をお断りしておく。

1　日本の朝鮮観・中国観の特質

国家としての日本と日本人の安全感を考えることがなぜ重要かと言えば、日本の為政者や国民が、東アジアや世界の情勢をいかに捉え、またいかなる観点から戦争を選択していったかを考えるのに不可欠だからである。アメリカの歴史学者マーク・ピーティー（Mark R. Peattie）は、第一次世界大戦までの日本を評して、「近代植民地帝国の中で、これ程はっきりと戦略的な思考に導かれ、また当局者の間に、島国としての安全保障上の利益に関する、これ程慎重な考察と広範な見解の一致が見られた例はない(2)」国として特徴づけた。

それでは、近代日本において、島国としての自国の安全保障上の利益追求という目標が、なぜ、為政者や国民の間で広く支持されるようになったのか、また、近代国家として急速に成長を遂げた日本が、東アジア秩序を再編するにあたり、朝鮮半島（韓半島）や中国大陸へ武力の矛先を向けたのはなぜだったのか。なお、中日関係を論ずる本章において、朝鮮問題を含めて論ずることに違和感を覚える読者もあるだろう。しかし、朝鮮を中国と共に論ずることには理由がある。例えば、日清戦争と日露戦争の発端を考えてみただけでも、両戦争が共に日本による朝鮮半島侵攻から開始されたことに気づく。日本あるいは日本人にとって朝鮮観と中国観は、一体のものとして捉えられてきたところが多い。

それについては、中国古代史の研究者である西嶋定生が唱える次のような見方が参考になる。西嶋は、日本の古代国家は、隋・唐などの中華帝国の周辺部にあって文化的に遅れた国として誕生した。古代の日本が、国家としての自らのアイデンティティを確保し、国内支配のための権威づけを行うためには、朝鮮半島の王朝（新羅など）を日本が従属させているとの虚構、また、中国の歴代王朝と対等の関係を築いているとの虚構が必要だった(3)、と見ている。また、朝鮮史研究者である吉野誠は、七二〇年に編纂された日本初の歴史書『日本書紀』が、天皇に服属している国として朝鮮半島の国々を描いている（神功皇后の新羅征伐、三韓朝貢）点に着目し、そのような虚構や創作が国内支配にとって不可欠だったと指摘する。(4) 天皇の支配が確立し始めた古代日本においては、朝鮮・中国と日本を関係づけることで、自らの国内支配上の権威づけがおこなわれていたのである。

古代日本の対外認識が、近代にあってどれ程妥当性があるか、読者は疑問に思われたかも知れない。一つのエピソードを挙げよう。一九四六（昭和二一）年八月一四日、昭和天皇は、ポツダム宣言受諾を決定した御前会議から一周年目にあたるこの日、敗戦当時の首相・鈴木貫太郎のほか、現首相である吉田茂などを招いて茶話会を開いた。四六年時点で侍従次長であった稲田周一の記録には、天皇自身の言葉が書き留められていた。

戦争に負けたのはまことに申訳ない。しかし、日本が負けたのは今度だけではない。昔、朝鮮に兵を出して白村江の一戦で一敗地にまみれたので、半島から兵をひいた。そこで色々改新が行われた。これが日本の文化の発展に大きな転機となった。このことを考えると、この際、日本の進むべき道も、おのずからわかると思う。(5)

白村江の戦いとは、六六三年、唐・新羅連合軍に倭国（日本）軍が大敗した戦いであったが、昭和天皇が、第二次世界大戦の敗北の責任を身近な関係者に謝罪するにあたって、先例として持ち出したものが一三〇〇年近く前の白村江の戦いだったという点は注目に値しよう。

そもそも、「日本」という国号は、七〇二（大宝二）年、日本が六六九年以来長らく中断していた唐への朝貢使（日本側の認識では遣唐使）を再開した折に、「倭」ではなく「日本」と称したことから始まる。『日本書紀』などの日本側の史書は、日本があたかも唐と対等の国交を結んだかのように描くが、それが虚構であったことは勿論のことである。

このように、日唐関係の実態は対等ではなかったが、天皇を戴く古代国家は、「唐を隣国、新羅を蕃国（藩国）〔冊封された諸侯の領地のこと〕(6)」との対外認識を前提に、国内支配に臨んでいた。しかも、日本が唐に不定期的な朝貢使を送りながらも、冊封体制に入らないようにした理由が注目される(7)。それは、中国の冊封体制に入れば、中国の冊封を受けている朝鮮（新羅）と日本が同等ということになってしまい、それでは、日本が新羅を服属させているとの虚構が崩れるからであった。古代史研究者石母田正は、「天皇」という称号を日本が生み出したそもそもの動機も、中華帝国を模した「東夷の小帝国」をつくる意志であったと見る(8)。唐の皇帝に擬して天皇と称するならば、朝貢国を持たなければならず、周辺諸国のうちでそれを見つけるとすれば、それは朝鮮半島の新羅に求めるしかない、との論理構造となる。天皇とは、「その本質において朝貢国を従えてはじめて成り立つ称号なのであり、天皇が天皇たるためには、朝鮮の服属が不可欠の前提(9)」となっていた。

以上をふまえれば、明治新政府の指導者の一人であった木戸孝允が、一八六八（明治元）年一二月一四日の自身の日記で、征韓論を唱えていた内在的な理由もわかる。木戸は、使節を朝鮮に遣し、彼（朝鮮）の無礼を問い、朝鮮がもし認めない場合は、罪を問いただして、その土地を攻撃し、大いに神州（日本）の威力を伸ばすべきだと書いていた(10)。この時点での木戸の征韓論が興味深いのは、一八七三年の時点、参議の西郷隆盛が下野する契機となった征韓論争において木戸は、征韓に反対する立場をとっていたからである。無謀な外征を避けて内治に専念すべきだと主張する内治派を代表していた木戸が、明治初年において征韓を唱えた理由は何だろうか。

日記は、日本で王政復古がなされた旨の通告書を持って、対馬藩の使節が朝鮮に向かった直後に書かれている。木戸が朝鮮を無礼だとした理由は、朝鮮が徳川幕府との外交関係を築いてきたこと、それ自体にあった。天皇の政府とではなく、武家政権と「私交」を結んできた、朝鮮の外交姿勢が問題とされた。明治維新によって、天皇親政の理念が確立されたからには、古代の天皇制国家の時代のように（これは虚構に支えられた物語に過ぎないが）、朝鮮は王政復古した日本に服属すべきだ、との認識が前提とされている。

木戸が『日本書紀』の描く虚構にどれだけ自覚的だったかは問わない。木戸に必要だったのは、明治初年の新政府が置かれた困難な政治状況を脱するための論理であった。時の政府は、在野の攘夷論から、早く欧米列強を日本から追い払うべきだとの強い攻撃にさらされていた。その国内反対派からの強い批判をかわし、王政復古の理念によって国内輿論をまとめる手段として、朝鮮の服属という古代以来の虚構が必要とされたと考えたい。新国家としてのアイデンティティ確保のため、古代の神話に依拠した立国の理念で国民をまとめる必要があった。これまで見てきたように、日本の朝鮮観・中国観の特徴として挙げられるのは、通商上の利益や領土の獲得といった対外関係上の問題としてではなく、国内向けの問題としてそれが語られていたということである。国内統治上の権威づけのため、あるいは、国民を新国家へと結集させるためのアイデンティティ確保のため、朝鮮や中国のイメージが国内統治上の便宜として用いられていた。

2　政軍関係の特質と構造

外征論の持った意味

徳川幕府を打倒した明治維新政府は、若くて未熟な明治天皇を形式的に戴く、薩（鹿児島藩）長（山口藩）土（高知藩）肥（佐賀藩）など旧雄藩勢力による連合政権に他ならなかった。一八六八年の「政体書」によって設置された太政官が、一八八五（明治一八）年に内閣制度が導入されるまで、政府の最高意思決定機関として位置づけられた。そこに参議として参画していたのが、薩摩の西郷隆盛と大久保利通、長州の木戸孝允と伊藤博文、土佐の板垣退助、肥前の大隈重信らであった。政府は一八七一（明治四）年に廃藩置県を断行するが、旧藩支配下の身分制的な軍隊を武装解除できたのは、薩長土三藩による御親兵、なかでも西郷に率いられた旧薩摩藩兵の強大な軍事力のおかげであった。しかし西郷個人の影響力が強く、郷党関係でまとまった薩摩士族らを中心とした近衛兵の勢力は、中央集権国家の軍隊としては危険なものとなる。木戸や陸軍卿・山縣有朋などの長州系の政治家はこの点を危惧しており、一八七三（明治六）年一月一〇日に公布された徴兵令が国民皆兵を志向していた理由はそこにあった。

この間、政府部内では、岩倉遣外使節から帰国した木戸らによる内治優先の路線と、西郷・板垣ら外征（台湾出兵、征韓論）を主張する路線との対立が生じ、一八七三年、廟議に敗れた西郷・板垣らは下野した。大島明子の画期的な研究[11]によれば、「琉球人殺害の問罪」をきっかけとする征台論や、侮日を理由とした征韓論は、外征そのものに目的があったのではなかった。外征が唱えられた一つ目の目的は、長州系を中心とする内治派に、薩摩と土佐を出身母体とする郷党グループが対抗するため、その裏づけとなる兵権掌握の機会を外征で得ようとするものだった。二つ目の目的は、一八七四（明治七）年に起きた「佐賀の乱」などの不平士族の反乱に、鹿児島県下の不平士族が呼応して天下の内乱状態となる危険性を削ぐため、東京在住で太政官正院にいた旧薩摩藩出身者（大久保、西郷隆盛の弟の西郷従道など）らが、敢えて台湾出兵を強行したことにあった。結局、征韓論は敗れ、征台を契機とする対清開戦も回避され、一八七四年一一月、鹿児島士族を中心として編成された台湾駐留部隊には帰国が命ぜられた。外征派による政府への抵抗は、最終的に一八七七（明治一〇）年の西南戦争によって終熄した。新政府はその発足後、内部抗争を決着させるまで一〇年を要したことになる。

近代的政治制度の確立と政軍関係

次に、日本の政軍関係の特質を見ておきたい。統帥権独立、兵政分離主義[12]の原則が、一八八九（明治二二）年の大日本帝国憲法の制定前に既に慣習的に確立していた点が指摘されることが多い。しかしそれ故に、統帥権が他の政府機関の制約を受けることなく暴走した訳ではない。山縣が一八七八（明治一一）年に参謀本部を独立させ、統帥権独立を図った背景には、幾つかの理由があった。①ドイツ軍制を研究していた桂太郎の帰国。②一八七四年の佐賀の乱など、武力による政府転覆の可能性があった時点で、国家の最高意思決定機関であった太政官の正院の一部の者（東京在住の薩派である大久保、西郷従道）によって、不適切な軍隊使用についての命令が出されてしまった教訓。③一八七七年の西南戦争の論功行賞への不満から、近衛砲兵大隊兵士が上官である大隊長・士官を殺害した竹橋事件の衝撃。④国会開設を要求する民権運動が軍隊へ波及するのを防止するため。以上の理由で、一八七八年一二月、参謀本部条例が定められ、その第六条に「戦時に在ては、凡て軍令に関するものは親裁（天皇による判断によるとの意味）」がなされるとの条項を置き、七九（明治一二）年一〇月、陸軍職制第一条に「帝国日本の陸軍は一に天皇陛下に直隷す」との規定が置かれることとなった。

外征論に一貫して反対し、西南戦争の鎮圧にあたった山縣は、内乱に呼応するような軍隊使用を戒め、政治運動の影響が軍隊に波及しないようにするため、すなわち、軍や軍隊を政治の影響力から隔離する意味での統帥権独立を図った。明治前期の統帥権独立はこのような狭義の意味で用いられたのに対し、後に述べるように昭和戦前期における統帥権独立は、内閣や議会による軍への干与を拒絶するという攻撃的なものへと転換した。明治期においては、統帥権の独立があっても、政治と軍事の調和が比較的図られ、日清、日露両戦役においても政府と軍の意思決定が一致していた要因は、軍事を管掌する元老としての山縣有朋と政治を管掌する伊藤博文の存在が大きかった。統帥権独立による弊害が起こり始めるのは、日露戦争後、大正期（一九一二年〜）になってから、郷党閥に基づいた元老の協力による支配が緩み、政党勢力、官僚勢力、軍閥という三つの勢力が元老から自立化を遂げたことを契機とする(13)。

さて、ここで生ずる疑念は、天皇のもとに軍隊を直隷させたことで、天皇の名前を表面に立てて、軍が実際に政治権力を握る恐れはなかったのか、ということだろう。軍の肥大化は、政治指導の面の元老であった伊藤が、内閣、憲法、議会など欧州諸国に学んだ近代的な諸制度故に、明治段階では制御が可能だったと言える。一八八二（明治一五）年、憲法調査のため渡欧した伊藤は、ウィーン大学政治経済教授のシュタイン（Lorenz von Stein）と出会い、行政の重要性＝「行政もまた、議会の意思、君主の意思から独立すべきであること」や、憲法が君主権を制限するものであるとの考え方を学び帰国した。伊藤は一八八八（明治二一）年六月一八日、憲法草案を審議する枢密院の席上で、次のように述べている。「憲法を創設して政治を施すと云うものは、君主の大権を制規に明記し其の幾部分を制限するものなり。〔中略〕憲法政治と云えば、即ち君主権制限の意義なること明なり[14]」。

戦争に関わる条項が明治憲法でいかに規定されていたかを確認しよう。憲法第一三条では、宣戦講和の権と条約締結権は天皇の大権事項とした。いわく「天皇は戦を宣し、和を講じ及諸般の條約を締結す」。しかし、『憲法義解』におけるこの条文の解釈[15]としては、宣戦講和の権と条約締結権を天皇の大権事項にしたのは議会に容喙させないためであり、実際には内閣を構成する国務大臣や条約内容の諮詢に答える枢密院がこの権限を行使していた。いずれにせよ、開戦決定までの過程を国務とし、国務大臣ならびに国務大臣以外にあっても同様の任務を負うもの（内大臣、元老、臨時外交調査会）がそれを担うこととされていたのは確かであった[16]。

憲法一一条「天皇は陸海軍を統帥す」は天皇の統帥大権についての規定であり、この点について天皇を輔翼するのは、陸軍大臣、海軍大臣、参謀総長、海軍軍令部長（一九三三年からは軍令部総長）、侍従武官長等であり、国務大臣の干与は制限された。一九二五（大正一四）年当時、法制局長官塚本清治が帝国議会で答弁した統帥権独立に関する政府見解は次のようなものである。「憲法第一一条の統帥大権は、憲法第五五条に於ける国務大臣輔弼の責任の範囲よりは除外せらるるものと考える。尤も統帥に関する事項に国務大臣の責に当るべき事項と緊密の関係を有するものあるを以て其国務大臣に関する範囲に於ては国務各大臣は之に参画し輔弼の責に任ず」。要するに、統帥大権については、国務大臣の規定である憲法第五五条の「国務各大臣は天皇を輔弼し其の責に任ず。凡て法律勅令其の他国務に関る詔勅は国務大臣の副署を要す」の適用から、原則として除外するとの判断を、政府は採っていた。

それに対し、編制大権と呼ばれた第一二条は「天皇は陸海軍の編制及常備兵額を定む」とあり、『憲法義解』も「此れ固より責任大臣の輔翼に依る」と、国務事項であることを認めていた。このように、編制大権は国務大臣が輔弼するものとされ、また議会には予算議定権が認められていた。よって、戦争を可能とする軍備拡張に関連すべき師団増設・艦隊新設などについて、議会は予算審議権の行使により、経費削減を議論できた。事実、一八九〇（明治二三）年の帝国議会の開設以来の明治中期までにおいては、政府と民党の対立は、軍備拡張と政費節減・民力休養をめぐってなされたのである。問題は、一九三七（昭和一二）年以降の日中戦争や一九四一年からの太平洋戦争など、長期にわたった戦争については、戦争開始から終結までを一つの会計とする特別会計で運用されてしまうために、議会が、その予算審議権を通じて軍事問題に関与しうる範囲は極めて限定的なものとなったことであった。

元老の役割と戦時大本営

以上、宣戦布告と講和提議をめぐる天皇大権の輔弼には内閣が与り、軍隊の使用に関する統帥という側面では統帥機関がこれを補佐し、全体の最終的な国家としての意思決定を元老が統御していたとまとめられる。なお戦時には、大本営が設置された。日清戦争の場合、第二次伊藤内閣の伊藤首相は、一八九四（明治二七）年六月、開戦に先立ち、参謀本部内に戦時大本営を設置した（後に、広島に移動）。大本営は、参謀総長、参謀次長、軍令部長らの陸海軍統帥部の各六名と、後方勤務のすべてを管轄する兵站監部とによって構成されていた。大本営の設置は、国内鉄道網の編制作業、宇品港に絞った派兵システムなどのインフラ整備という点で役立った。[17] 開戦後の大本営の軍議には、統帥部の他、陸海軍大臣と共に、首相の伊藤と外相の陸奥宗光が列席するのが常だった。伊藤らを大本営会議に召したのは明治天皇で、軍事費と外交を管掌する際、軍事動作を熟知している必要があるとして、会議に毎回列席するよう沙汰を下した。[18]

日露戦争においても大本営は、開戦に先立つ一九〇三（明治三六）年一二月に設置されたが、前の戦争との違いは、戦時大本営条例を改正し、大本営内の陸海軍の地位を対等なものとしたことだった。[19] 日露開戦においては、開戦を急ぐ統帥部を、内閣・元老がよく制御した。また大本営会議においても、正規に大本営を構成する軍関係者のほか、首相・外相の出席も天皇の要請で確保され、政軍関係は、昭和戦前期に比較すれば円滑であった。それは、伊藤、山縣、松方正義、井上馨などの元老が、政戦両略や戦費調達の面で、政府部内と軍をよくまとめていたからである。しかしこのことは、統帥部の胸中に、旅順口攻略戦などに対する指揮の失敗や弾薬不足など失策の原因を、内閣や元老が開戦決定を躊躇したからだとする気運を、戦後に生じさせることとなった。一九二五年、陸軍大学校兵学教官谷寿夫が陸大で行った講義内容はその気運をよく伝える。谷は開戦外交に軍も早期に関与すべきであったとし、対露外交交渉の内容が参謀本部に知らされていなかった実態を「日露戦争当時の最高統帥者はことごとく元老であった」[20] として、暴露し批判した。

だが、正規の制度に問題があったことも否めない。たとえば、一九〇四（明治三七）年二月一三日の日露戦争時の第一回大本営会議には、桂太郎首相、小村寿太郎外相、山縣元帥ほかの元老、陸軍部よりは参謀総長、次長、作戦主任参謀、運輸通信長官、陸相が、海軍部よりは軍令部長、次長、幕僚二名、海相が出席したことからもわかるように、軍関係者が過半数を占める。内閣の構成メンバーである国務大臣の出席は制度上必要とされなかった。このことは、元老の勢力が日露戦後以降に衰えてゆく時、軍部の擡頭を招く構造的な要因となっていった。

さらに拍車をかけたのが、憲法第五五条一項（「国務各大臣は天皇を輔弼し、其の責に任ず」）の定める国務大臣単独輔弼制（個々の国務大臣が天皇を輔弼するので、大臣は原理上、首相と対等な地位に立つ）であろう。当時の内閣制は、日本国憲法下の議院内閣制ではなく、首相に国務大臣任免権はなかった。このような国務大臣の地位の不安定性に、一九〇〇（明治三三）年に制度化された軍部大臣現役武官制などが加わる時、閣内の陸海軍大臣の意向いかんで、内閣の死命が制せられることとなることもあった。具体例を挙げれば、一九一二（大正元）年、朝鮮半島に置くための陸軍からの二個師団増設要求を、第二次西園寺公望内閣が拒絶したのに対し、上原勇作陸相が辞任し、後任陸相を内閣に推薦しなかったことで、内閣が総辞職を迫られた例がある。また昭和期においても、一九三七年、広田弘毅内閣総辞職後、首相に奏薦された陸軍内穏健派の宇垣一成の組閣が、陸軍の強い反対によって挫折した例もあった。

3　日清・日露開戦の過誤と正当化の論理

山縣有朋の目に映じた東アジア秩序

ここからは、明治期日本の抱いた安全感の特徴を述べる。日本が一八九四年に清国と戦争を始め、一九〇四年にロシアと戦争するに至った理由は、単純化して述べれば、日本の国家としての安全感を確保するためには、朝鮮半島が他国の支配下に入らないようにする必要性があるとの見方で為政者らが一致していたからにほかならない。おおむね日露戦後までは、伊藤や山縣らの元老が日本の国策決定に当たっていたと考えられる。よってここでは、山縣の東アジア観、特に中国に対する観点をその意見書などから確認したい。

一八九〇(明治二三)年三月、首相の地位にあった山縣は、井上毅の草稿を元にした意見書「外交政略論」のなかで、ロシアのシベリア鉄道着工(一八九一年建設開始、一九〇四年全線開通)により、ロシア南下の危険性が増す中、日本の独立自衛のためには、主権線の守禦とともに、利益線の防護が必要だと論じた。これが有名な主権線・利益線論に他ならない。主権線とは日本を意味し、利益線とは日本の安全に密接な関係を持つ隣接地域を指し、具体的には朝鮮半島を意味していた。山縣はこれとほぼ同様の意見を、一八九〇年一二月の第一回帝国議会における施政方針演説で述べ、議会で優勢を占めた民権派に対し、政府提出の陸海軍予算へ賛成するよう協力を求めたのである。

主権線・利益線という概念を山縣に明示的に教えたのは、伊藤の憲法調査のところで述べたシュタインだった。山縣は一八八八年の渡欧の際、シュタインに教えを乞うていた。かつて伊藤に憲法理念を教えたシュタインが、今度は山縣に対し、日本の安全保障策を教えたことになる。(21) シュタインは、ロシアによるシベリア鉄道建設が日本にとって死活的な意味を持つのは、ロシアが海軍根拠地を求めて、朝鮮の占領を考慮した時のみだと述べた。シュタインは何も朝鮮への侵略策を日本が採るべきだと教えたのではなかった。ロシアが朝鮮に海軍根拠地を築かないよう、朝鮮を中立に置くことができさえすれば、必ずしも朝鮮への武力干渉の必要はないとし、英露双方から朝鮮の中立についての確約を取ればよい、との助言を与えていた。これを受け山縣も、主権線・利益線論の中で、英独のいずれかの仲介によって、日清両国が共同して朝鮮の中立を確保するとの選択肢を描いていた(22)。

次に、日清戦争開戦一年前、一八九三年一〇月時点での山縣の意見書「軍備意見書」から、その中国観を確認しておこう。山縣は、東洋の禍機は、今後十年もたたないうちに破裂するものと予想される。その時における日本の敵は、中国でもなく朝鮮でもなく、イギリス、フランス、ロシアであると述べていた。イギリスが長江の利権を狙い、フランスが雲南を狙い、ロシアが蒙古を狙う今、中国はと言えば、一八八五年以降「稍々衰退の状況に陥(24)」っているように見える。シベリア鉄道全通も間近となる今、中国のこのような現状は日本にとって危険である、よって、列強による中国進出の際、日本が禍害を蒙らないようにする一方、「乗ずべき機あらば進んで利益を収むるの準備(25)」が必要だと論じていた。

以上をまとめれば、山縣の安全感の中における中国とは、帝国主義列強が狙う対象として認識されており、日本としては、列強と中国との紛争に巻き込まれないように注意するとともに、自らもその機会に乗じて利益を挙げるべきだ、ということになる。興味深いのは、山縣の警戒の対象が、英仏露に向けられていることであり、中国が敵国視されていたのではなかった。あくまで、英仏露による力の進出に対抗できない点への憂慮、列強と中国との争いに日本が巻き込まれる、その点への憂慮が述べられていた。

「宣戦の詔勅」に見る中国像

朝鮮で勃発した甲午農民戦争（東学叛乱）を契機として、一八九四年六月、清国は朝鮮政府の援兵の求めに応じて朝鮮に派兵した。日本は、朝鮮政府からの援兵依頼もないままに、天津条約第二項を根拠に派兵を決定した。これまでの通説的な理解では、派兵を決定したこの段階で日本には、対清開戦決意があったと考えられてきた。しかし近年、第二次伊藤博文内閣の伊藤首相と陸奥外相などは、朝鮮農民軍を日清両国が鎮圧することをきっかけとして、日本が提起する「日清共同内政改革」案を中国側も受諾するだろうと楽観的に考えて交渉に臨んでいたとする、檜山幸夫、大澤博明らの学説が有力となっている。[26] すなわち、派兵を決定した六月の時点では、日本側にも積極的な対清開戦の決意はなく、戦争に至った要因は、客観情勢を無視した伊藤内閣の楽観、そして楽観と表裏一体であったところの対清交渉の際における強硬さに求められるとの解釈である。

史料を厳密に読めば、戦争にはならないとの根拠のない楽観に支配されて交渉に臨んだ、伊藤と陸奥の誤算が確認できるという。そして、戦争が避けがたくなった時、日本側は、開戦の正当性を確保するための作業に急速に着手していった。それが、朝鮮の内政改革を推進する文明の国・日本、これを拒絶する非文明の国・清国、とのイメージで日清対立を語ることに他ならない。福沢諭吉は、国民に向け、それを明快に説明した一人であった。福沢は、自ら創刊した『時事新報』の一八九四年七月二九日の論説「日清の戦争は文野の戦争なり」において、日清戦争を「文明開化の進歩を謀るものと其進歩を妨げんとするものとの戦」であると位置づけた。このような福沢の議論と、同年八月一日に出された宣戦の詔勅の論理は同じだった。伊東巳代治が草案を書いたと言われる詔勅の文言は、清国との開戦理由を、清国側の非に帰していた。すなわち、「朝鮮は帝国が其の始に啓誘して列国の伍伴に就かしめたる独立の一国たり。而して清国は毎に自ら朝鮮を以て属邦と称し」て事実上の内政干渉を加え、また日本による共同内政改革提案も断り、朝鮮の治安維持を清国に依存させるようにしている、と述べていた。

もともとよりこれまで述べてきたことは、日本の為政者がその国民に対して説明するための「説得の論理」であり、朝鮮を中立に置くことを希求しながら抑止に失敗した日本側の過誤については全く言及されておらず、また清国側の観点も全く考慮されていない、戦争正当化のための論理であった。これと同じことを日本は日露開戦の際にも行うが、これについては後述する。

日露対立の焦点

日清戦争の結果、一八九五年四月に調印された講和条約では、朝鮮は「完全無欠の独立自主」の国と定義されたが、朝鮮への日本の影響力はさほど強まらず、逆に、朝鮮国王・高宗は親露路線を選択することになった。一方、ロシアは中国への干与を深め、一八九六年六月には、黒龍江・吉林両省を通ってウラジオストークに通じる中東鉄道（東清鉄道）敷設権を獲得、同年一〇月には、黒龍江省・吉林省・盛京省の東三省鉄道とシベリア鉄道の接続を図り、一八九八（明治三一）年五月には、旅順・大連の二五年間の租借権、旅順・大連までの東清鉄道南支線の敷設権をも獲得した。遼東半島先端の旅順にロシアの海軍根拠地が築かれたことは、日本にとって脅威と認識された。先年、シュタインが山縣へ与えた警告が現実のものとなったのである。さらに、一九〇〇年の北清事変を契機にロシアは南満洲へ進駐するが、駐兵が一九〇三年四月以降も継続されたこと、また、ロシアと朝鮮との国境地帯である鴨緑江の開発にロシアが熱心だったことなどが、日本側の安全感を脅かすものとなった。

日露戦争についての研究は、近年、急速な深化を遂げ、日本の帝国議会、内閣、元老が意外にも対露開戦に慎重だった点が明らかにされてきた。[27]衆議院で過半数を占めていた立憲政友会は、一九〇二（明治三五）年に第一次日英同盟協約（一九〇五年に第二次、一九一一年に第三次。締約国が他国の侵略的行動に対応して交戦に至った場合、同盟国は中立を守るという内容）が締結されたことを見て、イギリスの威力を借ることで極東問題の危機は去り、軍拡の必要性はなくなったと判断していた。[28]同盟の意義は、朝鮮問題と中国問題でロシアが日本と対立を深めた時、ロシアがフランス・ドイツなどを同盟国として組み入れることを防遏することにあり、イギリスが日本と同盟してロシアと戦うとの内容ではなかった。だが、仮想敵国の数がロシア一国に限定できることには大きな意味があった。

第一次桂太郎内閣と元老は一九〇三年夏から開始された日露交渉に期待をかけ、「満洲問題と朝鮮問題は密接不可分であるからこの二つの問題を同時にロシア側と交渉する」との立場で共通していた。[29]だが、シベリア鉄道の全通前、またロシアの開戦準備が整う前に開戦すべきだとする参謀本部などの突き上げにより、一九〇四年一二月二一日、桂首相は、対露開戦に反対していた山縣元老に書翰を送り、[30]政府としての態度決定を促した。「朝鮮問題においては、我が修正の希望を充分陳述し、彼れ（ロシアのこと）聞かざるときは最後の手段（即ち戦争を以ても）を貫くこと」。戦争に訴えても朝鮮問題を解決しようとする、桂内閣としての意思が確認できよう。だが山縣は「戦争開始の論は、老生（山縣自身を指す）は承知不致」[31]と返信し、なお開戦に反対した。一二月二四日、桂は寺内正毅陸相を従え、自ら山縣元老を訪問することで、漸く開戦への最終的了解をとることができた。日本側が、戦争を賭して解決すべきとしたものが朝鮮問題であったことに留意したい。

一方、ロシア側の開戦経緯についても、ルコヤーノフ[32]や和田春樹[33]により、以下の点が新たに明らかにされた。ロシアにおいても、日本と本当に戦争すべきだと考えていた政治勢力は存在しなかった。だがロシア側は、日本の財政力への過小評価から、日本は開戦に踏み切れないと楽観していた。よって、交渉の場面では強硬な姿勢を崩さず、日本側が絶対に受諾できなかったところの、朝鮮半島の三九度線以北に中立地帯を設定するとの主張を緩和しなかった。ニコライ二世は、最後まで中立地帯の設定に固執し、秘密条項のような形で日本側から確約を取れないかについての指示を与えていた。

日露戦後の日本の選択

日露戦争とは、実際のところ、韓国への排他的な支配を狙う日本と、それを認めないロシアとの間に勃発した戦争であり、朝鮮問題を契機になされた戦争だった。しかし日本側は、同盟国イギリスや、好意的中立の国アメリカの輿論を味方につけるため、日露戦争の意味づけを別の角度から説明した。戦争を正当化するにあたって、世界の関心を引かない朝鮮問題ではなく、満洲の門戸開放という論点を前面に打ち出したのである。後に大正デモクラシー思想の担い手となる吉野作造は、北清事変以降ロシアの占領下にある満洲を門戸開放すべきだ、と論じて戦争の正当化に努めた。日露開戦とほぼ同時に書かれた「征露の目的」と題された論考で吉野は、「吾人は露国の領土拡張それ自身には反対すべき理由なく、只其領土拡張の政策は常に必ず尤も非文明的なる外国貿易の排斥を伴うが故に、猛然として自衛の権利を対抗せざるべからざる也」と述べた[34]。満洲地域を占領下に置き、貿易を事実上独占するロシアの態度を吉野は「非文明」と評した。

当時の日本経済の概況を見ておくと、一八八五（明治一八）年から一八九〇（明治二三）年における経済成長の要因は、企業による設備投資や建設投資であり、一八九〇年から一九〇〇年のそれは、政府による設備投資や政府経常支出によるものだった。これに対し、一九〇〇年から一九一〇年にかけての成長要因は、輸出の寄与率による。[35] 総需要のなかで輸出の占める割合は、一八八五年の四・九％から一九一〇年の一二・八％へと上昇しており、日本の輸出相手地域は韓国と満洲であり、資本制確立期の経済成長が輸出拡大によって加速されていたことがわかる。その際、日本の輸出相手地域は韓国と満洲であり、通商面での門戸開放を占領下の満洲地域で認めなかったロシアに「非文明」というレッテルを貼り、英米の支持を取り付け、外債を獲得することで日本は戦争を有利に戦うことができた。

一九〇五（明治三八）年九月に調印された日露講和条約の内容は、次の五点である。①韓国における日本の政治的、軍事的、経済的優越の承認、②日露両軍の満洲からの撤兵、③旅順口・大連と、その付近の領土および領水の租借権、長春・旅順口間の東清鉄道支線の日本への譲渡、④北緯五〇度以南の樺太の日本への譲渡、⑤日本海・オホーツク海・ベーリング海など、ロシア沿岸の漁業権の日本への許与等、広範なものであった。当時の日本の新聞は、ロシアから獲得すべき賠償金を三〇億円とした予想を書き立てており、当時の国民が、賠償金のない講和に大きな失望を感じていたのは確かだった。だが、戦争を参謀総長の地位で戦った山縣元老は、シベリア鉄道の全通の結果としてのロシア軍の兵員輸送能力の増大、それに比べた場合の日本側の兵員不足を自覚していた。山縣は、講和の内容、特に韓国に対する国防・財政の実権を日本側が握り、外交を日本の監督下に置いた点を、「近来の一大成功にして当局者の苦心は想察するに余りあり」と一九〇五年八月に書かれた「戦後経営意見書」[36]で述べ、満足の意を表わしていた。

同じ意見書で山縣は、「満洲の地は戦後に於て、之を清国に還付すること理の当《ま》さに然るべき所[37]」と述べて、満洲を中国に還付すべきだとの自覚を述べる一方、ロシアによる復讐戦の可能性に対抗するため、戦争の結果獲得された特殊権益を確保し続ける必要もあるとしていた。講和条約で日本が獲得した関東州租借地は、一八九八年にロシアが清国から二五年の期限で獲得した租借権を譲渡されたもので、一九二三（大正一二）年には返還されなければならず、また、南満洲鉄道の使用期限の終了も一九四〇（昭和一五）年が予定されていた。関東州や南満洲鉄道を中国には返還しないとの日本側の決意は、第二次桂太郎内閣による、一九〇八年九月の閣議決定でも確認された。山縣もまた、一九〇九年四月の意見書「第二対清政策」で、租借期限の満了に伴い、清国は返還を要求するだろうが、満洲は「二十億の資財と二十余万の死傷とを以て獲得したる所の戦利品[38]」だから返還することはできない、と明確に述べていた。二〇億の金と二〇万人の犠牲によって獲得した満洲、とのフレーズは、これ以降、決まり文句のように日本側によって用いられることとなる。

日露戦争の教訓と総括

日露戦争に至るまでの日本陸軍は、一八七〇年の普仏戦争時のドイツ参謀総長モルトケの戦略・戦術を模したドイツ兵学に倣っていた。砲兵と小銃火力を一点に集中し、歩兵の接近戦以前に火力中心主義で勝敗を決しようとするものである[39]。だが日露戦後、日本陸軍の軍事思想は、火力中心主義から歩兵による白兵主義へと転換を遂げた。ロシア相手の戦闘が日本側に予想外の砲弾の消費を強いる激しいものであったため、日本軍の砲弾は開戦半年で枯渇し、日本はクルップ社やアームストロング社に急遽砲弾の発注を余儀なくされた。国内工業力の低さという現実はいかんともしがたく、費用の割に予想外に低かった砲弾による殺傷率（ロシア軍負傷者のうち砲弾による者は約一四％にしかならなかった）もあり、白兵突撃主義へと、時代を逆行する思想が抱かれるようになってゆく[40]。

海軍もまた、日本海海戦を正確に叙述した一四七冊にのぼる極秘版『明治三十七八年海戦史』を部外秘とし、全四巻の普及版『明治三十七八年海戦史』による「物語」を国内外に広めた。それは、連合艦隊が敵前で大回頭した後の三〇分ほどの砲撃でバルチック艦隊を潰滅させたとの大艦巨砲主義の物語であった。田中宏巳の研究によれば、極秘版『海戦史』[41]には、主力艦と巡洋艦隊とが丁字と乙字の戦法によりバルチック艦隊を攻撃し、その後の水雷艇隊と駆逐隊の雷撃によって、ようやく勝敗が決せられた、との正確な叙述がなされていた。正確な戦史の総括が伝承されないまま、大艦巨砲主義への過信がこうして生ずることとなった。

持久戦論の登場

石原莞爾は、一九三一（昭和六）年九月一八日の満洲事変の計画者として知られるが、幼年学校時代に抱いた日露戦争への疑念を後年に語っている。「私が、やや軍事学の理解がつき始めてから、殊に陸大入校後、最も頭を悩ました一問題は、日露戦争に対する疑惑であった。日露戦争は、たしかに日本の大勝利であった。しかし、いかに考究しても、その勝利が僥倖の上に立っていたように感ぜられる。もしロシヤが、もう少し頑張って抗戦を持続したなら、日本の勝利は危なかったのではなかろうか[42]」。こう分析した石原は、一九二三年からの二年半の欧州留学期間中、ベルリン大学教授であったデルブリュック（H. Delbruck）の戦略理論に学ぶ(43)。

石原が留学した第一次世界大戦後のドイツでは、敵主力全部を短期決戦で包囲殲滅しえなかったドイツ参謀本部の戦争指導の不徹底に敗因を求めるのが一般的だったが、かねてから殲滅戦略のドグマに批判的であったデルブリュックはそうした見方をとらず、石原もそうした考え方の影響を受けた。戦争には決戦戦争と持久戦争の二つがあり、決戦戦争においては統帥の独立を第一とし殲滅戦略が採られるべきだが、持久戦争においては政戦両略の一致を第一とし消耗戦略も考慮されるべきだ、と石原は考えをまとめていった。世界大戦の本質は持久戦だったのだから、ドイツ参謀本部は、国民の動員や経済封鎖への対応も含め、政治との連携をとりつつ、政戦両略の一致による消耗戦略を採るべきであったのであり、ドイツの敗因は殲滅作戦の不徹底にではなく、戦争の本質への無理解にこそ求められる。こう結論づけた石原は、資源の乏しい日本に対して敵国が消耗戦略を採ってきた場合にいかになすべきかを考えるに至る。経済封鎖に敗北しない態勢を日本がいかに構築してゆくかが、石原並びに陸軍の中堅幕僚らの課題となってゆく(44)。

4　植民地帝国日本の権益と国際情勢

第一次世界大戦と日本の安全感

一九一四（大正三）年夏に勃発した第一次世界大戦に対して日本は、日英同盟の「情誼」故に、また、東アジアにおいてイギリスに次ぐ海軍力を誇るドイツが山東半島に持っていた根拠地（膠州湾）とその利権の継承を目指して参戦する。同年八月一五日、日本はドイツに対し、膠州湾租借地全部を「支那国に還付するの目的を以て」日本に交付するよう求める期限付き最後通牒を発した。これは対独開戦の口実としてだけでなく、日本による膠州湾の占領、また山東鉄道の占領に対して予想される、英米側からの批判を避けるための言辞であった。戦争開始とともに中立を宣言した中国において、ドイツ保有の権益を奪取するため、日本が採った方策は二方向からなされた。一つは、英仏露など連合国側への戦争協力への見返りに、膠州湾や南洋諸島をはじめとするドイツ利権の日本への継承を列国に認めさせておくことだった。一九一七年二月、イギリスが駆逐艦の地中海派遣を求めてきたことへの見返りに、日本側は来るべき講和会議において、山東半島と赤道以北の南洋諸島におけるドイツ権益を日本が継承することについてイギリスが賛成するとの確約をとった。同様の確約を日本は仏露伊からもとっていた。

もう一つは、袁世凱率いる北京政府と南方の革命派が対立していた中国に対し、一九一五年一月、「対華二十一カ条の要求」と呼ばれる包括的な要求を行ったことである。要求の第一号では、山東省のドイツ権益について、将来的に日本がドイツと協定すべき内容を中国は承認しなければならないとしていた。第二号は、「南満洲と東部内蒙古」に関する日本の利権拡張要求であり、旅順・大連の租借期限（本来は一九二三年まで）と南満洲鉄道（本来は一九四〇年まで）と安奉鉄道（本来は一九二三年まで）の期限を九九年間延長とする事項であった。交渉はまとまらず、日本は五月七日、英米からも批判された第五号（日本人政治顧問・警察顧問の招聘、福建省開発の独占、日本からの一定の数量以上の兵器供給）を撤回した上で、最後通牒を付けて、武力的にも威嚇しつつ中国側に要求をのませた。中国側は日本側の要求を受諾した五月九日を「国恥記念日」とした。

このような交渉経緯を見ていたアメリカは、一九一五年五月一三日、日中間でなされている交渉内容が中国の領土保全と門戸開放原則に違反しているとすれば、アメリカ側は不承認の態度をとると述べて、対日牽制を図った。一九一九年に開催されたパリ講和会議において、「対華二十一カ条の要求」の有効性をめぐって日中全権団の間で激しい対立があったことはよく知られている。中国全権は、一九一七年八月、中国はドイツに宣戦布告したのであるから、中独間に結ばれたかつての不平等条約は無効となる、よって、山東省の旧ドイツ権益は直ちに中国に返還されるべきだと論じた。また「対華二十一カ条の要求」は圧迫下に締結された条約なので有効性を持ち得ないと主張した。

日本側は、一九一七年二月に英仏露伊など連合国から得た確約、一九一八年九月二四日、中国政府との間で調印された「山東省に於ける諸問題処理に関する交換公文」などを盾に、戦時中に接収した山東鉄道とそれに附属する鉱山利権は、まずは日本の手に渡されるべきである、と主張して対立した。

戦後に生まれた反省の機運

日本は、講和条約に署名せずに帰国すると脅して英米仏三国に政治的な圧力をかけた。その結果、山東関連の権益は、日本の要求通りに、一九一九（大正八）年六月、対独講和条約第一五六条〜第一五八条として認められることとなった。だが、日本全権団の中でさえ、日本の主張に正当性がないと考える者も出始めたことが、先の二つの戦争と第一次世界大戦の違いだろう。講和会議に外務省宣伝係として全権随員となった松岡洋右は、会議終了後、首席全権であった牧野伸顕に宛てた同年七月二七日付の手

紙で以下の自らの感情を吐露した。(45)

所詮我に於て之れを弁疏せんとすることすら実は野暮なり。我言う所多くはspecial pleadingにして、他人も強盗を働けることありとて、自己の所為の必ずしも咎むべからざるを主張せんとするは、畢竟窮余の弁なり。真に人をして首肯せしむるや疑問。

後年の一九三三（昭和八）年三月、日本の連盟脱退を通告してジュネーブの国際連盟総会議場から退場してゆく松岡の姿からは想像しにくいが、松岡は「二十一カ条」や山東問題をめぐる、日本政府の方針を批判していた。special pleadingと松岡が言っているのは「特別訴答」と呼ばれる法律用語で、ここでは、自己に有利なことだけを述べる一方的な議論という意味で使われていた。日本の説明は、泥棒を働いた者が他人も泥棒を働いているからと言って弁明するのと同じで、全く説得力がないとの趣旨を松岡は述べる。松岡が手紙を書いた相手の牧野もまた、(46)講和会議のためにパリに出立する前、一九一八年一二月八日の臨時外交調査会の席上で次のような所信を述べて、これまでの日本の態度を批判していた。

帝国従来の国際歴史上に於ける行動を見るに、或は正義公正を標榜し、或は機会均等門戸開放を声明し、又は内政不干渉日支親善を唱道するも、実際に於ては此等帝国政府の方針乃至意思として表はる所と日本の施設とは、往々にして一致を欠き、為めに列国をして帝国を目するに表裏多き不信の国を以てせしむるに至りたるは蔽うべからざる事実なり。

意味するところは、正義公正、門戸開放、内政不干渉など、綺麗事を表面では述べても、やっていることは帝国主義的な施策に過ぎない日本のことを、世界は表裏多き不信の国と見ているのだとして、従来までの日本の外交方針への反省を、時の原敬首相など臨時外交調査会委員メンバーの前で迫っていたのである。

このような反省は、首席全権西園寺公望に頼み込んで随員に加えられた若き日の近衛文麿の文章からも伺える。近衛は帰国後の一九二〇年、東京に設けられた国際連盟協会における講演で、パリ講和会議における日本全権団の認識を、次のように述べていた(47)。「もしも日本に対する列国の非難が、欧米人の日本に対する誤解、特にかの巧妙なる支那人独特の排日的プロパガンダに迷わされての誤解」に過ぎないならば、我々日本人は「喜んで孤立の光栄を選んだであろう」。しかし、「日本は決して侵略主義国に非ず、支那人のプロパガンダの如きは全然事実を誣ゆるの甚だしきものであると、キッパリ断言し得るものは一人もなかった」のであって、「我々の如き、従来我軍閥の、支那西比利亜《シベリア》に対する所謂ブンナグリ、ヒッタクリの方針に対し眉を顰めつつあった者は、かかる攻撃に対して、実は衷心甚忸怩たらざるを得なかった」と、自らの感慨を吐露していた。

パリの講和会議随員中、中国による日本批判が事実に反すると言える人間は一人もいなかったこと、従来の軍閥のやってきたことが、「ぶん殴り、ひったくり」の類だったことを近衛は認めていた。ヨーロッパで約一千万人の犠牲者を出した第一次世界大戦の戦後処理をパリで実見したことで、松岡、牧野、近衛など会議参加者の中に、日本の帝国主義外交への一定の反省の機運が生まれていたことがわかる。

時の内閣が、立憲政友会総裁の原敬を首相とする初の本格的政党内閣だったことも幸いした。原内閣は、大戦終結にともなう講和会議の方針決定のほか、大戦と不可分に生じたシベリア出兵について、いわば広義の「戦争」指導を、臨時外交調査委員会という新設の機関を宮中に設置して行った初の内閣と言える。大本営は設置されなかった。こうした国内情勢に支えられて、日本は一九二二年のワシントン会議において、主力艦の比率を対英米六割とする海軍軍縮条約、中国に関する九カ国条約、中国関税条約などに調印した。一九二三年に日英同盟を終了させた日本は、国際連盟とアメリカを中軸とするヴェルサイユ＝ワシントン体制との協調を選択していった。

ワシントン会議

パリ講和会議においては、アメリカ大統領ウィルソンは中国の立場を支持したものの、英仏などが講和条約調印を日本に拒否されるのを嫌ったため、日本の主張するところの、満蒙や東部内蒙古に関する特殊権益の実態を吟味することはできなかった。ワシントン会議の時点のアメリカ大統領は共和党のハーディングであり、極東問題についてのアメリカの態度も現状維持的なものへと変化した。アメリカ全権ルートが会議に提出した所謂ルート四原則は、一九二一（大正一〇）年一一月中国全権・施肇基が、会議の「太平洋および極東問題総委員会」に提出した「十原則」を基礎とし、イギリス全権バルフォアの草案ともども摺り合わせたものだった。ルート四原則は「中国に関する大憲章」として総会で採択されたが、中国側原案に比べ現状維持的色彩が強く[48]、「安寧条項」と呼ばれたような項目もあり、それは「帝国の国防並経済的生存の安全」が満蒙特殊利益に大きく依存するという、日本のかねてからの主張に理解を示したものと言えた。[49] 英米仏などの参加各国は、自国が中国に有する既得権益を原則的に維持することで合意し、不平等条約の審議についての義務を将来的に負うものでもない、との解釈も確認された。[50]

中国全権・王寵恵は一九二一年一二月六日、日本の関東州租借期限延長は不当な事情の下で獲得された条項だと論じ、さらに同一二日開催の極東問題総委員会において、列国が中国に有する勢力範囲なるものすべてを拋棄すべきだと迫っていた。それに対して日本側は、所謂「二十一カ条」問題を会議に提出することの不当を論じたために、山東問題についての協議は極東問題総委員会の場ではなく、別個に、英米の仲介による日中協議の場で妥結された。このように、ワシントン会議においては、実のところ、中国に対して勢力範囲を設定したと考えられる列強の過去の条約の廃棄や、「二十一カ条要求」の効力問題については、正面からの議論とはならなかった。実態はこのようなものであったが、一九三〇年代に入ると、ワシントン会議によって日本側は大陸における既得権益を奪われたとの言説が、陸軍の主催する国防思想普及講演会などで広く語られるようになってゆく。

新四国借款団と満蒙特殊権益の実態

以上、ワシントン会議において、日中の食い違う主張への英米の対応を見てきた。しかし、同じ植民地帝国国家としての英米仏が、中国の権益をめぐって、日本に対峙した時の顔が、ワシントン会議と同様に甘いものであったかと言えば、それは違う。[51] 英米仏三国との日本の帝国主義国家としての角逐は、経済版「小国際連盟」とも称された「新四国借款団」[52] 形成に至る議論の過程で戦われていた。早くも一九一八年七月、アメリカは、大戦終結後の中国市場に対し国際金融資本はいかに関与すべきなのかを論ずるため、英米仏日四国の銀行団代表への呼びかけを行った。パリ講和会議に先立ち、戦後を見すえた世界経済の今後が談合されていたのである。アメリカからはウォール街の最有力銀行モルガン商会、日本からは横浜正金銀行が参加した。これら四国の借款団を、一九一〇年五月に成立した英仏独米の旧「四国借款団」と区別するため、新四国借款団と呼ぶ。借款団は、二年以上の折衝期間を経て、一九二〇年一〇月一五日、ニューヨークで誕生した一大国際投資機関であった。

中国の中央政府・地方政権に対する借款や、中国政府が関与する一切の企業・事業に対する投資まで、おおよそ海外で募集されるものすべてをこの機関が扱うという構想だった。本借款団に込められたアメリカ側の意図は、中国の門戸開放と主権尊重を謳うことで日本による、政治的色彩の強い借款を牽制する一方で、大戦で疲弊した英仏の既得権益が集中する長江流域へと、アメリカが経済的進出を図ることにあった。

会議の場では、各国権益の再検討がなされ、その中で日本の特殊権益の実態に対する英米仏側の批判も展開される。日本代表は一九一九年五月の会合で「日本は満蒙に地理的歴史的特殊関係を有すること、ならびに諸国がすべての機会において、これを承認」してきたと述べ、南満洲と東部内蒙古地域においてて日本が有する権利・優先権は新借款団の投資対象から除外されるべきである、と発言した。これに対しアメリカは、満蒙を投資対象から除外するいかなる計画も容認できないとして、強く反発した。原内閣は、一九二〇年三月の対英米仏政府宛て回答で、借款団の事業から除外されるべき、南満洲鉄道その他の既得権全般を借款団の対象から除外するのではなく、限定的な列挙主義とする方針に転じたことを告げている。また、日本の満蒙特殊権益を、なぜ借款団の対象から除外するのが望ましいのか、その理由についての説明ぶりも変えた。これまでは、治安維持上必要なのだと説明していたが、この回答では「我が国防ならびに国民の生存」上の必要だとした。しかし、アメリカは再度の回答を日本に発し、日本のいう国家の自衛権は、国家間の関係において世界が容認する権利であるから、特殊の宣言は必要ではないとして、無条件の除外を迫った。

結局、借款団の交渉はモルガン商会のトマス・ラモントが仲介に動き、日米銀行団同士による往復書翰の形式をとり、一九二〇年五月一一日に妥結した。日本は、東部内蒙古に関する除外要求を放棄したほか、満蒙に関する概括的な除外要求も放棄したが、吉林会寧、鄭家屯洮南、長春洮南、開原海龍吉林、吉林長春、新民府奉天および四平街鄭家屯間の諸鉄道について、新借款団の共同活動の範囲外だと認めさせた。原敬がその一九二〇年五月四日の日記[54]に「此借款問題は随分長月日を費したるも、我に於ては満蒙は我勢力圏なりと漠然主張し居たるに過ぎざりしものが、今回の借款団解決にて具体的に列国の承認を得たる事にて、将来の為、我利益多しと思う」と記して喜んだのは、日本がこれまで特殊権益と称してきたものの実態が本来は疑わしいこと、また英米など列国の承認を本当は獲得してこなかったことをよく認識していたため、妥協の価値がわかっていたからだろう。

参謀本部に生じた反米論

原は上記のように評価したものの、参謀本部第二部などは、一九二〇年六月一五日付の文書「新借款団成立と帝国の対策[55]」において、全く逆の評価を下している。「新借款団に対する帝国財団加入の条件たる満蒙除外は、ついに列国の容るる所とならず」、「本問題に関する帝国今次の政策は全然失敗」というのである。陸軍としては、対ソ戦への防衛のため、「満蒙地域の扼守」が「我帝国の生存問題」との考えに固執していた。

また、アメリカが一九二四年に所謂「排日」移民法を採択した折にも、参謀本部は強く反発した。この法律によって日本が失う移民の実質的総数は年間一五〇人ほどに過ぎないとも言われていたにもかかわらず、参謀本部はこれを重く受け止めた。参謀本部の文書「米国新移民法と帝国国運の将来」[56]では、次のような見方が述べられている。新しい移民法は、これまで、日米紳士協約で認められてきた特別待遇を日本人に与えなくなった、また最も憂慮すべきことは、多年公然と入国を禁じられてきた「支那人其他と同一なる、市民権を獲得することを得ざる外国人」という項目に、日本人が入れられてしまう事態を招いた点にあるとして、その衝撃を述べていた。アメリカが今回、日本の体面を失わせる措置に出た理由は、日本の「国民の国力と実力の粉飾なき反映」、すなわち、日本が一九二三年の関東大震災で国力を削がれたこと、また一九二二年の海軍軍縮条約で日本の海軍力が削がれたこと、このような日本の国力の減退が招いた事態だと総括する。中国との関係について論じた部分が特に重要である。アメリカが移民法という、ごく限られた狭いチャンネルのなかで日本を「低く位置づける」態度がなぜ問題かと言えば、それは体面の問題ではなく、「武威の減少」を意味するからだと述べていた。アメリカが日本を、帰化不能外人として扱うことは、アメリカが中国人と日本人を同等と見ていることを意味し、中国に対する日本の武威の減少となり、それは中国の日本に対する軽侮を招く、よって戦争の機会が増大する、との論理だった。古代の日本が、中国と対等の外交関係を築いていることで国内的な威信を高めようとしていたことを思えば、このような認識が、国防計画を策定する中心の一つであった参謀本部に生じていたことは感慨深い。

国防方針の改訂

「次の戦争」を想定する場合に、最も重要な鍵を握るのは、日本の場合、帝国国防方針[57]だった。第一次世界大戦の影響は端的に国防方針の改定となって現れた。一九〇七（明治四〇）年に策定された帝国国防方針（想定敵国の第一をロシアとし、アメリカ、ドイツ、フランスをこれに次ぐとしたもの）は、一九一八（大正七）年六月に、まずは改訂がなされた。改訂の草案が、一九一六年に既に出来ていたことを考慮すれば、改訂の直接的な理由は、大戦終結後の中国に対する列国の対応、また中国の排日運動の激化にどう即応するかとの問題意識であった。一九一八年の第一次改訂では、米露中三国を仮想敵国としたが、陸海軍共同の対中国干渉方策も練られており、陸海軍に共通する唯一の仮想敵国として中国が帝国国防方針に盛りこまれた点に画期性があった。

しかし実際に大戦が終結してみると、アメリカとソビエト＝ロシアは共に国際連盟と距離を置いた国となり、また経済封鎖と総力戦の全貌が明らかになった戦後の地平から、国防方針の第二次改訂が必要となる。第一次改定から五年しかたたない一九二三年二月、第二次改定がなされたが、その国防方針中の第三項「世界の大勢」についての観察が興味深い。国際連盟はできたが、アメリカが参加を拒否したのでその効力は疑わしく、また九カ国条約や四カ国条約が締結されたが、それらの諸条約によっても、東アジアの安定は期しがたいとし、以下のように述べていた。

禍機醞醸の起因は主として経済問題に在り、惟《おも》ふに大戦の創痍癒ゆると共に、列強経済戦の焦点たるべきは東亜大陸なるべし。蓋し東亜大陸は地域広大資源豊富にして他国の開発に俟つべきもの多きのみならず、巨億の人口を擁する世界の一大市場なればなり。是に於て帝国と他国との間に利害の背馳を来し、勢の趨くところ遂に干戈《かんか》相見ゆるに至るの虞なしとせず。而して帝国と衝突の機会最多きを米国とす。

最初の国防方針や第一次改訂と異なり、陸海軍共通の仮想敵として、第一にアメリカの名前が挙げられており、中国をめぐる経済問題と人種的偏見を原因とする長年の対立から、日本はアメリカと戦争となる公算が高いとみなされた。これは一九二三年の文書であったが、満洲事変以降の歴史的展開を暗示していて興味深い。石原莞爾が、将来的に来るべき対米戦争、対ソ戦争の基地としての満洲奪取を構想し始めるのは、一九二八年頃からであることがわかっている。

註

(1) 一〇年おきに戦争をしてきたと書いたのは、下記の戦争に日本が関係したからである。開戦日と講和条約調印日で区切って示せば、次のようになる。

日清戦争　一八九四年七月二五日（宣戦布告は八月一日）～一八九五年四月一七日

日露戦争　一九〇四年二月六日（宣戦布告は二月一〇日）～一九〇五年九月五日

第一次世界大戦　一九一四年八月二三日〜一九一九年六月二八日
この後、二〇年ほど平和が続くが、一九三一年九月一八日に満洲事変が、その一〇年後の一九四一年一二月八日に太平洋戦争が開始された。
(2) マーク・ピーティー著、浅野豊美訳『植民地　帝国50年の興亡』(読売新聞社、一九九六) 二六頁。
(3) 西嶋定生『日本歴史の国際環境』(東京大学出版会、一九八五) 一〇五頁。
(4) 吉野誠『明治維新と征韓論　吉田松陰から西郷隆盛へ』(明石書店、二〇〇二) 一五頁。
(5)「稲田周一備忘録」、東野真『昭和天皇二つの「独白録」』(NHK出版、一九九八) 二四六頁。
(6) 文書の発給形式を定めた公式令の中、「明神御宇日本天皇詔旨条」を説明した部分に、唐を隣国、新羅を蕃国とする、との文字が見える。
(7) 前掲『日本歴史の国際環境』一二九頁。
(8) 石母田正「日本古代における国際意識について」『石母田正著作集』第四巻 (岩波書店、一九八九)
(9) 前掲『明治維新と征韓論』四六頁。
(10)『木戸孝允日記』第一巻 (日本史籍協会、一九三二、復刻版、東京大学出版会、一九六七) 一五九〜一六二頁。
(11) 大島明子「一八七三年のシビリアンコントロール ── 征韓論政変における軍と政治」、『史学雑誌』一一七編七号 (二〇〇八年七月)、同「士族反乱期の正院と陸軍」、藤村道生編『日本近代史の再検討』(南窓社、一九九三)
(12) 一八七八年一二月、参謀本部条例を定め、軍隊の指揮に関すること=軍令に関する事項は専ら参謀本部長の管轄するところとし、陸軍省の管轄する予算や制度に関する軍政に関する事項との間に厳格な区別を置く制度。また、一八八二年の軍人勅諭中に「兵馬ノ大権ハ朕カ統フル所ナレハ」と規定し、統帥大権は天皇のもとに置き、その輔弼 (この場合を輔翼という) に関しては国務大臣以外が行うという制度。
(13) 三谷太一郎『増補　日本政党政治の形成　原敬の政治指導の展開』(東京大学出版会、一九九五)、北岡伸一『日本陸軍と大陸政策　1906-1918年』(東京大学出版会、一九七八)
(14) 瀧井一博『伊藤博文演説集』(講談社学術文庫、二〇一一)
(15) 伊藤博文、宮澤俊義校註『憲法義解』(岩波文庫、一九四〇) 四〇〜四一頁。

(16) 美濃部達吉『憲法撮要　改訂第五版』(有斐閣、一九三二)
(17) 斎藤聖二『日清戦争の軍事戦略』(芙蓉書房出版、二〇〇三)
(18) 宮内庁『明治天皇紀』第八巻(吉川弘文館、一九七三)
(19) 宮内庁『明治天皇紀』第一〇巻(吉川弘文館、一九七四)
(20) 谷壽夫『機密　日露戦史』(原書房、一九六六)四三頁。
(21) 「斯丁氏意見書」、「中山寛六郎文書」(東京大学法学部附属法政史料センター原資料部所蔵)所収。
(22) 大澤博明「日清共同朝鮮改革論と日清開戦」、『熊本法学』七五号(熊本法学会、一九九三年三月)
(23) 大山梓編『山縣有朋意見書』(原書房、一九六六)二二〇〜二二一頁。
(24) 同前書、二二八頁。
(25) 同前書、二二九頁。
(26) 檜山幸夫の一連の論考、特に「日清戦争における外交政策」、『日清戦争と東アジア世界の変容』下巻(ゆまに書房、一九九七年)所収。また大澤博明「日清開戦論」、『日清戦争と東アジア世界の変容』下巻所収。
(27) 伊藤之雄『立憲国家と日露戦争　外交と内政 1898〜1905』(木鐸社、二〇〇〇)
(28) 坂野潤治『大系日本の歴史　13　近代日本の出発』(小学館、一九九三)
(29) 千葉功『旧外交の形成　日本外交一九〇〇〜一九一九』(勁草書房、二〇〇八)
(30) 尚友倶楽部山縣有朋関係文書編纂委員会編『山縣有朋関係文書』第一巻(山川出版社、二〇〇五)三三三頁。
(31) 千葉功編『桂太郎関係文書』(東京大学出版会、二〇一〇)三九六頁。
(32) I・V・ルコヤーノフ「日露戦争にいたる最後の日露交渉」、早稲田大学ロシア研究所編『20世紀初頭におけるロシアの対外認識　アメリカ観および日露戦争』(二〇〇一二年)
(33) 和田春樹「日露交渉——日本からの見方」、前掲『20世紀初頭におけるロシアの対外認識』。また、和田『日露戦争　起源と開戦』上・下巻(岩波書店、二〇一〇)
(34) 吉野作造「征露の目的」、『新人』(一九〇四年三月号)、後に『吉野作造選集』五巻(岩波書店、一九九五)
(35) 三和良一『概説日本経済史　近現代　第3版』(東京大学出版会、二〇一二)

(36)大山梓編『山縣有朋意見書』二八一頁。
(37)同前書、二七八頁。
(38)同前書、三〇八頁。
(39)山田朗『軍備拡張の近代史　日本軍の膨張と崩壊』(吉川弘文館、一九九七年)
(40)同前書、三三頁。
(41)田中宏巳『秋山真之』(吉川弘文館、二〇〇四)二〇一～二〇三頁。
(42)石原莞爾「戦争史大観の序説」、『最終戦争論、戦争史大観』(中公文庫、一九九三)一二三～一二四頁。また、角田順編『石原莞爾資料　戦争史論』(原書房、一九九四)四〇二頁。
(43)マーク・R・ピーティ『「日米対決」と石原莞爾』(たまいらぼ、一九九二)四二頁。
(44)加藤陽子『シリーズ日本近現代史　⑤　満州事変から日中戦争へ』(岩波新書、二〇〇七)九五頁。
(45)「山東問題乃至我一般対支政策に対する在巴里英米仏操觚者等の感想一班」、「牧野伸顕文書(書類の部)R二二／三〇六」(国立国会図書館憲政資料室蔵)
(46)「外交調査会会議筆記」、小林龍夫編『翠雨荘日記　臨時外交調査委員会会議筆記等』(原書房、一九六六)
(47)「国際連盟の精神について」、「近衛文麿文書」(マイクロフィルム版、国立国会図書館憲政資料室蔵)
(48)川島真『中国近代外交の形成』(名古屋大学出版会、二〇〇四)
(49)麻田貞雄『両大戦間の日米関係　海軍と政策決定過程』(東京大学出版会、一九九三)
(50)服部龍二『東アジア国際環境の変動と日本外交　1918-1931』(有斐閣、二〇〇一)
(51)詳細については、前掲『シリーズ日本近現代史　⑤　満州事変から日中戦争へ』第二章。
(52)三谷太一郎『ウォールストリートと極東　政治における国際金融資本』(東京大学出版会、二〇〇九)
(53)外務省編『日本外交文書　大正九年』二巻上、一六〇頁。
(54)原奎一郎編『原敬日記』第五巻(福村出版、一九六五)二三六頁。
(55)前掲『シリーズ日本近現代史　⑤　満州事変から日中戦争へ』五一頁。
(56)参謀本部「米国新移民法と帝国国運の将来」、『大正一三年密大日記』(陸軍省／密大日記／T一三-五、防衛研

究所戦史研究センター蔵）アジア歴史資料センター（http://www.jacar.go.jp/）でも閲覧可能。

(57) 島貫武治「国防方針、所要兵力、用兵綱領の変遷」上・下、『軍事史学』八巻四号、九巻一号、ともに一九七三年。斎藤聖二「国防方針第一次改訂の背景」、『史学雑誌』九六編五号。

第3章　第一次世界大戦中の「戦後」構想
——講和準備委員会と幣原喜重郎

本章はもともと、日中共同研究の成果『対立と共存の歴史認識　日中関係150年』中の一編として書かれた。第一次世界大戦が、戦争三年目の一九一七年という年に連続して起こった事態、アメリカ参戦・中国参戦・ロシア革命によって、その性格を一変させたのはよく知られていよう。この章では、幣原喜重郎外務次官に率いられた講和準備委員会が、一五年〜一六年という早い段階で準備していた講和条約の内容について考察した。ドイツは新しい植民地開発方針により、山東鉄道を国有としてはいなかった。そのため、日本側には本来、戦時を理由とした山東鉄道及びそれに附属するドイツ権益の接収・占領を行う権限がなかった。いかにしたら講和会議の場でドイツから利権を奪取できるのか。日本側は準備に余念がなかったが、一九年の実際の会議で日本の前に立ち塞がったのはドイツではなく、アメリカと中国であった。

はじめに

対象

本章では、第一次世界大戦、同時代の呼称でいえば、日独戦役のさなかの一九一五（大正四）年一〇月一八日から開始され、翌一九一六年一二月二五日まで通算三一回の会合が持たれた日独戦役講和準備委員会[1]（以下、委員会と略称）で、いったい何が話し合われていたのか、その内容を明らかにする。

注に示したように、本委員会については、会議の議事録、浩瀚な参考調書と参考資料が印刷された状態で遺されたにもかかわらず、「機密」に分類され、番号付きで関係部署に少部数配布されたためか、これまで本格的に分析されることはなかった。外務省外交史料館に会議録が、防衛省防衛研究所戦史研究センターに海軍省書記官・榎本重治の寄託文書として参考調書と参考資料が、遺されていたという事情も影響しているかもしれない。

委員会は、外務省・法制局・陸軍省・海軍省、三省一局を出身母体とする委員により組織された。委員長は外務次官が務め、外務省からは通商局長、政務局長、書記官数名からなる委員が、法制局からは参事官からなる委員が、陸海軍省からはそれぞれ、軍務局長と参事官からなる委員が出席していた[2]。

委員会の設立の趣旨として正式に説明されているところでは、「大正三四年役は青島陥落、独逸東洋艦隊殲滅と共に帝国に関する限り実際の戦闘一段落を告げたるを以て、予め欧洲大戦争後の講和に関し、各般の事項を調査研究し置き、形勢一変何時講和会議の開かるる在《マ》る《マ》も、違算なからしむるの準備を為

す の要あり」として、一九一五年九月一〇日、大隈重信外務大臣が設置したと述べられている。(3)

設立までの準備としては、一九一四年一〇月、加藤高明外相が、公使館一等書記官・長岡春一に講和準備資料の蒐集編纂を命じたのが最も早く、次いで、公使館三等書記官・木村鋭市を長岡の補助員としておき、半年余をかけて、先例と関係文書の蒐集を終わっていたという。(4) 委員会の芽を準備したものは加藤外相であり、加藤の信任の篤かった長岡・木村によって、事前の準備が周到になされていたことになる。

問題意識

日本と第一次世界大戦のかかわりを簡単にふりかえっておこう。一九一四年八月二三日、日本はドイツに宣戦布告、同年一〇月一四日には、早くも赤道以北のドイツ領南洋諸島を占領し、同年一一月七日には、山東半島におけるドイツ租借地であった膠州湾の青島を占領した。開戦後、半年もたたないうちに、日本は獲得すべき目標を手に入れてしまっていた。

日本は宣戦布告前の一九一四年八月一五日、対独最後通牒を発したが、その第二項には、「膠州湾租借地全部を支那国に還附するの目的を以て」、同年九月一五日を期限として無償無条件で日本へ交附せよ、との文言があった。膠州湾租借地をその要港・青島とともに獲得するのは、当時の日本にとっては第一に予定された行動であった。一九一七年一月、イギリスの要請を受けて軍艦を地中海へ派遣したこと、また同年一一月のロシア革命勃発後、ロシアへの干渉戦争に参加したことを二つの例外として、日本はいち早く戦闘から身を引き、「戦後」を構想し始めたのである。

委員会が外務省で開催されるようになった一九一五年一〇月の時点においては、第二次大隈内閣は、ドイツの膠州湾租借地に関する問題については、すでに手を打っていた。中華民国大総統・袁世凱の北京政府に最後通牒付きで「対華二一ヵ条要求」(5)を認めさせ、一九一五年五月二五日、南満州と東部内蒙古に関する条約とともに、膠州湾租借地については、「山東省に関する条約」を調印し終えていたのである。山東省に関する条約の第一条(6)には、山東省にドイツが有していた権利利益譲与のすべてについて、日本とドイツが協定する一切の内容を、中国はすべて承認しなければならない、との規定をおいていた。この時点で、日本が獲得すべき対象として、膠州湾租借地以外に、山東鉄道(膠済鉄道、山東省の済南と膠州を結ぶ鉄道)、鉱山なども含まれることになっていた点に注意を要する。

さらに、委員会開始とほぼ同時期の一九一五年一〇月一九日、日本は対独戦についての単独不講和と講和条件の相互協定を約した英仏露のロンドン宣言に加入した。そして、委員会の終了した一九一六年一二月の少し後にあたる一九一七年二月、日本は、山東省のドイツ権益と赤道以北の独領南洋諸島の処分について、講和会議での日本の要求を支持する保証を英仏露伊から得ていた(高原 二〇〇七：一七九、加藤 二〇〇五：九七)。

日本が核心的ととらえていた山東省のドイツ権益が、山東省に関する日中条約で確保済みであるのならば、委員会は、なぜ三一回もの会合を必要としたのだろうか。もちろん、山東以外の問題、たとえば、赤道以北の南洋諸島の帰属について、ドイツのほか関連諸国を講和会議の場でいかに説得するか、その論理構成の準備など、他の問題に時間をとられたこともあったであろう。ただ、全三一回の議事録からわかるのは、山東問題は、実際の会議の場で、最も長く最も慎重に議論された問題だったことである。

それは、なぜだったのか。この「問い」は、考えるにあたいする問いだろう。結論を少しだけ先取りして述べておけば、それは、膠州湾租借地のほかに、租借地と一体のものとして、山東鉄道と鉱山を日本の手に入れることの困難性、法理論としての困難性に由来していた。本委員会を、初回を除いて三〇回にわたり主催したのは幣原喜重郎だった。第二次大隈、続く寺内正毅内閣において外務次官を務めた幣原その人である。(7) 山東問題が最も長く最も慎重に議論されなければならなかったのは、なぜなのか、この「問い」を考えることは、幣原の対中認識、戦後構想を知るうえでも重要だと思われる。

アメリカの参戦(一九一七年四月)、中国の参戦(同年八月)、ロシア革命勃発(同年一一月)と、ドイツ国内の急速な崩壊等の要因により、大戦の大状況は劇的に変化していたが、幣原という存在の一貫性は、大戦の性質の変容にもかかわらず注目される。委員会では、ドイツが山東半島に持っていた租借地・膠州湾をはじめとするドイツ権益、これをいかに「合法的に」奪取するかが一貫して追求されていた。日本のナショナルな利益の追求が赤裸々になされていたのである。これが、大戦中の日本による「戦後」構想の、正直な実態だった。

本書〔『対立と共存の歴史認識　日中関係150年』〕は「日中両国の各分野の代表的な人物・グループを取り上げ、ナショナルな利益の追求と、世界的な将来構想という二つの視点から彼らの思想と行動を位置づけてみる」とのコンセプトで企画されている。ならば、幣原が委員長を務めた「委員会」が、大状況の変容の直前に構想していた「将来構想」の内容を論ずることは、本書の意図にそうものと考える。

最後に付言しておけば、本委員会が、これまで本格的な分析の対象とされてこなかった理由は、なにも史料の所在のわかりにくさだけによるのではない。大戦の最終盤における変化、すなわち、アメリカと中国の参戦、ロシアでの革命勃発と対ドイツ単独講和による戦線離脱（一九一八年三月）、等々の変化が生じた結果、対独講和会議としてのパリ講和会議のテーマは、戦中に予想されていた内容と著しく変化したからであった。

事実、パリ講和会議における全体会議初回のテーマは、労働問題、ドイツ皇帝の戦争責任、戦争犯罪の処罰、の三点であり、事前に会議の題目のすりあわせを進めていた英米二国以外の参加国は、議題の内容に驚かされたという（松井 一九八三：九五）。[8] 委員会で検討されていた議論は、根底から前提を覆されたことになった。実際のパリ講和会議の対策と原案は、一九一八年一一月の休戦協定を前にした一〇月頃までには、外務省政務局一課長・小村欣一などによって準備され、[9] 原敬内閣下の臨時外交調査委員会での決定を経て、全権に手渡されることとなった。

たしかに、人種差別撤廃法案や国際連盟構想への対応など、原内閣と臨時外交調査委員会が新たに対処すべき案件も生じたことは事実であった。ただ、それでもなお、以下のことはいえる。日本はパリ講和会議での獲得目標を、山東省のドイツ権益の獲得、赤道以北の南洋諸島の獲得、人種差別撤廃法案成就、の三つに絞っていた。その際、山東省と赤道以北の南洋諸島のドイツ権益確保については、委員会、すなわち、日独講和準備委員会で作成された条約草案や理由書の論理構成のままに、日本の要求項目案は書かれていたのである。

パリ講和会議の場では、中国全権は、中国がドイツ・オーストリアに宣戦布告した結果、ドイツと中国間に締結されていた膠州湾租借条約（一八九八年三月六日北京で調印）およびその条約に規定されていた内容は無効となったはずである、との国際法解釈を掲げて、日本と対峙することとなる（高原 二〇〇七、

加藤 二〇〇五）。一九一六年一二月に終了していた委員会が、一九一七年八月の中国参戦を予想しえていたはずはない。ただ、委員会の会議録を追ってゆけば、そこにはある種の、中国政府が将来的に採ると考えられる態度に対する「暗い予感」というべきものが漂っていることも事実であった。日独戦役講和準備会の議事録は、このような意味でも読み応えがある。[10]

1　背景となる時代状況

対中政策担当者の横断的連携

第二次大隈内閣下においては、外務省のほか、陸海軍関係者の間で、対中政策（外交、軍事、情報）担当者たちによる横断的グループが形成されるようになっていた。それは、陸軍からの観点でいえば、山縣有朋のもとでの元老・長州閥の支配から、軍部が政治主体の一つとして自立化する過程でもあった（北岡 一九七八）。

横断的な連携グループが抱いていた対中策は、一九一五年五月の対華二一ヵ条要求を結実させてゆく背景となった。山縣有朋の「外ムノ若者ト海陸軍ノ若モノトガ、ブッテ、〔繰り返し記号――引用者注〕ヤレト云フ事ガ、遂ニ加トウ又ハ大隈ヲ動カシタヨウ」（山本 一九七九：一五七）との観察中、「外務の若者と陸海軍の若者」というのは、具体的にはこの横断的グループを指していた。

彼らは中国政治への内政干渉との批判を怖れながらも、しだいに反袁世凱へと傾斜してゆく。第三革命[11]を支持しようとした彼らの発想は、大隈内閣の対中政策を方向づけることとなった。この横断的連携については、『海軍の外交官　竹下勇日記』[12]の解題を書かれた斎藤聖二氏の論考（斎藤　一九九八）と、大戦勃発時に参謀本部第二部長を務めていた宇都宮太郎の日記『日本陸軍とアジア政策』[13]の翻刻にあたられた櫻井良樹氏の論考（櫻井　二〇〇九）に詳しい。

『竹下勇日記』の記述からは、中国情報、あるいは作戦計画に干与していた海軍軍令部と参謀本部の間に、大戦勃発直後から、密接な連携が成立しつつあったことがわかる。[14]大戦勃発時に海軍軍令部第四班長（情報）であった竹下勇[15]は、一九一四年一月から、参謀本部第二部（情報）との間に、交流団体「安《あ》倶《ぐ》楽《ら》会《かい》」を発足させていた。同年二月二七日の日記には、「支那問題解決大方針を定むるの必要を論し、同盟を制《マ》る《マ》ことを相談す」との記事がある（波多野ほか　一九九八：二一〇）。

以上に述べた、陸海軍の対中国情報・諜報にかかわる人々の横断的連携の外務省側の相手は、小池張造政務局長（一九一三年一〇月〜一九一六年一〇月）であった。小池は、第三革命援助のための資金援助にも動いていたことが、「竹下日記」の一九一六年五月の補遺の記述からわかる。「小池政務局長の周旋により東亜興業会社及正金銀行より五百万円の借款出来、南方に送る事になりたり。彼等もホッと一いきするなるべし」とある（波多野ほか　一九九八：三四一）。

第三革命と日本の対中方針

同じく一九一六年一月一三日の条には「午后四時より水交社に於て参謀本部員と会合、支那問題に就て協議す」（同：三二三）等の状況が記され、二日後の一月一五日には、福田雅太郎参謀本部第二部長が持ち込んだ陸軍案に基づいて、陸海軍統一案としての「対支外交案」を閣議へ提出したとの記事（同：

三一三）が見える。本外交案の内容は、当時、参謀本部第二部の支那課長であった浜面《はまおもて》又助の元に集まった文書群が遺ったことで知ることができる。「一、帝国ハ支那ニ対シテ帝政ノ延期ヲ勧告セシ主旨ト支那ノ現況トニ鑑ミ、当分帝政ノ承認ヲ与ヘス」（山口 一九八〇：三一一）とするもので、袁世凱の帝政を承認しない、との立場をとることであった。

このように、竹下勇の記す一九一六年初頭のあわただしい動きは、袁世凱による帝政実施計画とそれに対する中国各方面からの反対運動、とくに、一九一五年一二月二五日に雲南省で護国軍が旗揚げするという第三革命への対応を協議するためにほかならなかったが、その後、護国軍の緒戦の勝利をみた第二次大隈内閣は、当初の中立案ではなく、一九一六年三月七日、明確に反袁・南方援助政策を打ち出す閣議決定「中国目下の時局に対し帝国の執るべき政策」[16]を行うにいたった。

具体的な文言としては、「二、袁氏カ支那ノ権位ニ在ルハ帝国カ叙上ノ目的（優越なる勢力を支那に確立するとの目的のこと――引用者注）ヲ達スルノ障碍タルヲ免レサルヘシ、従テ右帝国ノ方針遂行ノ為ニハ袁氏カ支那ノ権力圏内ヨリ脱退スルニ至ルヲ便トス」とみえる。また、南方援助の方策として、南方軍を交戦団体として承認することを決定した。

以上が、外務省で一九一五年一〇月から一六年一二月まで開催されていた委員会をめぐる内外の情勢であり、中国問題に関与していた陸海外の省庁横断的な連携の実態であった。

2 会議録の分析

調査事項の分担

一九一五年一〇月一八日、外務省において午後一時半から午後四時まで開催された第一回の会合[17]において、以下のことが決定された。①一二月一日から毎週水曜日、午後一時半から開催すること、②議事録を毎回作成し、それには外務省委員・木村鋭市書記官[18]が当たること、③重要案件の調査の分担。「機密　日独戦役講和準備調査附属参考調書　上巻」「同　下巻[19]」などで確認すると、分担は以下のようになされたことがわかる。

①外務省委員・木村鋭市書記官
(a)山東鉄道と鉱山についての調査
(b)大戦下において日本が押収中の山東鉄道会社が蒙った損害賠償の必要性について
②外務省委員・小村欣一書記官
(a)山東省に関するドイツ国の利権調査概要
(b)山東鉄道と津浦鉄道（天津と南京の対岸・浦口間を結ぶ、中国を南北に走る鉄道）との連絡関係[20]（山東鉄道と津浦鉄道の幹線同士が済南駅で連絡、山東鉄道支線の済南・黄台橋支線の小清河駅で、津浦鉄道の濼口・黄台橋支線、濼口・埠頭支線が連絡）
③法制局委員（牧野英一[21]参事官、黒崎定三参事官）
(a)ドイツ殖民会社の性質とこれに対する国家の干与権
(b)ドイツ法上、鉄道の性質特にその所有権の性質について

④陸軍省委員（山田隆一軍務局長から、福田雅太郎参謀本部第二部長へと交代）
(a)山東鉄道会社が日独交戦中に行った敵対行為
(b)山東鉄道買収の場合の見積価額
(c)帝国の占領地における土地および私有地に関する調査
⑤海軍省委員（当初は秋山真之軍務局長が出席していたが、途中から、森山慶三郎海軍軍令部参謀へと交代。山川端夫参事官）(22)
(a)ドイツ領南洋諸島ドイツ諸会社に関する調査全般

調査項目の内容自体からは、外務省と法制局が、山東鉄道をドイツの国有財産とみなしうるか否かの点を中心に戦時国際法の観点から先例を含めた詳細な調査を行っていたのに対し、陸軍は接収の対象としての山東鉄道を、海軍は接収の対象としての南洋諸島と同諸島に所在する会社についての調査を進めていたことがわかる。鉄道や鉱山がドイツの国有財産とみなしうるか否かは、戦時の押収の適法性に関する重要な論点であった。日本側がある程度予期していたとおり、山東鉄道は、東清鉄道とは異なった形式と理念で経営されていた実態がしだいに判明してくるのであった。

山東鉄道はドイツの国有財産といいうるか

一九一五年一二月八日に開催された第三回の会合において、まずは外務省委員の木村鋭市書記官から、「山東鉄道と鉱山に関する調査」と題した浩瀚な資料群が配布された。それは、第一号「山東鉄道会社の沿革及其事業並財産」から第一〇号「山東鉄道押収中の損害賠償の問題」からなる調書であった。[23] この資料を参照しつつ木村の述べた内容は、次の四点であった。

①山東鉄道会社と鉱山は、ドイツの東アジアにおける、軍事上および政治上の根拠地たる租借地経営の重要部分を構成するものであり、山東鉄道会社はドイツ政府のこの目的のために成立する「一種の公の機関」といいうる。

しかしながら、②ドイツ政府は、同社に対して、資金上出資上の保護の関係を持っておらず、③政府の監督権という点で、山東鉄道会社とドイツ国内を走る通常の私設鉄道会社との差はない、といえる。以上の②と③の点からは、山東鉄道会社をドイツの公的財産である、と言い切ることは困難である。

④ドイツの敷設した山東鉄道と、ロシアの敷設した東清鉄道南支線とを比較してみると、類似点として指摘できるのは、以下の三点である。(a)両鉄道とも、中国政府との租借条約によって獲得された鉄道敷設権によって存立している点。(b)表面上、中国との共同合弁の私設会社の経営に属するが、実際は純然たる所属国の独占事業といいうること。(c)鉄道に対し、ドイツもロシアも政府に重大な監督権を持たせていること。差異点として指摘できるのは、以下の四点である。(a)東清鉄道はロシア政府の出資で敷設されたが、山東鉄道はドイツ経済界の株金によって敷設された。(b)東清鉄道の敷設目的は軍事的であるが、山東鉄道は少なくとも表面上は商業的なものである。(c)軍事輸送の義務について、東清鉄道は義務を有するが、山東鉄道は租借地と中立百里地帯外で禁じている。(d)鉄道警察権については、東清鉄道はロシアが持ち、山東鉄道は中国が持っている。

以上、木村は、一八九八年三月の膠州湾租借地条約、一八九九年六月の山東鉄道敷設および営業免許、中国山東省における鉱山採掘免許、山東鉄道会社定款、一九〇〇年の山東鉄道章程[24]、一九一三年二月に改定された山東鉄道会社定款などを参照した考察結果を会議の席上で報告している。膠州湾租借地を獲得することは簡単でも、山東鉄道など山東省にドイツが有していた諸権利利益を日本側が獲得するのは、なかなか容易なことではないことが、席上、明らかにされた。

山東鉄道会社からのクレーム

外務省側が暗い予測を持って会議に臨んでいたのには理由があった。すでに、青島に本社のある山東鉄道会社側から、クレームが届けられていたからである。一九一四年一一月七日の青島開城後、山東鉄道会社側は迅速に動いた。一九一五年一月五日、駐日アメリカ大使を通じ、日本が押収している山東鉄道と鉱山の引渡、押収によって生ずる損害賠償請求書を日本に対して正式に提出していた[25]。山東鉄道会社からの引渡請求書と賠償請求書[26]の日付は一九一四年一二月一一日となっている。

ドイツ側の主張の柱は三点からなっていた。①山東鉄道会社は商業的私設会社であること。資本は私人の資本であり、中国政府の持ち株はあるがそれは非常にわずかなものであり、ドイツ政府の持ち株はない。また、会社は政府から補助金を得ていない。会社が商業的なものであるのは、ドイツと清国との間に締結された膠州湾租借条約[27]の第二章「鉄道及鉱山に関する譲与」の第二条・第三条からも明らかである。

ここで、少々煩雑になるが、第二条と第三条の条文を示しておく。第二条「以上の各鉄道を敷設する為、一個又は数個の独清鉄道会社を設立し、独逸国及清国の商人等は、其の株式の募集を為し、且双方より信任すべき役員を任命して企業の管理に当らしむることを得べし」。第三条「詳細なる事項を規定する為、両締約国は速に別条約を締結すべし。右条約の締結は独清両国之に当るべしと雖、其の際、清国政府は前記鉄道の敷設及営業に関し右独清鉄道会社に対し有利なる条件を許与し、以て総ての経済問題に付、清国内の他の場所に於ける他の清欧会社に比し不利益なる地位に立たしめざるの義務あるものとす。本規定は専ら経済事項に関するものにして、別に何等他の意義を有することなし。前記鉄道の敷設に際し山東省内の如何なる土地も併合若くは占有せらるることなかるべし」。

②山東鉄道を租借地の延長とみることはできない。根拠としては、膠州湾租借条約の第二章第三条を挙げ、その末段に「鉄道の敷設に際し山東省内の如何なる土地も併合もしくは占有せらるることなかるべし」とあるとしていた。また、山東鉄道章程(28)の第二七条の規定を引き、鉄道の通過するドイツ租借地では主権問題はドイツの青島総督が処理するが、山東省の他の部分についての主権問題については、中国の山東巡撫が処理する、と述べている。さらに、山東鉄道章程第一七条を引き、その「本鉄道は商業及交通を治理するを目的とするものなれば、一切外国軍隊及同所用の軍器を運送するを准《ゆる》さず。然れども戦争若は之に類似の事情によりて強要せられたる場合は此の種の輸送に対し鉄道会社は責を負はず、また山東巡撫は前記の如き場合、敵人の手に落ちたる鉄道線路に関しては何ら保護の責に任ぜず、本条の規定は百里環内の線路には適用せず」という条文から、租借地外の鉄道警察権を中国側官憲が握っていることを思い出させていた。

③ドイツ政府は山東鉄道に対して何ら財産権的関係を持たない。

以上、それぞれの論拠の説明ぶりには濃淡があるが、三点にわたり、日本による山東鉄道の押収が違法である、と述べ、鉄道の引渡と賠償を日本側に求めていた。交戦区域内外を問わず、中立国地域内における私設会社財産の押収は、いかなる法律または国際法の下においても、戦争の必要の理由においても、不法であるとした、堂々たるものであった。

法制局への応援依頼

このようなドイツ側からのクレームの内容を検討せざるをえなくなったこともあるのだろう、木村は第三回の委員会において、山東鉄道と鉱山に関する条約取極を改めて調査したところ[29]、山東鉄道と鉱山の中にドイツ政府の国有財産はないといわざるをえない、との見通しを述べている。

木村は、日本にとって交渉の前途が明るくない中にあって、次のような観点での法的な判断を法制局に依頼した。それは、山東鉄道会社が植民会社として、①国家の行政権の一部を行っているといいうるかどうか。②ドイツ政府は、植民会社としての山東鉄道会社に、自由に国家権力を振るうことができていたといいうるかどうか。③ドイツにおいて一般法規上、私設鉄道も国有財産と認めるべき理由や先例があるのかどうか。これら三点にわたって、山東鉄道と鉱山が、ドイツの国有財産として主張できるかどうか、考えてほしい、との要請を行っている。

少し大げさなことをいえば、軍事・医療・地方行政から憲法まで、近代国家の制度的根幹をつくる理念と制度を日本に教えた他ならぬドイツから、鉄道と鉱山をいかに合法的に奪取するか、それが、委員会にかけられた使命であったといえるだろう。

研究史からの知見

ドイツの山東鉄道経営方針が、ロシアの東清鉄道のそれとは大いに異なることについて、委員会のメンバーたちはよくやく認識を改め始めた。先行研究を参照しつつ、委員会メンバーたちが改めさせられた認識がいかなるものであったのかを補っておきたい。ドイツは、山東鉄道敷設の際、青島から軍隊を沿線に送り、高密と膠州に兵営を建設して軍隊を駐屯させたが、鉄道完成のあかつきには軍隊を引揚げ、中国側鉄路巡警によって警備にあたらせ、一九〇五年末までには、鉄道全線にわたり、中国官憲（巡官・巡警約七九〇人）の管轄下に置いていたという（清水 一九七七：一一八）。山東鉄道会社のクレーム中にあった山東鉄道章程は、忠実に守られていたということになる。またドイツは、その施政を租借地内にとどめて租借地外におよぼすことを避けていた。それに比べ、日本は軍事占領を開始して以来、租借地外の山東鉄道沿線に租借地同様の軍政を施行し、駐兵権・警察権・司法権を設定してしまった[30]。このやり方は、まさにロシアの東清鉄道南支線を日本が受領して以降、南満洲鉄道で行った経営方針そのものであった。

膠州湾租借地について、ドイツの東アジア植民政策の特徴から解明したものに、浅田進史氏の一連の論考がある（浅田 二〇〇五a、二〇〇五b、二〇一一）。一八九七年一一月一四日にドイツ東アジア巡洋艦隊によって占領された膠州湾租借地は、他のドイツ植民地とは異なり、三つの特徴を有していた。第一に、膠州湾租借地は、商業植民地として成長することが期待されていたこと、第二に、同地は東アジアにおけるドイツの経済活動の安全を保障する巡洋艦隊の拠点として機能することが期待されていたこと、第三に、同地の経営は、中国と中国をめぐる国際環境と不可分の関係にたっていたこと、である。

膠州湾植民地に対し、当時、ドイツにおける主管省庁であった海軍省は、同租借地を「自由港」制度の下に運営しようと意図しており、膠州領総督府＝青島総督が本国から最大限の自立性を持つように望み、商業分野の措置に対して国家機関からの指示などは最小限にとどめられるように制度設計をしていたという。自由な商業の発展に期待する海軍省の当初からの意図が、監督権の小さな租借地を創出する最初の条件となったことがわかる。もっとも、ドイツ海軍省は後に、自由港制度の維持は困難であり、不平等条約下にある中国と条約体制下での連携、すなわち中国商人層を取りこむ必要性を認識するようにはなったのであったが。

先にも記したように、ドイツと中国は一八九八年三月、膠州湾租借条約を締結し、一八九九年六月一四日、ベルリン（後に青島に移転）で山東鉄道会社の設立をみる（浅田 二〇〇八）。鉄道・鉱山をめぐる会社設立について、浅田氏の指摘する興味深い点は、ドイツにおいて、外務省・海軍省などの政府側と、銀行資本を中心とする利権の受け皿となるシンジケートとの間で、国家と資本の綱引きが顕著にみられたことである。政府側は、①鉄道路線・運賃決定への政府の関与、②事業総収益が一定額以上になった場合の国庫への一定額の拠金、③有事の際の軍事上の義務、④膠州湾租借地での一定の貯炭義務などの点から介入を試みたが、資本側はすべてにおいて反発した。

妥協の結果、①市場価格の五％割引で海軍に石炭を供給する、②配当金が五％以上になった場合には、国庫へ一定の納付金を収める、③運賃の設定は一〇年後には膠州領総督府による認可制となる、④鉱山会社は植民地会社の位置づけが与えられ、帝国宰相の監督下に置かれる、等々が決定されることとなった（浅田 二〇〇八：一八八～一八九）。

以上をまとめれば、山東鉄道会社の独特な性格は、当初の監督官庁であった海軍省による制度設計の特徴、次いで、国家と銀行シンジケートとの資本と利益をめぐる対立の歴史に由来するものであったといえるだろう。

3　どのような論拠で利権を奪取するか

幣原の発した問い

一九一五年一二月一五日の第四回会合において委員長の幣原は、ドイツ側がたとえばこのようなことをいってきたらどうするか、と問うた。つまり、私設会社の持っている鉄道・鉱山を譲渡することは、それらがドイツの国有財産ではないから ドイツ政府の権限ではない、関与できないのだ、と開き直って交渉を拒絶してきた場合、いかなる根拠で鉄道・鉱山利権の奪取が可能かを質していた。

来るべき講和会議において、最も争点となりそうな部分について、幣原はあくまで慎重な検討を準備しようとしていた。それに対し、外務省委員の木村鋭市書記官は、正面からの法的論拠による立証は難しいので、側面からの政治的論拠による立証をめざす、と正直に述べている。鉄道と鉱山は、国家の権利事業を行っているといえるから、「独逸国家の機関、公の営造物と同一と看做し得」る、といった論拠である。(31)

このときの委員会の他のメンバーの意見もみておこう。法制局委員の牧野英一参事官は、「植民地に於て政府の附与する特権に基きて行ふ山東鉄道の如き、規模の大なる経済的経営は、法理上の理由如何を問はず、之を公的経営と看做すを当然とす」といって、木村の意見に賛同していた。外務省委員の小池張造政務局長と海軍省委員の山川端夫参事官は、「租借地と鉄道が不可分」であるとの説を援用すれば大丈夫であると述べている。租借地と鉄道が不可分という論拠が成立しえないことは、山東鉄道会社側からのクレーム部分で明快に論じられていた部分である。小池と山川は、このドイツ側のクレームについて、深刻に受け止めていなかったようだ。

第四回委員会の決議としては、牧野の議論、すなわち、「植民地において政府が附与した特権に基づいて規模の大きな経済的経営を行う会社は公的経営とみなす」との論が、暫定的な決議として採択されている。ただ、公的経営とみなすことと、国有財産であるゆえに押収が適法であることは別問題である。委員会においても、なお厳密な判断を要する問題であるとの自覚は当然のことながらあったものとみえ、無償譲渡の場合と有償譲渡の場合、二つの場合に分けて、今後の議題としてつめてゆくこととされた。

立作太郎(32)の立論

一九一五年一二月二二日の第五回委員会においては、外務省委員の立作太郎嘱託が、第四回の決議に対して、疑義を唱えている。規模大なる植民地経営を公的経営としてしまう根拠が乏しいというのであった。立の疑義を受けて、立作太郎、長岡春一、木村鋭市、牧野英一、黒崎定三の、外務省と法制局からなる特別委員会(33)で研究を続けることとなった。この第五回委員会の議論の過程で、外務省の長岡春一が発した質問が興味深い。

山東省にある鉄道や鉱山は買収にあたいするほどよいものなのか、その点をまず調査してみる必要がないか、そう長岡は質したのである。それに対して、陸軍省軍務局長・山田隆一の述べた反論は、陸軍が最も重視していたものが何であったのかを正直に物語っていよう。山田はこう述べた。「山東省に於ては、青島租借地の如きは価値なく、本鉄道が軍事上経済上植民上唯一の価値ある重要物件なるが故に之を其儘に放棄するを得ず、如何なる方法にても是非此際之を我手に収むるを要す[34]」。いわく、青島港などどうでもよく、山東鉄道こそが重要なのだ、と。

この会合でも幣原は、かねてからの懸念を口にしている。山東鉄道を日本軍が押収していることにつき、ドイツが違法だと抗議してきた場合、日本側の押収が適法であるとする論理を研究しなければならない、と。これは第四回委員会からの懸案事項であった。この問いについての木村の答えは、次のようなものであった。

敵性による押収

いわく、中国政府が宣言した中立除外区域以外、純然たる中立地域内にある鉄道を占拠する論拠を考えてみるに、いくつかの答え方がある。たとえば、参謀本部は「戦争の必要論」で説明をしている。また、陸軍省は「国家自衛権論」で説明をしようとしている。政府としての立場は、中国政府からの抗議に対して答えたものがそれに相当するが、山東鉄道の性質論からの説明であった。だが、政府の説明による山東鉄道の性質論は、山東鉄道会社自身のクレームの時点で会社から論駁されているとおり、疑義の多いものである。山東鉄道・鉱山の性質論を持ち出すのは、今となっては危険かつ不必要なので、「敵性」による押収、という線で説明したい、と述べていた。

その理由として木村が挙げるのは、私設会社であるか公的会社であるかを問わず、とにかく山東鉄道会社は租借地の鉄道であること、鉄道と中国政府との関係、鉄道とドイツ政府との関係を柱として、「平時戦時共に支那領土内にありながら支那の支配権外に立ち、常に独逸国の支配権内に属し、戦時に於ては此点は一層敵国の利用する所となり、中立地域内に存在するも鉄道其のものは非中立性寧ろ敵性を有するもの」と説明したいとした。

それに対して、立作太郎は、なおも疑義を呈していた。山東鉄道の非中立性のみを論拠とするのは「国際法上の中立領域の不可侵権及庇護権に抵触する危険」がある、というのである。その立が提案した意見は、むしろ中国の「中立は完全なりや否やの根本問題」を取り上げるべきだ、というものだった。立が論拠として挙げたのは、膠州湾租借条約第一章「膠州の租借」第一条の、ドイツ軍隊の自由通過の規定などであり、中国は中立違反の結果を生ずべき条約上の義務を負っているはずなのに、その中立は不完全であることを指摘すべきだというものであった。立の論拠の二つめは、山東鉄道章程第一七条第二項にあった。第二項では、戦時に山東鉄道が軍事的に用いられた場合、中国には保護の責任がないことを規定しているが、それは中国の立場からみた場合、山東鉄道が実際上軍事的に用いられるのを容認していることを意味しているのだ、と。[35][36]

立は、木村などの主張するような、山東鉄道が本来的に帯びている敵性という論拠ではなく、山東鉄道が敷設されている中国という国家の中立の不完全さを前面に押し出せ、と主張していたのである。本来は講和後のドイツとの論戦をいかに説得的に戦うかが問題とされていたわけであった。立の立論はドイツ側を説得するには有利であったかもしれないが、中国に対する日本側の見方や観点をゆがめる危険性をも有していた。

なぜなら、中立遵守の義務履行についての中国側の実際の態度と、この論法から想定される中国の不完全な中立というイメージの乖離を招くからである。大戦勃発後、中国は即座に中立を宣言した。戦闘を中国本土における列国の租借地やその近海で行わないで欲しいとの要請を、アメリカを通じて通告しており、イギリスとドイツはその要請を遵守することに同意していたからである（高原 二〇〇六：二〇三）。しかし、日本側は、この要請を無視し、日本陸軍はドイツ軍を攻略するためとして中立侵犯を行いつつ、ドイツ軍の背後から膠州湾へと迫っていった。

竹下勇の日記には、中国側が山東鉄道問題で日本側に抗議したことについて、冷ややかな反応が記されている。たとえば、一九一四年一〇月一三日の条「支那政府は又復《またまた》我軍、山東鉄道占領に抗議を提出す。袁の芝居驚くの外なし」とある（波多野ほか 一九九八：二四九）。

いずれにせよ、立作太郎の主張する中立概念による説明も、木村の出した方針に加え、第五回の委員会では共に採用されることとなった。すなわち、中国は初めから完全なる中立とはいえない、中国は中立国に関する論点において特別の地位にあるとの立の論法と、戦争の緊急必要性、鉄道が敵性を有するとの木村の論法、これら双方が決議として採用されている。

特別委員会による調査報告

第五回の委員会で選出された、立、長岡、木村、牧野、黒崎五名からなる山東鉄道に関する特別委員会からの報告は、一九一六年三月八日の第一四回委員会でなされた。来るべき講和談判委員の利用に便利な形ということで、条約文案の形で書かれていた。無償譲渡案が条約案その一であり、有償譲渡案が条約案その二であった。ドイツから有償で獲得する方法も考慮されていた点が興味深い。無償と有償の併記案は、委員会の結論として最後まで維持されていた線であった。

木村鋭市は、特別委員会での審議を説明し、条約案文本体と理由書については、法理論を避け、政治上の理由を基礎とし、立と木村の意見を折衷して書いたと説明している。第五回委員会での立と木村の論法が採用されたことがわかる。鉄道と鉱山の基礎と由来、その目的、そのドイツ政府との関係の三点から、該事業の公的性質を有するゆえんを説いていた。特別委員会では、ドイツの議論に対する反駁書、という形式も準備していたが、これは、法制局の牧野と黒崎によって書かれていた。これは、ドイツが、鉄道と鉱山は私有財産であるから、ドイツが国家としてこの処分に関与できないと反論してきた場合の反駁書としての位置づけをもっていた。

特別委員会の原案は委員会の了承を経て第一四回の決議となった。無償譲渡の場合の条約文案は以下のとおりである。「独逸国は、青島済南間の鉄道及其の一切の支線竝同地方に於て該鉄道に属し、又は其の利益の為に経営せらるる一切の鉱山及同地方に於て該鉄道及鉱山に附属する一切の権利、利権及財産を無償にて日本国に譲渡することを約す(37)」。帰結を先に見ておくと、一九一九年六月、パリ講和会議で調印された対独講和条約の山東に関する実際の条約は第一五六条から第一五八条に規定され、委員会で議論されていた日本の要求のほぼすべてを認めた詳細なものとなった(38)。

理由書は長文であり、重要部分のみを要約すれば、以下のとおりとなる。「本鉄道及鉱山は上述の存立の基礎、目的、其独逸政府との関係よりみれば、独逸国家の租借権及国際地役権を実行する施設経営にして独逸政府は之を其実権の下に置き、以て支那領土上に於て政治上経済上特別の地位を占むるものなり。（中略）公的性質を有する財産にして独逸国家と運命を共にすべきものなり[39]」。

ところが、一九一九年一月からのパリ講和会議に参集した英米仏の首脳、ロイド・ジョージ、ウィルソン、クレマンソーらの首脳は、ドイツ側に講和条件についての意見を許さなかったので、日本側が用意した理由書・反駁書が用いられることは、実際にはなかった。日本側が山東問題をめぐり、駁しなければならなかった相手は、アメリカと中国となったのである。

中国がどうでるか

一九一六年四月五日の第一八回委員会では、講和会議参列国についての議論がなされている。外務省委員の長岡書記官は、過去の欧州三大会議といわれているウィーン会議・パリ会議・ベルリン会議の例でも、講和会議参加国は交戦国のみに限られたわけではないので、日本側としてはイギリス・フランス・ロシアの意見に合わせればよく、参加国の選定に干渉すべきではないと述べながらも、中国の「参列に対しては絶対に拒絶[40]」すべきだと述べているのが注目される。

その理由として長岡は、中国との間では山東省についての懸案は一九一五年五月調印の「山東に関する条約」によって解決済みである、「帝国は既決の問題に対して、新に支那が講和会議を利用して容喙し問題の解決を妨害するは断じて許す」ことはできない、と述べた。幣原委員長もまた、オランダを出席させることに自分は反対であると述べ、もしオランダの出席が許されれば、オランダ領東インドとの関係上、赤道以北のドイツ領南洋諸島問題に容喙してくると考えられるので、オランダの参加には反対であり、「交戦国のみ参列国[41]」という主義に固執すべきであるとの考えを述べている。幣原は中国の参加に反対していたのである。

このように、大戦の結果として得られるドイツ権益を確保するためには、参加国を絞ってもあくまで確実な路線をめざす外務省側に対して、注目される発言を行ったのは、参謀本部第二部長の福田雅太郎であった。福田は、講和会議の議題に関係あるとの理由でオランダを参加させるのであれば、中国も参加させなければならないのが道理ではないか、「帝国将来の政策として日支親善を企図する以上は、帝国独り支那の参列を極力排斥するは政策上に於ても一考を要すべし」と述べていた[42]。

一九一七年二月に入ってから問題となった中国の参戦問題では、陸軍内部において意見が分かれていたことがわかっている。①講和の際に中国側に発言権が生ずること、あるいは、宣戦布告により、領事裁判権や関税自主権など、中国とドイツ間に締結されていた不平等条約の効力が失効することによる変化を嫌う一派と、②中国が宣戦布告することで、中国国内のドイツの影響力の完全なる払拭が可能となることに期待する一派、あるいはロシアの革命勢力を駆逐する際に中国との連携が不可欠であるゆえに、中国がドイツに宣戦布告することを望む一派で、議論は分かれることとなる。ただ、これは今しばらく後の話ではある。

いずれにせよ、委員会においては、将来の講和会議参加国について、国名を挙げて、明確な排斥的方針を明記することはないが、中国については「巧に之を排斥する」ように誘導する線で、一九一六年四月段階の議論はまとまっていた。

中国参加問題に対する幣原の不安感は、なお続いた。一九一六年七月一二日に開催された第二七回委員会において幣原委員長は、なお確認のために質していた。もしドイツが、「支那の承諾を得る」という条件を付して膠州湾租借地を日本に譲渡しようとした場合など、これを排斥する理由を考えておく必要があるというのである。「山東省に関する日支条約ありと雖、夫は日支間の契約に止まり、独逸の関する所に非ず」[43]として、中国側の承諾をドイツ側がさらなる要件とした場合にいかにすべきか、との危惧が述べられていた。

これについては、海軍を代表して国際法の立場から論じてきた山川端夫参事官が答えている。「支那の承諾を得る」ことを条件として、ある国家が日本に対して譲渡をする例は、日露戦争の場合のロシアがそうであった、と。つまり、ロシア側はポーツマス講和会議の席上で、中国側の反応を確認しないままに日露講和条約を結んだ。中国側に約諾なく条約を結んだために、ポーツマス条約中には、「中国の承諾を得て」という文章が入れられたのであり、今回の場合は、中国はすでに「山東省に関する条約」において、日独の協定した一切の内容を承認するとすでに認めているのだから、対応する必要はないはずだと述べ、委員会に出席していた多数がこれを支持したために、これ以上の考慮が払われることはなかった。

おわりに

たしかに、山川のいうように、「支那の承諾を得る」という文言からは、日露講和条約中の「ロシアは清の承諾を以て旅順口、大連（中略）一切の権利、特権及譲与を日本に移転譲渡す」を想起し、今回の場合は状況が異なっている、と答えることは簡単である。ただ、まがりなりにも日本は、ドイツに対する最後通牒文に「支那国に還附するの目的を以て」と入れていたのであり、大戦中の帝国議会においては、第二次大隈内閣の外交姿勢を批判する野党・立憲政友会などは、このような条件を付した真意はどこにあるのかと厳しく質していたのであった。

このような状況を考慮に入れたとき、参加国に中国を入れないための方策、中国側の承諾をドイツ側が求めないようにするための方策について、幣原が執拗なまでに慎重な対応をとったことの意味がみえてくるのではないだろうか。幣原の目に、アメリカの参戦、中国の参戦、革命によるロシアの戦線離脱が予見されていたとは思われない。ただ、最も優れた外交官の一人であった幣原の目に、パリ講和会議の場で中国と日本との間で戦わされることになる外交戦が、暗い予感として映じていたかも知れないとの感慨を、筆者は捨てきれないでいる。

註

（1）日独戦役講和準備委員会が設置されたのは第二次大隈内閣下であり、最後の会合がなされたのは寺内内閣においてであった。設置時の外相は石井菊次郎であったが、一九一七年一〇月九日から寺内（兼任）、本野一郎へと代わった。史料の所在は次のとおり。「機密　日独戦役講和準備委員会会議録」（2.3.1 2-2）は外務省外交史料館が所蔵している。「機密　日独戦役講和準備調書　附属参考調書上巻・下巻」（⑨／文庫／榎本／八八九、同八九〇）と「機密　日独戦役講和準備調査　附属参考資料」（⑨／文庫／榎本／八九一）は、防衛省防衛研究所戦史研究センターの所蔵である。外交史料館の委員会会議録と本来は一体のものとして作成されたものであり、貴重である。

「機密　日独戦役講和準備調書　附属参考調書上巻」の表紙には、「第一班」の印が捺されている。軍令部第一班は、「作戦計画、艦隊等の編制に関する事項」を担当する部署。

（2）委員のメンバーは次のとおり。

外務省委員は、外務次官幣原喜重郎、通商局長坂田重次郎、政務局長小池張造、外務書記官松田道一、外務書記官田中都吉（通商局第二課長・第三課長兼任）、公使館一等書記官法学博士長岡春一、外務書記官小村欣一、公使館三等書記官木村鋭市、外務書記官広田弘毅、外務省嘱託帝国大学法科大学教授法学博士立作太郎、参事官奥山清治ほか。

法制局委員は、帝国大学法科大学教授兼法制局参事官法学博士牧野英一、参事官黒崎定三の二人。

陸軍省委員は、当初は軍務局長山田隆一であったが、参謀本部第二部長福田雅太郎へと代わる。ほかに、参事官兼馬政局書記官立花俊吉。

海軍省委員も、当初は軍務局長秋山真之であったが、軍令部参謀森山慶三郎へと代わる。ほかに参事官兼鉄道院理事山川端夫。

（3）前掲「機密　日独戦役講和準備委員会会議録」中の第三〇回議事録、五九三～五九四頁。

（4）同前、五九四頁。

（5）第一号「山東問題の処分に関する条約案」、第二号「南満東蒙における日本の地位を明確ならしむる為の条約案」、第三号「漢冶萍公司に関する取極案」、第四号「中国の領土保全の為の約定案」、第五号「中国政府の顧問として日本人招聘方勧告、その他」など。外務省（一九六五）、三八一～三八四頁。簡便な一覧は、加藤（二〇〇七：四四～四五）にある。対華二一ヵ条要求についての基本文献は、北岡（一九八五）。

（6）本条約の第一条は、以下の内容であった。ドイツが山東省に関して条約そのほかによって中国に対して有する一切の権利利益譲与等の処分について、日本とドイツとの間に協定する一切の事項を、中国は認める、との条文。外務省（一九六五：四〇四～四〇五頁）。

（7）初回のみ、一九一五年一〇月二九日まで外務次官であった松井慶四郎が務めている。

（8）全権の一人で、当時、駐仏大使であった松井慶四郎の自叙伝には次のようにある。「本会議の第一回を一月二十五日外務省『時計の間』に開いた。（中略）議題は、一、戦争発起者の責任、二、戦争中の犯罪に対する制裁、三、労働問題で、次回の問題は国際連盟ということであって、直接戦争と重大関係ありかつ戦争の始末に関する問題をあと廻しとし、右のような問題を第一の本会議に出すのはずい分変なもので世間でも大分批難があったようだ」。

(9) たとえば、外務省講和準備委員会の名前で準備された「極秘　大正七年十月調　第二十三　講和に関係ある支那問題に関する諸文書」（2.3.1 2-1, 外務省外交史料館蔵）などがある。一九一八年一〇月の時点で、このように番号を付された一連の諸文書などが準備されていたと思われる。

(10) 前掲「機密　日独戦役講和準備委員会会議録」の第一八回（一九一六年四月五日開催）においては、講和会議参列国の想定をめぐり、外務省の長岡春一書記官、幣原喜重郎外務次官、立作太郎嘱託などが中国を参加させないためにいかなる方法があるか、議論していた。外務省委員が中国を参加させることに否定的であるのに対して、陸軍側の福田雅太郎参謀本部第二部長が、中国の参加を拒絶することはできないし、よくない、と発言しているのは注目される。本章の第四節も参照。

(11) 中国の第三革命は、袁世凱が帝政（帝制とも）実施を公表した一九一五年秋から、これに反対する、中国各方面の反袁闘争として展開される。比較的規模の大きなものが、雲南都督唐継堯による雲南挙兵であった。山口（一九八〇：二〇七）参照。

(12) 波多野勝ほか編（一九九八）。

(13) 宇都宮太郎関係資料研究会（二〇〇七）。

(14)『竹下勇日記』一九一四年八月七日の条には、「秋山〔真之、海軍軍務局長〕少将、福田〔雅太郎、参謀本部第二部長〕陸軍少将と外務省に小池〔張造〕政務局長に面会す」とある。この時手渡されたものが、福田が作成した「日支協約案要領」であり、陸軍側が外務省に寄せた最初の対中要求案であった。

(15) 第四班長であった竹下は、一九一五年八月、第一班長も兼任し、同年一二月第一班長専任となる（一九一六年一二月まで）。

(16) 外務省（一九六五：四一八）。

(17) 前掲「機密　日独戦役講和準備委員会会議録」。

(18) 木村は、このとき、履歴上では、政務局第二課臨時勤務となっている。
(19) 前掲「機密　日独戦役講和準備調書　附属参考調書上巻・下巻」。
(20) 済南において、山東鉄道と津浦鉄道の幹線が乗り入れていた。また、山東鉄道支線の小清河駅で、津浦鉄道支線が乗り入れていた。津浦鉄道支線は、塩の運搬に不可欠の線であった。
(21) 東京帝国大学教授（刑法学）。
(22) 海軍省参事官で、パリ講和会議全権随員、一九二〇年から外務省条約局長、一九二五年から法制局長官など歴任。
(23) 前掲「機密　日独戦役講和準備調書　附属参考調書　上巻」一～一〇六頁。
(24) 前掲「機密　日独戦役講和準備調書　附属参考資料」一～一七二頁に所収されている。
(25) 前掲「機密　日独戦役講和準備調書　附属参考調書　上巻」四七～五二頁。
(26) 前掲「機密　日独戦役講和準備調査　附属参考資料」一四六～一五一頁。
(27) 同前、一六～一九頁に条約文の邦訳が載せられている。
(28) 同前、一〇八～一一二頁に章程の邦訳が載せられている。
(29) 同前、五頁以下の「山東鉄道及び鉱山に関する文書」参照。
(30) 近年の共同研究の成果としては、本庄（二〇〇六）がある。
(31) 前掲「機密　日独戦役講和準備委員会会議録」三六頁。
(32) 東京帝国大学教授（国際法）。
(33) 他の問題においても特別委員会はつくられた。たとえば、ドイツ領南洋諸島ドイツ諸会社問題調査特別委員は立・長岡・木村・牧野・山川の五名が務め、山東省租借地問題特別委員は長岡・小村・木村・黒崎の四名が務め、条約起草特別委員は長岡・木村・黒崎の三名が務め、講和に関係ある国際法規問題特別委員は立・長岡・木村・牧野・立花・山川の六名が務め、工業所有権問題特別委員は奥山・黒崎の二名が務めていた。
(34) 前掲「機密　日独戦役講和準備委員会会議録」四六頁。
(35) 第一条の内容は、以下のとおり。「清国皇帝陛下は清独間の修好的関係を強固にし而して之と同時に清国の軍事上の準備を確実にせんとする目的を以て、満潮の際に於ける膠州湾の周囲五〇キロメートル（清国里数百里）の地域内に於ける主権に基く一切の権利は、之を自己に保有するも、独逸軍隊に対しては此の地域内に於て何時にても自由の通過を許容すべく、竝同地域内に於ては予め独逸国政府の承認を得るに非れば、何等の処分若しくは命令を為さざるべく、而して特に将来必要となるべき水路の整理には、何等の故障を申出でざるべきことを約す。清国皇帝陛下は独逸国政府と協議の上、右地域内に軍隊を駐屯せしめ竝其の他、軍事上の処分を行ふべき権利を留保す」。前掲「機密　日独戦役講和準備調査　附属参考資料」所収。

（36）第一七条第二項は、次のような内容であった。「然れども、戦争若は之に類似の事情によりて強要せられたる場合は、此の種の輸送に対し、鉄道会社は責を負はず、又山東巡撫は前記の如き場合、敵人の手に落ちたる鉄道線路に関しては、何等保護の責に任せず、本条の規定は百里環内の線路には適用せず」というもの。前掲「機密　日独戦役講和準備調査　附属参考資料」所収。

（37）前掲「機密　日独戦役講和準備委員会会議録」一五七頁。

（38）第一五六条は次のとおり。「独逸国は一八九八年三月六日、独逸国と支那国との間に締結したる条約及山東省に関する他の一切の協定に依り取得したる権利、権原及特権の全部、殊に膠州湾地域、鉄道、鉱山及海底電信線に関するものを日本国の為に抛棄す。青島済南府間の鉄道（其の支線を含み竝各種の附属財産、停車場、工場、固定物件及車輌、鉱山、鉱業用設備及材料を包含す）に関する一切の独逸の権利は之に附帯する一切の権利及特権と共に日本国之を取得保持す」。

（39）前掲「機密　日独戦役講和準備委員会会議録」一五七～一六〇頁。

（40）同前、二一八頁。

（41）同前。

（42）同前。

（43）前掲「機密　日独戦役講和準備委員会会議録」四七四頁。

参考文献

浅田進史（二〇〇五ａ）「植民地支配と自由貿易」歴史学研究会編『シリーズ歴史学の現在　10　帝国への新たな視座』青木書店
浅田進史（二〇〇五ｂ）「膠州湾租借地における「中国人」」『歴史学研究』七九七号
浅田進史（二〇〇八）「利益独占と「門戸開放」」左近幸村編著『近代東北アジアの誕生　跨境史への試み』北海道大学出版会
浅田進史（二〇一一）『ドイツ統治下の青島　経済的自由主義と植民地社会秩序』東京大学出版会
宇都宮太郎関係資料研究会（二〇〇七）『日本陸軍とアジア政策　陸軍大将宇都宮太郎日記　2』岩波書店
外務省（一九六五）『日本外交年表竝主要文書　1840-1945』上巻、原書房
加藤陽子（二〇〇五）「中国とアメリカを同時に捉える視角」『戦争の論理　日露戦争から太平洋戦争まで』勁草書房
加藤陽子（二〇〇七）『シリーズ日本近現代史　⑤　満州事変から日中戦争へ』岩波新書
北岡伸一（一九七八）『日本陸軍と大陸政策　1906-1918年』東京大学出版会
北岡伸一（一九八五）「二十一ヵ条再考」近代日本研究会編『年報　近代日本研究　7　日本外交の危機認識』山川出版社
斎藤聖二（一九九八）「竹下勇小伝　第二章　第一次世界大戦期」波多野勝ほか編『海軍の外交官　竹下勇日記』芙蓉書房出版：三二～五三頁
櫻井良樹（二〇〇九）『辛亥革命と日本政治の変動』第三章、岩波書店
清水秀子（一九七七）「山東問題」日本国際政治学会編『国際政治』五六号、有斐閣
高原秀介（二〇〇七）『ウィルソン外交と日本　理想と現実の間　1913-1921』創文社
波多野勝ほか（一九九八）波多野勝・斎藤聖二・黒沢文貴・櫻井良樹編『海軍の外交官　竹下勇日記』芙蓉書房出版
本庄比佐子（二〇〇六）本庄比佐子編『日本の青島占領と山東の社会経済　1914-22』東洋文庫
松井慶四郎（一九八三）『松井慶四郎自叙伝』刊行社
山口利明（一九八〇）「史料紹介　浜面又助文書」近代日本研究会編『年報　近代日本研究2　近代日本と東アジア』山川出版社

山本四郎（一九七九）『第二次大隈内閣関係資料』京都女子大学

第4章　一九三〇年代の戦争は何をめぐる闘争だったのか

この章はもともと、岩波新書「シリーズ日本近現代史」の第一〇巻にして最終巻『日本の近現代史をどう見るか』のために書かれた。各巻を担当した著者が一章を使い、それぞれの時代を貫く根本的な問題は何なのかについて、「問い」のかたちでまとめたもの。満州事変から日中戦争までの時代を描いた筆者は、第二次世界大戦の戦勝によってアメリカが書き換えようとした日本の「憲法」＝国を支える基本的秩序、とは何であったのかを「問い」として考えた。戦後に戦中の中立違反を問われないよう、侵略戦争を国際共同体に対する内乱と捉えたアメリカの態度が、一九三〇年代にあって、概念・用語の最終的な定義者として現れつつあったアメリカに似せ、自らの戦争のかたちを造型していった日本の態度と、実のところ相似形をなしていたのは皮肉な真実といえた。

西暦で考える理由

私が『シリーズ日本近現代史』の中で担当したのは五巻目にあたる『満州事変から日中戦争へ』です。対象とする時期を外交と軍事からみれば、関東軍の謀略によって満州事変が起こされた一九三一（昭和六）年から、ドイツ軍による欧州諸国への電撃的侵攻が一段落した一九四〇（昭和一五）年（以下、特に断らない場合は西暦の下二桁だけで表記します）までとなります。これを内政からみれば、軍内部の未発のクーデター・三月事件が計画された三一年から、大政翼賛会が成立した四〇年までとなり、さらに国際経済からみれば、イギリスが金本位制を離脱した三一年から、アメリカが民主主義国家の兵器廠《しょう》と自ら位置づけた四〇年までと総括できそうです。

以上をまとめれば、私が対象とした時代は、ヴェルサイユ・ワシントン体制という国際秩序を自らの国家にとっての桎梏《しっこく》とみなした日本やドイツが、軍事力を梃子《てこ》に実力で体制の変革を図ろうとした一〇年と説明できるでしょう。同時にこの一〇年は、日本において慣習的二大政党制から国民再組織を含む政治新体制への移行が模索された一〇年でした。このように、私が担当した巻は、世界と日本の体制が軌を同じくして流動化した時期に相当しますので、昭和六年から昭和一五年までの一〇年と考えるのではなく、「一九三〇年代」というまとまりでみた方が、より時代の本質に迫ることができると考え、この章のタイトルを「一九三〇年代の戦争は何をめぐる闘争だったのか」としました。

1　国際軍事裁判所条例の革命性

第二次世界大戦終結の時点から

ここでいったん話を第二次世界大戦終結の時点へと進めてみましょう。話が大きく旋回しますが、あとで必ず元に戻ってきますので、少しだけ我慢して読み進めてください。さて、一八世紀の哲学者・ルソーは、その遺稿「戦争および戦争状態論」で次のようなことを述べています。戦争は、敵とされた相手国の政治の基本的枠組・秩序＝「憲法」に対する攻撃という形をとる（長谷部恭男『憲法とは何か』岩波新書、二〇〇六年）、と。面白いことに、ルソーとほぼ同じことを、一九世紀の法学者ローレンツ・フォン・シュタインも述べています。憲法とは「社会的秩序の表現、国民的社会の実存そのものである。そこでは憲法が攻撃されたときは、憲法と法の枠外で、したがって武器の暴力をもって闘争の決着をつけねばならない」ものである（カール・シュミット「政治的なものの概念」、長尾龍一編『カール・シュミット著作集I』所収、慈学社出版、二〇〇七年、二七一頁、傍点は原文）、と。

両者とも憲法を、大日本帝国憲法といった個別の憲法ではなく、より広いもの、国家を成立させている基本的枠組との意味で用いているのは明らかです。ならば、第二次世界大戦という、長く激しい戦いの果てに勝利した英米仏ソなどの連合国が、敗北したドイツや日本の「憲法」をいかに書き換えたのか、その着地点を確認すれば、両陣営を敵対に導いた基本的枠組が何であったのかを抉り出せるのではないでしょうか。むろん、ここにいう憲法とは、戦前期までのドイツや日本にとっての基本的な枠組や秩序を指します。よって本章で行うのも、書き換えられた「憲法」の具体的内容についての考察ではありません。私の意図するところは、戦前期までのドイツや日本の「何が」連合国側にとって問題とされたのか、この点の考察にあります。

ドイツ軍が連合国に降伏したのは四五年五月七日、日本がポツダム宣言を受諾し降伏したのは同年八月一五日（降伏文書への調印は九月二日）であり、これをもってヨーロッパとアジア双方の戦場で戦闘が終結しました。連合国はドイツの戦争犯罪人をニュルンベルク国際軍事裁判（四五年一一月二〇日設置）で、日本に対しては極東国際軍事裁判、いわゆる東京裁判（四六年五月三日開廷）で裁きますが、ニュルンベルク裁判について、裁判所の活動範囲や規則を定めたものが国際軍事裁判所条例でした。

以下、大沼保昭の論考（『戦争責任論序説　「平和に対する罪」の形成過程におけるイデオロギー性と拘束性』東京大学出版会、一九七五年）にしたがって、国際法上の「革命」に相当すると大沼が判断している国際軍事裁判所条例につき、その制定過程を確認しておきましょう。同条例は、四五年六月二六日から八月八日にかけて、米英仏ソ四カ国の代表を集めて開催されたロンドン会議で決定されました。同条例第六条の内容は二点あり、①侵略戦争を起こすことは犯罪であり、②戦争指導者は刑事責任を問われる、と書かれています。①を戦争違法観、②を指導者責任観と呼んでおきましょう。

条例はニュルンベルク裁判に向け準備されたものですが、東京裁判にも準用され、極東国際軍事裁判所条例第五条に同様の規定があります。すなわち、第五条で「左に掲ぐる一又は数個の行為は、個人責任あるものとし、本裁判所の管轄に属する犯罪とす」として「(イ) 平和に対する罪」を掲げ、「宣戦を布告せる又は布告せざる侵略戦争、若《もしく》は国際法、条約、協定又は保証に違反せる戦争の計画、準備、開始、又は実行、若は右諸行為の何《いず》れかを達成する為の計画又は共同謀議への参加」に干与した個人、を裁くとしています（岩沢雄司編『国際条約集』有斐閣、二〇一九年）。

国際法上の「革命」とは

四五年六月に開始されたロンドン会議で決定された方針、すなわち、戦勝国が敗戦国の戦争指導者を裁判し、その刑事責任を問うとの方針は、なぜ、国際法上の「革命」と位置づけうるものとなったのでしょうか。①の戦争違法観については、二四年のジュネーブ議定書、二八年のケロッグ・ブリアン協定（不戦条約）等によって、ロンドン会議が開催された時点において国際社会での了解が既に成立していたとみなせます。しかし②の指導者責任観については、①と同様の了解が成立していたとはいえませんでした。事実、ロンドン会議においてフランス代表は、侵略戦争を起こした国や国民全体が損害賠償責任を負うのは理解できるが、戦争指導者を刑事責任の対象として処罰することはできないと主張して、米国代表のロバート・H・ジャクソン主席検察官（ジャクソンは米国連邦最高裁判事）が強く主張した、②の指導者責任観に異議を唱えました。

②は、ドイツとの戦争が終結した四五年の段階でなお議論の余地のある問題だったことがわかります。しかし、アメリカの軍事力と経済力で決せられた戦勝であったことは間違いなかったために、アメリカのジャクソン主席検察官の主張が通り、②の指導者責任観、すなわち戦争指導者とされた者が刑事罰の対象となる、との新しい法概念が、四五年八月のロンドン会議において確立されました。②の指導者責任観については事後法に相当するとの自覚を共有しつつ、①戦争違法観と②指導者責任観が共に確立さ

れたのです。革命と呼ばれるゆえんでした。

ここで、指導者責任観が新しい法概念だとの認識が、同時代の当事者にもあったことを確認しておきたいと思います。東京裁判が開廷され、四六年六月四日から始まった検察側立証の劈頭陳述において、キーナン主席検察官（アメリカ代表）は指導者責任観について次のように述べています。いわく「国際法上の最も重大な問題の一つであり、かつ恐らくその唯一の新しい問題」。いわく「個人が国家の首脳者として公の資格に於て犯した不法行為に付いて、歴史上初めて個人として罪を問われる」、「先例のないものである事を率直に認めます」（新田満夫編集発行『極東国際軍事裁判速記録』第一巻、雄松堂書店、一九六八年、五三頁、第九号付録）と。

弁護側代表の清瀬一郎が、四七年二月二四日から始まった弁護側立証の冒頭陳述において「主権ある国家が、主権の作用として為《な》した行為に関して或る者が当時国家の機関たりしとの故《ゆえ》を以《もっ》て個人的に責任を負うというが如《ごと》きは国際法の原理としては」、一九二八年においてはもちろんのこと、その後においても成立していない、との主張を展開したのは、ある意味当然のことでした（前掲『極東国際軍事裁判速記録』第四巻、雄松堂書店、一九六八年、四一一頁、速記録第一六六号）。検察側、弁護側ともに、②の指導者責任観が、国際法上の概念として新しいものだ、との自覚を持っていたということです。

2　指導者責任論が成立した背景

侵略戦争を国際犯罪とみなす必要性

それでは、四五年までの旧来の国際法の了解では、戦争責任はどのように負われるべきだとされていたのでしょうか。それは、国家＝国民全体の負うべきものとされていたのです。戦争責任の負い方としては、相手国への領土の割譲や賠償金の支払いという形をとって、実態的には敗戦国民が全体で背負うもの（＝国民責任論）と考えられていました。日清戦争において清国が賠償金支払いと台湾割譲を日本に対して行い、日露戦争においてロシアが東清鉄道南支線や南樺太の割譲を同じく日本に対して行い、第一次世界大戦においてドイツが巨額の賠償金支払いと植民地の実質的割譲（委任統治という形をとりましたが）を連合国に行ったことは、第一次世界大戦までの戦争が、国民責任論に基づいて戦後処理されてきたことを物語っています。国民責任論は、賠償金の支払いや土地の割譲という方法で実現されますので、経済的な負担を敗戦国民に負わせるということになるのです。ニュルンベルク裁判に先立つロンドン会議において、戦争責任は国民全体ではなく戦争指導者だけに負わせる、とのアメリカ主導の考え方が連合国の合意とされたことで、戦争責任をめぐる国際法は劇的に変容しました。

それでは、戦争責任を国家＝国民全体ではなく、戦争指導者に負わせるとの指導者責任論は、なぜ生まれてきたのでしょうか。大沼の研究によりながら、ロンドン会議をリードしたジャクソン米国最高裁判事の考え方を二点指摘しておきます。(i)アメリカが主張してきた「無条件降伏」という戦争終結方式をドイツや日本に対して採る時、国民責任論のままでは「戦争に敗北すれば国民は奴隷とされてしまう」と説く、敵国プロパガンダの格好の材料となってしまい、かえって絶望的な抵抗を招くので、国民と指導者とを明確に分断する必要があったこと。(ii)侵略戦争は「国際共同体に対する犯罪」であるとの考え方、すなわち「侵略戦争は国際犯罪」であるとの見方が生まれ、ならば、犯罪に対する刑事罰は個人が受けるのは当然との発想につながったこと。

注目すべきは(ii)で、大沼は(ii)について端的に、「ジャクソンは、観念的行動体としての国家行動の違法性の強調表現たる「犯罪」の用語に、国内法上の「犯罪」が当然に内包する個人の刑事責任の観念を結びつけることにより、これに新たな意味を付与したのであった」（大沼前掲書、二七二頁）とまとめています。

中立の義務、公平性

次に、(ii)のような考え方が、いかなる経緯でアメリカの中で誕生してくるのか、その過程について考察を進めましょう。つまり、侵略戦争を国際共同体に対する犯罪ととらえる発想がなぜ誕生してくるのか、その理由を考えたいのです。この「問い」を考えることで、世界と日本における一九三〇年代の歴史の特質が浮き彫りになるはずです。

ここで「問い」を別の言葉で言い換えておきましょう。侵略戦争を国際共同体に対する犯罪だとする発想がアメリカにとってなぜ必要とされたのか。「問い」を考えるためのヒントとしては、敵対する国家が行った戦争行為を、自らの国家が行った戦争行為と区別した上で、それは戦時国際法の規定する

「戦争」ではなく「犯罪」だと認定できれば、「戦争」の範疇である場合に国際法で規定されるところの種々の法的しばりを受けることなく行動する自由を自国は享受しうるだろう、との予測が挙げられます。自国の武力行使を「犯罪」に対する取締り行為あるいは制裁行為として正当化できる時、自国は犯罪に対して罰を与える主体、相手は犯罪を行う主体、との対比が自覚化されるでしょう。さらに、このような対比が可能になることで、伝統的な中立概念の要求する種々の制約を吹き飛ばす契機が生まれてきます。

一七世紀の思想家にして国際法の父・グロティウス以来の古典的な中立概念が要求する中立国の義務として最も重要なことは、双方の交戦国に対する「公平」の原則でした。交戦国を差別的に扱ってはならないということです。そのうえで、中立国には、①容認義務（中立国の海上交通を交戦国が封鎖あるいは船舶を海上捕獲した場合、中立国はそれを容認しなければならない）、②回避義務（中立国は交戦国に軍事援助を与えてはならず、軍需品を売却してはならず、交戦国の公債に保証を与えてはならない）、③防止義務（交戦国が中立国の領域を軍事的に利用するのを中立国は実力をもって防止しなければならない）などの制約が課せられていました（加藤陽子「アメリカ中立法と日中戦争」『模索する一九三〇年代　日米関係と陸軍中堅層』第二章、山川出版社、一九九三年、新装版二〇一二年）。中立国たるもの、交戦国による戦争に巻き込まれずに中立を謳歌したいのであれば、容認・回避・防止という義務を負って当然、との発想からきていることは見やすい論理でしょう。

一方に対する差別的な経済制裁

しかし、時代も二〇世紀を迎え、第一次世界大戦が総力戦として戦われた結果、世界は経済制裁というものの効力を嫌というほど知ることになりました。軍事的には優っていたドイツが最終的に敗けた要因として、英米等による対独海上封鎖があったことはよく知られています。この経験をもとに、大戦後、二〇年に創られた国際連盟が、侵略国の戦争継続や拡大の意欲を効果的に殺ぐ手段として、経済制裁を用いようとしたのは当然の流れだったでしょう。国際連盟規約第一六条は、連盟によって侵略国と認定された国に対し、連盟加盟国はいっさいの通商上金融上の関係を断絶しうる、との経済制裁を内容としていました。

その際に重要なポイントは、連盟加盟国が侵略国に対してのみ経済制裁を行うと了解されていた点にあります。連盟加盟国は、侵略国に対して宣戦布告をするわけでも参戦するわけでもなく、中立国の位置に留まりながら経済制裁を差別的に行うことになります。このような行為は、古典的な中立概念では許されないことでした。旧来の中立概念であれば、侵略国と被侵略国の双方の交戦国に対し、中立国は公平と回避の立場をとらなければならなかったからです。さらに、二一年の第二回連盟総会の決議では、連盟規約第一六条の執行方針として、侵略国の非戦闘員への食糧輸送の阻止、飢餓封鎖をも含む、と確認されるまでになっていました。

連盟規約上は存在した経済制裁が現実に発動されたのは、二九年の世界恐慌、三一年のイギリスの金本位制離脱を経たあと、三〇年代なかばのことでした。三五年一〇月のイタリア・エチオピア間の紛争に際して連盟総会は、イタリアを侵略国と宣言したうえで同条に基づく経済制裁の適用を決定します。その際の、連盟加盟国ではなかったアメリカのとった行動は注目にあたいします。アメリカは三五年八月の中立法をイタリア・エチオピア戦争に対して発動し、連盟と共同歩調をとりました。アメリカがこの時点で発動した中立法は連盟の経済制裁とは違い、字面の上では、交戦国双方に無差別に武器・弾薬・軍用機材の禁輸を適用するものでした。

しかし運用という点で、三五年のアメリカ中立法は、イタリアに対して不利に作用しました。連盟の方針では石油類は禁輸項目には入らなかったにもかかわらず、アメリカにおいては石油のような日用品を扱う荷主への圧力や警告がなされたのです（Edwin Montefiore Borchard, *Neutrality for the United States*, New Haven: Yale University Press, 1940, p. 320）。また、当然のことですが、アメリカから武器・弾薬・軍用機材を購入することができたのはエチオピアではなくイタリアでしたので、実質的には交戦国双方に対しての公平原則は破られていたといえるでしょう。

イタリア・エチオピア戦争に中立法を適用するにあたって、時のアメリカ大統領ローズヴェルトは、平和促進のため平和国家と協調する方向での自由裁量が大統領に与えられてしかるべきだとの意見を持っていました。このような大統領の考え方を、いま一歩進めれば、ある種の国家の行為が国際犯罪であるならば、自国は中立の位置に立ちつつ、侵略国に対して公平と回避の義務を負うことはない、との考え方が生まれます。自国を中立の地位に置きながら、侵略国に対して差別的な行動をとれるとの発想でした。

「中立」アメリカの経済的威力

しかしながら、連盟の経済制裁に参加する国、あるいはアメリカのように中立法を発動して連盟の経済制裁に参加する国の経済の規模と力が尋常ならざるものであった場合、やっかいな道義的な問題が発生しうることになります。イェール大学ロースクール教授ボーチャードの批判は、まさにこの一点を抉るものでした。ボーチャードは四〇年に出版された『アメリカの中立』の中で、三〇年代のアメリカが、古典的な中立概念を変更し、中立法を経済制裁の手段として用いようとしたことに対し「外国の戦争を短期的に終らせるのに禁輸を用いるという道義的な目的は、新しい概念を生みだした。それは、戦争を防止しなかったという理由でその国民を餓死させるのが中立の機能であるという概念である」と辛辣な批判を展開していました（Borchard, *op. cit.*, p. 325）。

絶大な経済力を持つアメリカが、自国の中立法を経済制裁の手段として用いることの意味の政治的重要性について、同時代のドイツの政治学者が気づかなかったはずはありません。第一次世界大戦においてイギリスの行った経済封鎖に最も苦しめられたのはドイツだったからです。カール・シュミットは三二年の論考「政治的なものの概念」において、「経済に底礎された帝国主義は当然のことながら信用封鎖、原料封鎖、外国通貨の信用破壊等のごときその経済的権力手段を思うように使うことができ、かつ、それで万事事足りるような地上の状態をもたらそうと努めるだろう」（長尾編『カール・シュミット著作集I』、三〇一頁）と述べています。

むろんここにいう「経済に底礎された帝国主義」国とはアメリカを指しています。この時点でのシュミットはいまだナチス法学への加担者としての立場をとっていたわけではなく、武力の威力で相手国に政策の変更を迫る行為と、経済の威力で相手国に政策の変更を迫る行為には、果たしてどれだけの質的な差異があるのか、この点について原理的な考察を加えたものでしょう。前者が侵略で後者が平和的だと簡単に割り切れるのだろうか、それが、シュミットの懐いた「問い」でした。

ジャクソンのハバナ演説

このような、ボーチャード、シュミットらの考察が指摘した、ある種の真理に対し、アメリカが用意した最終的かつ包括的な反論が、四一年三月二七日、ハバナで、当時は司法長官であったジャクソンによってなされた演説でした。まさに、四五年六月のロンドン会議を仕切ったジャクソン主席検察官その人が、四一年三月の演説で何を述べていたのかは気になるところです。ジャクソンは旧来の中立概念が課す公平性や回避義務をアメリカが無視してよい理由を以下のように述べました（大沼前掲書、一三九頁）。

現在行われている侵略戦争は国際共同体に対する内乱である。現在進行中の明らさまな侵略に対しては〔中略〕米国及び他の諸国は差別措置をとる権利を主張できる。

四五年八月のロンドン会議の考え方が四一年の時点で既にみられる点にまずは驚かされます。さらに注目されるのは、ジャクソンの議論が、アメリカを中立違反とする非難に対し、その批判を封ずる論理を構成していたことです。侵略戦争は国際共同体に対する内乱であるから、それを起こした者に対する取締り＝制裁を課すにあたってアメリカは公平性に縛られることなく、差別的に振る舞うことができるのだと。侵略戦争を国際共同体に対する内乱と捉える視角は、戦後のロンドン会議において、戦争指導者に刑事罰を与えるための根拠となりましたが、戦前のハバナ演説においては、アメリカを中立義務違反との非難から救う根拠をなしたのです。

よく知られたように、三九年九月一日に勃発した第二次世界大戦に際して、アメリカは中立を保ってきました。しかし、(i)三九年一一月三日のアメリカ中立法の修正（武器禁輸を撤廃し、交戦国への輸出を現金・自国船主義に変える。現金・自国船主義とは、物品の輸入にあたって、現金での前払い、かつ自国の船舶での輸送を条件とすること）、(ii)四〇年九月三日の米英防衛協定の調印（アメリカが駆逐艦を五〇隻提供することの見返りに、イギリスはニューファンドランド、バミューダ、英領西インド軍事基地をアメリカへ貸与）などは、旧来の考え方からすれば中立違反といわれてもしかたのないものでした。四一年三月二七日のハバナ演説が、同年三月一一日の武器貸与法の成立後になされた意味はここにあります。三九年九月から四一年三月までの期間、すなわち武器貸与法制定以前にアメリカが実施した中立違反相当の事案について、あからさまな侵略＝内乱に対してアメリカは「差別措置をとる権利」があるとの観点から、一括して正当化したということになります。

ここで四一年三月の武器貸与法の内容をみておきましょう。本法は、合衆国の防衛に必要であると認められる国、具体的には、英国、ソ連、中国、フランスその他の連合国などに対し、大統領の判断によって、武器またはその他の物品を売却・貸与・無償譲渡できるとした法でした（有賀貞ほか編『世界歴史大系　アメリカ史　2』山川出版社、一九九三年、二九九頁）。この法を制定することでアメリカは、それまでのように「中立のふり」をせずともよくなったのです。

3　一九三〇年代アメリカの「中立」

「中立」アメリカと日中戦争

それでは、武器貸与法が成立する以前、アメリカが中立状態のまま英仏援助の立場を明確にして連合国をターゲットとした軍事援助に踏み切る以前、すなわち三〇年代の世界において、アメリカの「中立」（あるいは「中立のふり」）が東アジア情勢に持った意味について考えてみましょう。交戦国に対して「差別措置をとる権利」を公然と主張し始めた四一年三月以前のアメリカの立場を確認しておきます。

太平洋戦争開戦五〇周年を記念して九一年、山中湖で開催された国際会議において、日米開戦について優れた著作のあるウォルドー・ハインリックスは三〇年代の東アジアにシステムがなかった点が問題であったとまとめた後、次のように日本とアメリカを位置づけています（細谷千博ほか編『太平洋戦争』東京大学出版会、一九九三年、六四八頁）。

それからアンチ・システムの国が二つあったわけです。一九三〇年代の日本。アウタルキーを求めていた自己中心的な国でした。三〇年代のアメリカもそうです。

三〇年代におけるアンチ・システムの国として、日本とアメリカを一括して見る視角が非常に興味深いと思われます。アンチ・システムの国とはいえ、アメリカはその時々の国際情勢に応じて中立法の内容を修正し、改定しつつ用いることで、対外的国際的に大きな影響力をもっていました。カール・シュミットは、三二年に著した論考「現代帝国主義の国際法的諸形態」の中でアメリカの力を次のように表現しています（長尾編『カール・シュミット著作集　I』、三三一頁）。

かかる弾力性、広い概念を用いて全世界の人々にその尊重を強制する能力、これこそ世界史的重要性をもった現象である。決定的重要性をもった政治的概念において重要なのはその解釈者・定義者・適用者である。〔中略〕人類一般の法生活・精神生活において千鈞《せんきん》の重みをもつ現象の一つは、真の権力者とは自から概念や用語を定める者であることである。

アメリカ中立法は、一八世紀以来の歴史をもっており、ひとくちに中立法といっても、二〇世紀においてだけでも、一五年三月の法、一七年六月の法、三三年一月のボラー決議案、三三年四月のマクレーノルヅ決議案、三五年八月の両院合同決議（両院合同決議とは大統領の署名後、法律と同等の効力を有するもの）、三六年二月の両院合同決議、三七年五月の両院合同決議、三九年一一月の両院合同決議などがありました（横田喜三郎「アメリカ中立法の研究」、一又正雄ほか編『時局関係国際法外交論文集』巌松堂、一九四〇年）。

三七年七月七日に偶発的に勃発し、後に日中戦争と呼称されることになる日中間の紛争に際して、日本と中国双方の戦争の形態に大きな影響を与えたのが、三七年五月に制定されたアメリカ中立法でした。これは、イタリア・エチオピア戦争に発動された三五年の中立法とは違い、法律としての体裁が整っています。内容としては、①武器・弾薬・軍用機材の禁輸、②戦争状態の認定について大統領の裁量権を認める、③交戦国の公債・有価証券の取扱いの禁止、交戦国への資金・信用供与の禁止、④物資・原材料の輸出制限（現金・自国船主義による）など包括的なものでした。

宣戦布告の可否を左右した中立法

日本側を苦しめたのは、②と③の項目だったと判断できます。日中戦争がアメリカ大統領によって戦争と認定されれば、日本にとって重要な、アメリカ金融経済市場を通じた決済や資金調達が不可能になってしまう点が懸念されていました。中国に比べて金と船舶を多量に有していた日本にとって、④の現金・自国船主義は、むしろ日本に有利な条項だと見なされていました。アメリカ中立法が日中戦争に適用されるかどうかが、日本にとって悩ましい問題であったことは、宣戦布告の可否をめぐり、内閣第四委員会において、企画院次長、外務・大蔵・陸軍・海軍・商工の五省の次官をメンバーとし、宣戦布告の利害を研究していたことからもわかります。三七年一一月のことでした（加藤前掲書、七〇頁）。

興味深いのは、中国に対して日本が宣戦布告を行うかどうか、その可否につき、外務・陸軍・海軍三省が費やした議論の大部分が、アメリカ中立法発動の可能性の有無に向けられていたことです。宣戦布告する場合の不利益の第一に挙げられていたのは、アメリカ中立法が発動されることにより、日本の貿易・金融・海運・保険に波及する影響が甚大、との判断でした。

三七年八月中旬から上海・南京の戦場で戦われた日中間の戦闘は、蔣介石《しょうかいせき》のドイツ人顧問をして「ヴェルダン以来、最も激しい戦闘」と表現されるものでしたが、日本は中国に宣戦布告せず、また中国も宣戦布告しませんでした。日本が宣戦布告しなかった理由は、アメリカ中立法を避けるためでした。

外務・陸軍・海軍三省が摺り合わせた文書からわかることは、宣戦布告を行う利点も多かったことで、宣戦布告すれば、(i)戦時国際法の認める軍事占領・軍政施行など、戦時国際法で定められた交戦権の行使が可能となる、(ii)中立国船舶への臨検・戦時禁制品の輸送防遏《ぼうあつ》・戦時海上封鎖が可能となる、(iii)賠償を正当に請求できる、などが挙げられていました。宣戦布告には有利な面もあったということです。

以上をまとめて、三八年に著された論考「戦争概念と敵概念」中の言葉でシュミットに慨嘆させれば、「宣戦布告をすると当然に不法行為者の烙印をおされてしまうから、宣戦布告は危険なものとなった。それればかりではない。非軍事行為が最大の有効性と直接性とをもった敵対行為たりうる反面、力を込めて荘重に友好的意図を標榜しつつ軍事行動を遂行しうるようになった」(長尾龍一編『カール・シュミット著作集 II』慈学社出版、二〇〇七年、一〇五頁)となるでしょう。「それればかりではない」、のあとに続く「非軍事行為が最大の有効性と直接性とをもった敵対行為」という部分の主語をアメリカと、「力を込めて荘重に友好的意図を標榜しつつ軍事行動を遂行」という部分の主語を日本と読めば、シュミットの指摘のはらむ、ある種の真実性を否定することは簡単ではないと思われます。

4　日中戦争を語る語彙から見えるもの

奇妙な戦争の現代的意義

日中戦争を表現する際の日本側の語彙が変化していくのは、まさに、シュミットの論考「戦争概念と敵概念」の書かれた三八年からでした。第一次近衛文麿《このえふみまろ》内閣において、首相のブレインであった知識人グループ、昭和研究会作成と推定される「現下時局の基本的認識と其《その》対策」（三八年六月七日付）には、次のような、日中戦争の性格づけが見られます。「戦闘の性質――領土侵略、政治、経済的権益を目標とするものに非《あら》ず、日支国交回復を阻害しつつある残存勢力の排除を目的とする一種の討匪戦《とうひせん》なり」。目の前の戦争を、日本側は匪賊《ひぞく》を討伐するという意味で、討匪戦と呼んでいました。

ここで私は、近衛内閣がブレインとした昭和研究会など知識人グループの戦争認識の不適切さを述べたいのではありません。三二年の論考「現代帝国主義の国際法的諸形態」でシュミットが述べていた「真の権力者とは自から概念や用語を定める者」を想起する時、昭和研究会はさすがに当時の第一級の知識人を網羅していただけあって、「自ら概念や用語を定める者」であるアメリカに似せて、自らの新しい戦争の「かたち」に名前を与えていたのではないか、との見方を示したかっただけです。三〇年代の世界と日本の歴史を眺めていますと、将来的に東アジアあるいは環太平洋地域の「真の権力者」となるはずのアメリカが創出しつつあった新しい国際規範を横目で確認しつつ、自らの遂行する戦争の「かたち」、戦争の「かたち」だけを、アメリカ型の新しい規範に沿うよう必死に造型していた日本の姿がどうしても目に浮かぶのです。

政治の民主化、経済の自由化を掲げ、世界の平和と人道の擁護者として、侵略戦争を国際共同体に対する内乱＝犯罪であるとするアメリカ。「概念や用語」の定義を定める者であるアメリカ。三〇年代の日本が、そのようなアメリカの強い影響下にあり、アメリカの定める「概念や用語」を形式的に模倣しさえしていたといえば、読者の皆さんは、そんな馬鹿な、と思われることでしょう。しかし、たとえば、目の前で戦っている相手国を国家として認めず、あたかも「国際共同体に対する内乱」を起こした者と見る視角は、すでに見たことがあるはずです。

アメリカの場合、四一年三月、ハバナにおいてなされたジャクソン演説がそれにあたります。日本の場合、第一次近衛内閣の最初の声明、三八年一月一六日の「国民政府を対手《あいて》とせず」声明がそれにあたります。続く、三八年一一月三日の「東亜新秩序」声明、同年一二月二二日の「近衛三原則（善隣友好・共同防共・経済提携）」声明は、戦っている相手に対して「力を込めて荘重に友好的意図を標榜しつつ軍事行動を遂行」（シュミット「戦争概念と敵概念」）する行為にあてはまります。日本の三つの声明を並べれば、支離滅裂なアクロバティックなものに見えます。しかしこれは、新しい戦争概念のもとで必ず発生する二つの行為のうち、最大の有効性をもった非軍事的な敵対行為に対してとられる、もう一つの行為、「友好的意図を標榜しつつ軍事行動」を継続するという、典型的なパターンにあてはまっています。

私が『シリーズ日本近現代史　第5巻　満州事変から日中戦争へ』で描いたのは、これまで述べてきたような、新しい国際規範がアメリカ主導で創出されつつあった三〇年代、「概念や用語」の定義者となってゆくアメリカに対し、「概念や用語」の解釈をめぐり、日本がいかに自らの行為を正当化しようと図ったのか、その全過程についてでした。二〇年代まで時代を遡り、「概念と用語」をめぐる攻防、具体的には、①二〇年の新四国（米英仏日）借款団加入時の「満蒙特殊権益」解釈、②二八年の不戦条約締結時の自衛権解釈、③三一〜三三年のリットン報告書中の日本の在華「特殊権益」解釈、④三七年のアメリカ中立法と日中戦争宣戦布告問題、などを描きました。

戦争一色の時代に見える三〇年代ですが、シュミットが「激しい対立はその決定的瞬間において言葉の争いになる」（長尾龍一『カール・シュミットの死』木鐸社、一九八七年、一六二頁）と述べているように、この時代の歴史は、むしろ語彙と概念をめぐる闘争の時代であったといえるでしょう。

　そうであるからこそ、軍事力ではなく、経済力でもなく、言葉の力で二一世紀を生きていかなければならないはずの若い世代の方々には、是非ともこの時代の歴史に親しんでいただきたいと願うのです。また、自らが生をうけた時代であったが故に距離感をもってこの時代を眺めることができなかった世代の方々には、中立法を経済制裁の手段として使おうとするアメリカ流の法概念の面白さなどから入ることで、いわば時代を鳥瞰図として眺める姿勢を身につけていただければ、書き手としてこれ以上の喜びはありません。

第5章　総力戦下の政―軍関係

この章はもともと、「戦争の政治学」をテーマとする『岩波講座　アジア・太平洋戦争』第二巻の巻頭論文として書かれた。講座執筆時には紙幅の制限があったため、長く書いた元原稿を圧縮して掲載したが、今回はその長いヴァージョンの元原稿を収録した。軍の政治介入の度合いを測るファイナー理論は、日本に当てはめると、実感よりも軽微な評価となる傾向がある。それは、日本の軍部の場合、国内でクーデターを起こす暴力装置としての危険性よりも、外国と事を構えることで既成の国内政治体制を揺るがせ、国際システムを阻害する危険性という、特異な性格を持っていたからだろう。一九三〇年代初頭のロンドン海軍条約と満州事変は、統帥権をめぐる天皇と軍隊との関係、兵力量をめぐる省部（軍政と軍令）の力関係を決定的に変容させた。特に満州事変は、天皇の指揮権＝統帥権が、軍エリート自身によって解体された事件だと位置づけられる。

はじめに

第一次大戦の衝撃や、中国との長期にわたる実質的戦争の遂行という現実によって、戦前期の日本の政—軍関係（以下、政軍関係と記述する）[1]はいかに変容したのか、また、その変容はその後の戦争指導をいかに規定していったのか。体制変革という点で、戦争が革命を代替してきた日本にとって、政軍関係はもとより重要な問題である。さらに、冷戦体制の崩壊後、湾岸戦争からイラク戦争までを経験した世界にとっても、政軍関係は十分検討に値しよう。軍による政治介入の問題は、今なお世界に遍在する問題だからである（スヴェン 二〇〇三）。

1　政軍関係論と第一次大戦

政軍関係論は一般に、政府のなかに占める軍組織のフォーマルな機構的地位、国家や社会に対する軍人グループのインフォーマルな役割と影響力、軍部と文民それぞれを支えるイデオロギーの性格など、相関的に対象を捉えられる分析視角である（李 一九八七）。ひとくちに政軍関係論[2]といっても、ただちに想起されるものだけでも、政府と軍事組織、政党と軍部、軍政機関と軍令機関など、これらの二項の間にみられた対立・協調関係などのきわめて広い論点をカバーする。近代日本を分析する際、政軍関係論はいかに登場し、いかなる問題を明らかにしてきたのだろうか。

1　二つの問題意識

近代化過程

政軍関係について、一つ目の基本的な問題意識は、近代化のモデルを探ろうとする希求から生じた。貴族政あるいは身分的支配秩序から民主政への転換過程においては、シヴィルとミリタリーとが機能的・制度的・価値的に分離し、政軍ないし民軍の分化を前提とした関係が成立する、とみるモデルである（三谷 一九九〇）。トクヴィルの『アメリカのデモクラシー』やスペンサーの『社会学原理』が早くから提起していた問題、すなわち、文明・社会の発展段階と、軍国主義・戦争・対外侵略との関係を相関させて論ずる姿勢を継承する視角といえよう。こうした視角によって、藩閥のリーダーが政軍を束ねる統合主体として機能した藩閥政治期には、軍部への事実上のシヴィリアン・コントロールが機能し、政軍関係は軍内関係として発現するさまが分析された（三谷 一九九七、北岡 一九九〇）。藩閥に代わり政党が政策の統合主体となると、軍部に対するシヴィリアンの影響力を行使すべく、政党はさまざまな制度的シヴィリアン・コントロールを確立しようと努める。軍の政治的独立領域の観のあった、植民地における特権を政党側に奪還する努力もなされた（森山 一九九一）。

しかし、政党勢力の伸張する日露戦争後の時期は、同時に、シヴィリアン・コントロールを排除するための制度的枠組が完成しつつある時期でもあった（吉田 一九九四）。国制上の基本原則たる「兵政分離の原則」＝統帥権独立に加えて、すでに日露戦争前には、①統帥機関及び陸海軍大臣による帷幄《いあく》上奏《じょうそう》（軍令事項について、国務大臣の輔弼を経ずに大元帥たる天皇に上奏すること）（永井 一九九三）、②軍部大臣現役武官制が確立していた。ついで日露戦争後、③軍令の制定と帝国国防方針の策定がなされ、大正政変を機に山本権兵衛内閣が軍部大臣現役武官制を改正すると、逆に陸軍は④「陸軍省参謀本部教育総監部関係業務担任規定」を改定し、現役規定削除の影響が陸軍部内に及ばないようにした。政党側はこうした枠組を崩そうと努め、その成果は①植民地長官武官制の改正（一九一九年）、②海軍大臣の文官事務管理（二一年、三〇年）、③陸海軍政務次官の設置（二四年）、などとして実現した（以下、年代表記は、章の初出以外、一八、一九の部分は省略し、誤解の生じない範囲において下二桁で表記する）。このように、政党内閣期の政軍関係は、政党と軍部間の権力の配分をめぐる闘争過程として描かれる。

国民との関係

上述の、政治学・社会学の根幹にかかわる、近代化への希求から生じた問題意識に対して、日本史学からの立場は、こうした見方では把握できない領域を早くから発掘した（由井 一九七三、吉田 一九七八）。それが、国民と軍、社会と軍の関係であり、これは政軍関係の基本となる二つ目の問題意識を形成する。アングロサクソン系の国々と異なり、また、第一次大戦期までのドイツと同じく、政治と軍事が並列的、対等的に発達した日本においては、厳密な意味での文民統制は行われなかった（雨宮 一九九七）。理念型としての政軍関係研究が成立しにくい現状を逆手にとり、社会や国民と軍隊との関係を広く射程に入れた研究がなされたのである（吉田 一九九四）。その立場を発展させて、纐纈厚はその著書で政軍関係を「統帥権独立制による社会的統合を目標とした軍部（軍事）と、これに対抗して民意による社会統合を実現しようとした政党（政治）との相互関係」と位置づけ、社会統合の主体として競合しあう軍部と政党を描いた（纐纈 二〇〇五）。

また、こうした問題意識は、国民の思想や教育に対して軍が積極的に関与していく構造をも射程におさめうる。憲法で必任義務を課し、徴兵制軍隊に依存した日本は、平時において志願制をとる国家と比べて、社会生活上の軍隊と国民との結びつきはもともと強かった。しかし、第一次大戦が総力戦として戦われたことにより、これまで現役兵を基幹としていた日本の編制思想は再考をせまられ、未教育補充兵を平時から把握し教育する措置がとられるようになる。大衆軍の創出と、戦時における大動員を可能とするような国民の精神的統一の二つを、大戦後の軍は必要としたからである（黒沢 二〇〇〇）。

2 初めての総力戦とその後の政軍関係

戦争指導

この第一次大戦の衝撃は、政軍関係の新しい対象領域をさらに生みだした。一つは、総力戦時代の戦争指導の問題であり、一つは、国際協調的な国際秩序の成立に即応し、裏面で遂行された軍の二重外交の問題である。

専門の論理を体現した軍部と、利害の論理を体現した政党はこの時期、単に対立していたのではなく、他ならぬ政党が戦争指導の主体の一つにまでなっていった。その例として、シベリア撤兵過程を主導した原敬内閣時代の臨時外交調査会の例が挙げられる。この時期は、政党を基盤とした政府への兵政二権の集中とその下における政戦両略の一致が達成されたともいいうる。二〇年代は、軍部（軍事）と政党（政治）との協調による総力戦体制準備期とも位置づけうるのである。

いっぽう、軍部の側からも、理想的な戦争指導の姿が模索された。大戦中三年以上にわたってフランスに駐在してつぶさに欧州大戦を観察し、その後も欧州に駐在した参謀本部員酒井鎬次は、二六年五月「戦時大本営編制・戦時大本営勤務令改正案」(『現代史資料 37 大本営』三三二頁)を完成させた。酒井は「人多くは欧洲大戦の実績に眩惑せられ各国軍の大本営編制を見て直ちに我国に之れを移すことに急なるは我国軍作戦の要求国情等に想倒せざる一種の欧化病なり」と批判し、ヨーロッパの事例を吟味することなく日本に適用する愚を批判した。

そのうえで、「国軍作戦の中枢をなすものは実に人物の精鋭を集めたる小数の人を以てせざれば所謂小田原評議に流れ果敢溌剌たる作戦を行ひ難し」との考えのもとに、国軍統帥にあたる大本営と、国民指導と一般行政にあたる内閣の上部にあって、戦争指導を行う「戦時国家最高機関」を構想し、同機関には、首相、参謀総長、海軍軍令部長、その他勅命によって要請される者の参加を予定した。しかし、酒井案に理解を示していた永田鉄山が幹事をつとめていた作戦資材整備会議(同年七月九日開催)の席においても、すぐに本案が具体化されることはなかった。

総力戦のもとでは、軍事と政治経済などとの境界線が消滅し、他の領域への軍事の進出は必然的なものとなる(山口 一九七九)。しかしそのことは、論理的には、他の領域との協力・関与なしには軍事も成立しなくなることを意味する。その点で、国家総動員準備委員会設置について説明した陸軍当局者の談話は示唆的である(『東京朝日新聞』二六年四月二二日)。

従来戦争の時大本営の枢機に参ずるは〔中略〕ことごとく軍部当局の手で行はれ、総理大臣は単に辛《かろう》じて枢機に参画する位のものであったが、今度の動員令は、電信は逓信大臣をしてなさしめよ、鉄道は鉄相に食糧は農相にという具合に大本営には各大臣が顔を連ねて参画するようになる。

二六年一〇月から陸軍省整備局動員課長となった永田鉄山中佐は、当時「陸海軍によつて将来の国防を保障しようと云ふやうな考へは徒らに過去を追憶するものであつて、将来戦を語るものではない」（『国家総動員と青年訓練』一九二六年、一四頁）とも述べている。ここで問題となっているのは、将来に予想される総力戦においては、陸海軍だけによる戦略では戦争指導はできない、政治や経済の全面的な関与が必要となる、との考え方であった。こうして、政治と戦略の一致を求める発想、政戦両略の一致が、政軍関係の重要な論点として浮上した。

二重外交

日露協商と日英同盟という、二国間の同盟条約を多角的に積み上げた東アジア国際秩序は、大戦後、多数の国家の連合体によるヴェルサイユ・ワシントン体制へと、その依拠基準を変えた。しかし、国際連盟規約、四ヵ国条約、九ヵ国条約の要請する戦争違法化や軍縮は帝国主義外交の抑制要因として作用し、日本の対中政策に変容をせまる。北京政府が財政難に陥り内戦が激化する時期、軍部は二重外交にふみきった。第一次奉直戦争（二二年）時、張作霖の日本人顧問が閣議決定を破って段祺瑞の北京脱出を援助した一件はよく知られている（坂野 一九八五）。また、軍が、駐屯軍、派遣軍、守備隊などの現地軍、あるいは大・公使館附武官、駐在武官、特務機関など、軍の出先機関を通じた、外務省とは別の、独自のルートをもっていた点も重要である（安部 一九九五）。

ベルクハーンは、日本を対象とした英語圏の政軍関係研究や、アメリカの近代化論者の政軍関係研究から決定的に抜け落ちていた見方が「国民国家や社会は真空のなかで生きているのではなく、欲すると否とにかかわりなく、ひとつの国際的システムにしばられている」との視角だったと論じている（ベルクハーン 一九九一：一五二）。こうして、国際秩序の阻害要因としての軍部という視角は、日本の政軍関係研究に特有のものとして、逸することのできない一分野を形成する。

問題は、参謀本部が、平時における外国駐屯、とりわけ中国駐屯の軍隊に対して直接の指揮権をもっていたことにあった。国策を推進する原動力として戦争があり、大陸への地歩を固めるのが国策である現状がある限り、陸軍は中国・朝鮮への支配のため影響力を行使しようとし続けるだろう（由井 一九七〇）。

二三年二月二八日に裁定された国防方針（第二次改定）では、陸海軍共通の敵として第一にアメリカの名前が挙げられた。第二次改定は、ロシア帝国の崩壊、日英同盟廃棄、ワシントン海軍軍縮条約という、新しい事態を受けて、「用兵綱領」をも修正するための改定でもあった。五つの節からなる帝国国防方針の第三の節に、次のような文言があることに注意したい（島貫 一九七三）。

政局紛糾　禍機醞醸ノ起因ハ主トシテ経済問題ニ存リ　惟フニ大戦ノ創痍癒ユルト共ニ　列強経済戦ノ焦点タルヘキハ東亜大陸ナルヘシ　蓋シ東亜大陸ハ地域広大　資源豊富ニシテ他国ノ開発ニ俟ツヘキモノ多キノミナラス巨億ノ人口ヲ擁スル世界ノ一大市場ナレハナリ　是ニ於テ帝国ト他国トノ間ニ利害ノ背馳ヲ来シ　勢ノ趨クトコロ遂ニ干戈相見ユルニ至ルノ虞ナシトセス　而シテ帝国ト衝突ノ機

会最多キヲ米国トス。

中国をめぐる問題でアメリカと対立を深めるとの認識であった。この時期、国際協調体制下の二重外交の問題が、政軍関係の新たな二つ目の論点として浮上してくるのである。

2　統帥権の内実の変容

満州事変の発端となる一九三一年九月の柳条湖事件自体は、中国との全面戦争発動ではなく、三三年五月の塘沽停戦協定後、日本と中国国民政府との関係も修復されたかにみえた。優れた外交史研究が明らかにするように、三七年七月の盧溝橋事件勃発までは、日本外交にとっての選択肢はいまだ多く存在した（酒井 一九九二、井上 一九九四）。

しかし、局地紛争から始まった戦争が、国際連盟という場で、世界注視のもとに処理される過程は、たしかに総力戦時代の第二段階を告げるものであった。それは事件を作為した関東軍参謀たちの主観からいっても妥当なものだった。関東軍高級参謀であった板垣征四郎は、三一年三月、「満蒙は対露作戦に於ては主要なる戦場となり対米作戦に於ては補給の源泉を成すものであります。従て満蒙は実に米、露、支三国に対する作戦と最重大なる関係があります」（『現代史資料 7 満洲事変』、一四四頁）と、歩兵学校教官に向けた講演で述べていた。対米対ソ対中作戦は総力戦にならざるをえない。総力戦を支える拠点確保のために、満州事変は計画された。政党内閣制が崩壊し、藩閥も政党も政策の統合主体たる地位を失ってゆくこの時期、政軍関係は以前の時期とは大きくその様相を変貌させる（御厨 一九九六）。

1 天皇の統帥権の変質

持久戦争論

これまでみてきたように、永田鉄山などは、陸海軍による狭義の戦争準備だけでは不十分であると認識し、「欧州の動員は人間本位であり、日本のは工業本位であるところに相違点がある」（「大阪朝日新聞」二六年四月二二日付）とし、産業力育成に力を入れていた。二五年四月、田中義一陸軍大将が政友会総裁となり、翌月には、政友会と革新倶楽部の合同にともなって「産業立国主義」が政友会のスローガンとして吸収されていったのは、こうした意味で象徴的な意味をもっていた（黒沢 二〇〇〇）。マルヌやタンネンベルクにおけるような殲滅戦争を準備するには、長期的かつ大規模な工業動員が必要であり、そのためには、政党と軍部の協調による総力戦体制準備期間が不可欠だとの認識であろう。

しかし、ほぼ同時期、日本の準備すべき戦争のタイプとして、永田とは異なる考え方をもつ軍人、石原莞爾が現れる。二六年から翌年にかけ、陸軍大学で石原が講じた「欧州古戦史講義」は、以下のように述べる（『石原莞爾資料 戦争史論』、四三〇頁）。

若シ貧弱ナル我国ガ百万ノ新式軍隊ヲ出征セシメ莫大ノ軍需品ヲ補給スルモノトセバ年ニ費ス所幾何ゾ 忽チ破産ノ運命ヲ免ルル能ハザルベシ。

ソ連がいまだ軍事的に弱体な間、日本の行うべき戦争は、ナポレオンの対英戦争のごとき、戦争で戦争を養う持久戦であると石原は考えていた。殲滅戦争に不可欠な大兵力の戦線使用や、軍需品準備などの欧州型の総力戦準備は必要ないというのである。二七年、参謀本部作戦課員鈴木貞一と要塞課員深山亀三郎が中心となり組織した装備改善のための研究会に、二葉会のメンバー（陸士一六期の永田鉄山、小畑敏四郎、岡村寧次らが中心となった、人事刷新、満州問題解決を掲げる同志的結合）が合流して結成された組織に木曜会があった。二八年一月一九日の木曜会第三回会合で石原は、日本から「一厘も金を出させない」方針で戦争をしなければならず、それは「全支那を根拠として遺憾なく之を利用せば、二十年でも三十年」でも可能だと述べていた。

このような発想のもとに、中ソ関係が最悪な時をねらって満州事変は起こされた。日本とソ連の対峙する防衛ラインを北の天然の要害にまで押し上げ、ソ連軍の補給地となる北満の沃野を予め奪っておき、中国東北部（黒龍江省、吉林省、遼寧省）への包括的な支配を樹立しようとしたのである。満州事変の結果、日本は経済的には金解禁政策から離脱したのみならず、国際連盟からも脱退する。経済的国際主義と政治的国際主義からの離反を意味した。この過程で注目すべきことは、軍を政治的な影響力から防衛するための統帥権独立が、攻撃的に使用されるようになっただけでなく、増大する軍部の政治的影響力の根拠となる天皇の統帥権の実質もまた、変容を迫られたことである（三谷 二〇〇一）。

奉勅命令

昭和戦前期の外交の失敗を、戦後、外務省が総括した文書に「日本外交の過誤(3)」があるが、広田弘毅内閣と平沼騏一郎内閣で外相を務めた有田八郎は、以下のように回想している。

軍部があそこまでやれたのは、結局外国に兵をおいていたからである。一体奉勅命令というのは内閣が先にこれに同意して上奏していなければ参謀総長が上奏しても出兵の命令は下されないことになっていた。

天皇に直隷する軍隊に向けて天皇自らが下す命令は、天皇の幕僚長である参謀総長に下される。これを参謀総長は、直隷する軍の司令官に「奉勅伝宣」として命令を伝える。この命令を奉勅命令と呼ぶ。有田は、奉勅命令の発出には、参謀総長の上奏だけではだめで、閣議決定が必要だったと述べている。これは何を意味しているのか。

九月一九日、林銑十郎朝鮮軍司令官は、独断、朝鮮軍を満州に派遣しようとした。しかし、金谷範三参謀総長は待機命令を出し、軍は国境線で停止した。朝鮮軍や関東軍は、朝鮮軍司令部条例あるいは関東軍司令部条例が予め指示している任務の範囲内の行動については、独断専行が認められていたが、朝鮮軍の行動は、明らかに司令部条例の範囲を逸脱していた。

奈良武次侍従武官長は、金谷に対し、南次郎陸相を通じ閣議で関東軍への増派決定がなされる必要があると伝え、金谷と南は奈良の要請に従い、南を通じた閣僚説得に努めた。しかし、二〇日、二一日の連日の閣議では、幣原喜重郎外相と井上準之助蔵相の反対により、派兵は了承されなかった。こうして、二一日、林は独断越境した。

この報に接した金谷は、自己の責任で増派の裁可を得ようと帷幄上奏をはかるが、奈良と鈴木貫太郎侍従長は、閣議決定のない帷幄上奏は天皇が許さない、と述べ上奏を阻止した。その結果、出先の朝鮮軍と関東軍、金谷は窮地に立たされることとなった。結局、翌二二日の閣議で若槻礼次郎首相は、独断専行による、朝鮮軍の越境と関東軍の吉林派兵については了承せず、そのかわりに、派兵分の経費支弁については承認した。

二二日午後四時になされた若槻首相の上奏は、朝鮮の増兵には賛成できないが、派兵の事実は之を認めて経費を支出する、というものであった。両義的な閣議決定によって、ようやく、陸相と参謀総長による、朝鮮軍からの混成旅団派遣の追認についての允許が内奏された。

ここで起こっていたことは、出先軍の暴走が参謀総長の帷幄上奏によって追認されてしまうという意味での、異常な事態ではなかった。帷幄上奏による追認は宮中側近により阻止され、閣議も派兵そのものに最後まで同意を与えていない。問題は、東京における事変後の対応というよりは、事変の計画と、事変成功の鍵を握る増派とが、軍エリートによって準備・断行されたその点にあった。満州事変は、天皇に直隷するはずの軍隊への天皇の指揮権＝統帥権の実質が、軍エリートの計画的な意思によって初めて解体されたという意味で象徴的な意味をもっていたのである（三谷 二〇〇一）。

2　兵力量決定をめぐる統帥権の変質

ロンドン海軍軍縮条約

日米関係が緊張し、日本が主観的な危機意識を高めていく際には、海軍がワシントン・ロンドン海軍海軍軍縮会議から離脱していく過程が決定的な役割を果たした。海軍内部では、若槻礼次郎全権がロンドン海軍条約に署名した三〇年四月二二日から、離脱への動きが始まっていたといっても過言ではない。ワシントン会議で決定された主力艦の比率と同比率(米五、英五、日三)で補助艦保有量を制限しようとしたアメリカ側に対して、海軍軍令部は対米七割を主張し、交渉妥結を図る浜口雄幸内閣をゆさぶった過程はよく知られている(伊藤 一九六九)。

海軍軍令部は一八九三年五月、海軍の軍令管掌機関として、海軍軍政機関＝海軍省と、陸軍軍令機関＝参謀本部から独立した。しかし、海軍省と海軍軍令部の関係は、陸軍省と参謀本部のそれとは違っていた。第一二条の編制権が海軍大臣によって担われただけでなく、憲法第一一条の統帥権も海軍大臣と海軍軍令部長の双方で担われた。また、省部事務互渉規程によれば、国防用兵上の見地からの諸般の要求は、海軍軍令部長から商議の形式をもって海軍大臣におこなうこととされていた(野村 一九八〇)。

政府として最後の回訓決定は、四月一日になされた。総理官邸での会合には、首相兼海相事務管理浜口雄幸、軍事参議官岡田啓介、海軍軍令部長加藤寛治、海軍次官山梨勝之進の四名が出席した。浜口は、前日夕方幣原外相から受け取った政府回訓案を、この日初めて海軍側の三名にみせた。浜口の日記によれば、加藤はこの時「請訓案ニハ用兵作戦上カラハ同意スルコトガ出来マセヌ、用兵作戦上カラハ」(浜口雄幸/日記・随感録、四四六頁)と発言している。加藤や岡田の日記で確認すると、たしかに加藤が、全権の請訓案では用兵作戦上同意できないと述べたことは確実だった。ただ加藤は、政府の回訓案に同意できないとは明言しなかった。

事実、加藤は、翌四月二日に上奏しているが、そこでなされたのは政府回訓への反対上奏ではなかった。加藤の上奏を政府案反対の帷幄上奏ではないかと恐れていた奈良侍従武官長は同日の日記に「結論トシテハ、米国提案ニ同意スルトキハ、国防ノ遂行不可能ナリト言フニアラスシテ、米国提案ニ同意スルトキハ、大正十二年御策定ノ国防ニ要スル兵力及国防方針ノ変更ヲ要スト云フニ過キサル」(『侍従武官長　奈良武次日記・回顧録』第三巻、二一七頁)と書いて、大いに安心している。

憲法解釈

当時の通説であった美濃部達吉の解釈では、海軍の兵額決定に関する条約締結行為は第一二条の編制権にあたり、国務大臣輔弼の責任事項であった。この解釈に立てば、理論的には海軍軍令部に何ら相談しなくとも、あるいは反対されても、問題はなかったことになる。当時、浜口は海相の文官事務管理(海相不在時の代理)であった。しかし、時の政府はそこまで美濃部理論に依拠していたわけではない。内閣法制局による当時の解釈は、「軍の編制は国務大臣輔弼範囲に属すること憲法義解に記載せられたる通りなり。尤も憲法第十二条の大権は統帥権と密接の関係を有するが為、其行使の上に於て第十一条の大権の作用を受くるものあり」というものだった。よって、浜口内閣は、政府と統帥部は十分に協議したと答弁し、議会と枢密院を乗り切った。しかし、問題は、その後に起きたのである。

三〇年七月二日に開催された海軍軍事参議官会議においては、「海軍兵力ニ関スル事項ハ従来ノ慣行ニ依リ之ヲ処理スベク、此ノ場合ニ於テハ海軍大臣、海軍軍令部長間ニ意見一致シアルベキモノトス」として、従来の慣行が確認され、さらに允裁を経て、内令の形式をもって海軍部内に発令した。(4) これまでの省部事務互渉規程第七項は「兵力ノ伸縮ニ関シ又経費ニ渉ルモノハ、省部互ニ意見ヲ問議ス」ときわめて簡単に述べていたものだったが、この七月以降の時点では、慣行の確認とはいいながらも、兵力量の決定について省部の「意見一致」が必要であるとの見解、すなわち兵力量の決定については、省部対等の原則がとられるようになった。

軍令部の権限拡大

当時、軍令部長だった加藤寛治がのこした文書中に、三三年一月二三日付の極秘文書「兵力量ノ決定ニ付テ」がある。同文書には陸海軍大臣と参謀総長・軍令部長の署名捺印がある（『続・現代史資料 5 海軍』、六二五頁）。

兵力量ハ国防用兵上絶対必要ノ要素ナルヲ以テ、統帥ノ幕僚長タル参謀総長、軍令部長之ヲ立案シ、其決定ハ此帷幄機関ヲ通シテ行ハルルモノナリ。

本文書は、軍令部長に兵力量の起案権を与えるとしており、従来の前例に変更を迫るものであった。斎藤実内閣のもとで本文書が作成された背景には、三二年一二月に開会された議会の存在があった。政友会の内田信也は、三三年一月二三日、統帥権に関する質問に立ち、ロンドン条約時の統帥権干犯問題が国民思想に甚大な影響を与えたことは、五・一五事件裁判の陳述でも明らかであり、世間の一部には政党や立憲政治が干犯の原因だとするが、それは大なる間違いである、現在、ジュネーブ軍縮会議へ提出中の日本案の兵力量は、憲法のいかなる条章に基づいて決定されたのか、と政府に迫った（『第六四帝国議会衆議院議事速記録』五九巻、四一頁）。それに対する斎藤の答弁は、起案権は海軍軍令部にあるが、最終的な決定の主体は政府にありとする、妥協的なものだった。しかし、ここで注目されるのは、内田と気脈を通じていたと思われる皇道派の荒木貞夫陸相が果たした役割である。荒木は「兵力量ノ決定ハ、御承知ノ如ク、天皇ノ大権ニ属スルモノデアリマシテ、其兵力量ハ国防用兵上ニ絶対必要ナ要素デアリマスカラ、以テ統帥ノ幕僚長デアリマス参謀総長及軍令部長ガ之ヲ立案ヲセラレテ、其決定ハ此帷幄機関ヲ通ジテ行ハレルモノ」と信じている、と答弁した。荒木の発言は、先に引いた文書をそのまま読み上げたものであった。ロンドン海軍軍縮条約時に浜口内閣を攻撃したのと同じメンバーである、政友会と皇道派が、海軍内の強硬派の主張を代弁し、海軍内の政軍関係を大きく変容させたのである。

本覚書は、その後、陸軍省事務レベルの手が入り、「兵力量決定ニ関スル件」についての法制局解釈としてまとめられた。「兵力量ハ憲法第十一條及第十二條ニ関係シ国防用兵上絶対必要ノ要素ニシテ、其ノ決定ハ天皇ノ大権ニ属シ統帥部之ニ参画ス（後略）」[5]。原案、すなわち、四相が署名捺印し荒木が答弁した原案にあった「統帥部之ヲ立案シ」の部分は、「参画」と直されている。これは、陸軍省軍務局による修正であった。

海軍省軍務局も、兵力量起案権や決定のプロセスの変更に同意を与えていたわけではない。三〇年七月二日の内令レベルで十分であるとみる。三三年七月一七日、伏見宮海軍軍令部長と大角岑生海相が商議を遂げた結果、主務局である海軍省軍務局不同意の状態のまま、結局、大臣の一存により決定がなされた。三三年九月二六日、これまでの海軍軍令部条例、省部事務互渉規程に代わり、新たな軍令部令、海軍省軍令部業務互渉規程が制定された。軍令部長の権限を参謀総長の例にならって拡張し、軍令部長の名称も改めて、軍令部総長とした。新互渉規程の第三条で「兵力量ニ関シテハ軍令部総長之ヲ起案シ、海軍大臣ニ商議ノ上御裁定又ハ御内裁ヲ仰ク」とし、軍令部総長に兵力量の起案権を正式に認めたのは、大きな変化といえるだろう。[6]

当時、内大臣秘書官長をつとめていた木戸幸一が作成した「軍令部条例改正ニ関スル件」(『木戸幸一関係文書』、一四六〜一四七頁)からは、海軍部内で進む急激な変容に最も不審を抱いた一人に天皇がいたことがわかる。九月二五日午後、軍令部条例の改正と業務互渉規定について拝謁、上奏、裁可を請うた大角海相に対し、天皇は三点にわたる下問をなし、第一点については、文書をもって回答を迫った。第一点は、今回の改正によって、軍令部総長が「用兵ノ事ヲ伝達スルコト」となれば、海軍を海外派遣する場合の上奏允裁の取扱も慎重になさるべきであると思うが如何、というものであった。第二点は、今回の改正で海相の職権に重大な変更が加えられるが、[7]この点、首相に同意を求める必要はないか、というものであった。

これに対する海軍の回答は以下のようなものであった。第一点の海外派兵については、こと外交並に経費に関することなので、いずれの場合においても、海相・総長意見一致の上でなければ允裁手続きをとらないはずなので大丈夫というものであり、第二点に関しては、今回の改正は海軍内の業務手続の改正なので政府と海軍との関係ではない、よって閣議に諮る必要はないと考える、と答えている。統帥権の主体である天皇の意向は顧慮されることはなかったのである。

熱河作戦

「兵力量ノ決定ニ付テ」が成立しつつあった、三三年一〜二月は、連盟規約第一二条・一六条と熱河作戦との関係から不可避的に生じた問題について、非常に大きな政治的決断がなされた時期であった。関東軍側の主観としては、熱河作戦の必要な理由は、前年三月に建国した満州国に対する、張学良らの東北軍正規兵による挑発行為を討伐するため、ということになろうが、中国や連盟理事会にとっては、まさに連盟が対日勧告案を審議しているその時を狙った新たな戦争と理解されても不思議はない。連盟規約第一二条には「(前略)連盟理事会ノ報告後三月ヲ経過スル迄」いかなる場合も戦争に訴えてはならない、とされていた。これに違反した場合には、規約第一六条が適用され、新たに戦争に訴えた国は、すべての連盟国へ戦争行為に及んだものとみなされ、経済制裁や除名もありうると規定されていた。

つまり、熱河作戦は、日本を、連盟からの除名、経済制裁という不名誉な立場におく決定的な論拠となりえた。しかし、天皇は、三三年一月一六日の時点ではこの点に気付いていなかった。参謀総長に「今日迄のところ満洲問題は幸いによくやって来たが、熱河方面の問題もあるところ、充分慎重に事に当り、千仭《せんじん》の功を一簣《き》に欠かぬ様に」(『木戸幸一日記』上巻、二二五頁)との言葉を参謀総長に与えてしまっていた。牧野伸顕内大臣はことの重大さに気付く。牧野の日記「前々日侍従長より拝承致したる総長宮への御言葉は統帥範囲の事に属し、然かも其影響は場合に依り内閣の問題にも相成るべき事柄に有之、首相に於て承知し可然事と存ずる旨申上げた」(『牧野伸顕日記』、一月一九日条、五三八頁)。

斎藤首相も熱河作戦の重大性に気付き、二月八日、内閣として熱河攻撃には反対なので本日の閣議に諮ると奏上した。これを知った天皇は驚き、奈良侍従武官長に「過日参謀総長に熱河攻略は止むを得ざるものとして諒解を与へ置きたるも之を取消したし。閑院宮に伝えよ」と述べ、事態の重要性を悟った動きをみせた（『侍従武官長奈良武次日記・回想録』第三巻、五一〇頁）。二月一一日、首相は天皇に対して、「熱河作戦を敢行すれば聯盟規約第十二条に依り日本は除名せらるゝ恐れあり、夫故中止せしめんとするも、既に軍部は御裁可を得居るとて主張強く中止せしむるを得ず」と閣議決定の困難な様子を伝えた。天皇は熱河作戦の意味の重さに改めて驚愕したのであろう。侍従武官長は同日「統帥最高命令に依り之を中止せしめ得ざるや」と天皇が「稍興奮遊ばされて」述べたことを記した。牧野は重臣会議を開いて熱河作戦を止めようとするが、西園寺公望は重臣会議に消極的であった。二月一四日「重臣会議を開くとするも、熱河進出阻止の為なれば無駄と思ふ」と述べている（『木戸幸一日記』上巻、二二〇頁）。

結局、作戦は断行された。しかし、二月二三日から侵攻を開始した本作戦は、中国軍の急速な敗退により、圧倒的な勝利を収めた。当時、北京大学教授であった胡適は、僅か二個師団の日本軍が本格的な攻撃を開始すると、三一万の中国軍が「枯れて腐った落ち葉を取り除かれるように敗退してしまった」ことを嘆じ、その主宰する機関紙『独立評論』で「我々は、中国がなぜここまで駄目になったかを深く反省しなければならない。（中略）熱河の惨敗から得た我々の最大の教訓は、我が国の置かれた地位を深く認識し、弱国としての真の復興の道を着実に歩まなければならないということである」と書いた（鹿 二〇〇一）。連盟を頼ったり、実力の裏づけのない対日強硬路線をとったりするのでは国家は危ういとした汪精衛などが中心となり、五月三一日、塘沽停戦協定締結へと動く。自ら連盟を脱退した日本は、除名や経済制裁という不名誉を蒙ることなく、また、中国との新たな関係打開の端緒をも、結果的につかむことになった。熱河作戦をめぐる政府と軍部の経験は、成功体験として、軍の強硬路線を導くこととなった。

3　軍部大臣現役武官制復活(8)

軍の政治介入

軍の政治介入を分析する政軍関係の理論としては、「プロフェッショナリズム」と「二重政府論」をキー概念とするハンチントン、「軍の政治介入」から説明するファイナーのものがよく知られている。こうした理論を日本の一九三〇年代から四〇年代政治史研究に援用しようとする試みも、また、その限界への指摘も早くからなされてきた（李 一九八七、三宅 二〇〇一）。いずれの論者もファイナー理論の不十分さを、クーデター成功による軍事政権樹立がない限り、軍の介入の段階を「間接支配」とみなす点に求めている。日本のように、国内クーデターよりは対外的事件の作為によって変革を図ってきた国においては、独自の考察が必要なのではないか。事実、宇垣内閣流産から林内閣の出現、あるいは米内内閣から第二次近衛内閣の成立、第三次近衛内閣から東条内閣の成立は、「間接支配」ではなく「さしかえ」段階（軍部の圧力により内閣が交代させられる段階）だとみるべきだとの永井和の論もある。永井は、文官大臣のシェアに対して軍人がいかに進出・侵食していったかを分析することで、こうした結論に達した（永井 一九九三）。こうした点に留意しつつ、国内クーデターとしては、この時期、最大のものであった二・二六事件をみていこう。

二・二六事件

丸山眞男は三六年の二・二六事件を、「ファシズム運動」の成熟期と完成期を分ける画期として捉えた（丸山 一九六四）。山口定も軍部が内閣の進退を完全に制するにいたった三六年五月の軍部大臣現役武官制復活をメルクマールとして、二・二六事件後の広田内閣の成立をファシズム政権の成立と捉えている（山口 一九七九）。

事件後の政治過程についての従来の解釈は、右翼と青年将校のクーデターという事態に対し、陸軍中堅層がかねてから研究済みのシナリオ「政治的非常事変勃発ニ処スル対策要綱」（三四年一月五日、片倉衷研究会作成）に従ってカウンター・クーデターを行い、事件後の粛軍や庶政一新に邁進したというものである。カウンター・クーデター成功の第一歩は、迅速な戒厳令によって叛乱軍を鎮圧し、そのことで国民や政府からの信頼を得て、革新的政策を断行する正当性を軍が得られることにあったが、遅れた戒厳令、曖昧な大臣告示によって、シナリオにいう「大衆をして深く軍の処置に信頼せしめ軍の行なう革新行為を容易ならしむ」ことは不可能となった。その結果、事件関係者のみならず、カウンター・クーデター妨害者を確実に除去する必要が生じ、大臣の権限強化を最大の眼目とする一連の軍内改革がめざされたのである。三六年三月二日、陸軍局長・課長会議では「方針ハ軍カ崩壊シタルモノトシテ根本的ニ建直ス」と決定し、石原莞爾も、三月一二日、将来の陸軍のあるべき姿について、次のような提言を行なっている（『石原莞爾資料　国防論策編』、五一四頁）。

軍部自ラ実行力絶大ナル強力主義ニ則リ其組織ニ一大革新ヲ加フルヲ要ス。蓋シ、現下ノ組織ハ合議制弱体主義ニ堕シアレハナリ。

桎梏となった協定事項
山本権兵衛内閣が一九一三（大正二）年、現役の二字を削ったことをうけて、陸軍では一三年七月一〇日「陸軍省参謀本部教育総監部関係業務担任規定」を作成し、従来の「陸軍省参謀本部関係業務担任ノ件」に改正を加えた点は先述したが、新担任規定は、大臣の権限を縮小し、他の二長官に正規の大臣権限を分与したものであった。担任規定のうち人事についての部分は、「将校同相当官ノ任免、進退、補職ニ関スル事項及抜擢候補者決定ノ件ハ、陸軍大臣ヨリ参謀総長及教育総監ヘ協議ノ上、陸軍大臣ニ於テ取扱フ」となった。旧規定にはない条文であった。大臣に人事権があることは明らかであったが、他の二長官との協議を必要とした。さらに、担任規定の細則である「人事ニ関シ陸軍大臣、参謀総長及教育総監ノ協定事項」によって、以降、人事に関する三長官会議が内規化、習慣化した。(9)
二・二六事件後、庶政一新をすすめる中堅層にとって、現役規定を削除した一三年の措置に対して陸軍のとった対応が、合議制弱体主義と捉えられたことは想像にかたくない。大臣の人事権が過度に拘束された挙句、本来必要ではない三長官会議の解釈をめぐって真崎甚三郎教育総監罷免問題が起き（三五年七月）、それを統帥権干犯だと信じた相沢三郎によって永田軍務局長が暗殺され（同年八月）、二・二六事件へと連鎖が生じた。こうして軍内改革の中心は、この大臣権限の修復に向かう。三六年四月二四日、枢密院の審査報告は、陸軍の改正理由を以下のように説明している。一三年の官制改正に伴い、陸軍省と参謀本部及び教育総監部との間の業務分担取扱手続に重大なる変更を加えた結果、事務の重複・人員の不経済が生じ、不便があった、また、二・二六事件の善後措置として、大臣権限の統率威力の確立、軍紀の粛正をはかるため必要であった、というものである。

寺内寿一陸相も、「現行ノ官制ニ於テハ、何時非現役ノ将官ガ、大臣ニ任ゼラレルヤ知ルベカラザルニ由リ、統帥ニ関係アル編制、動員、人事ノ事項ハ、陸軍省ノミニテ之ヲ取扱フコトト為リ、事務ノ重複ヲ来シ不便ヲ生ジタリ」と述べている。こうして、五月一八日、現役規定は復活し、陸海軍省官制改正がなされた（加藤 一九九三）。真崎教育総監罷免を統帥権干犯とした青年将校たちの主張の正当性の根拠であった「協定事項」を事実上無力化すること、協定事項のいらない体制をつくることが、第一にめざされたものであった。

新聞は、大臣の人事権の拡大と三長官会議を連動させて論じている。『東京朝日新聞』と『東京日日新聞』がまったく同文の解説を載せているところをみると、陸軍省の主導による報道であると判断できる（三六年五月一八日付）。

> 陸軍三長官会議／今後解消せん／陸相の閣内地位強化
> （前略）よつて、従来慣行によつて開催されて来た三長官会議も、今後は自然開催されなくなる模様で、陸軍大臣は官制に規定してある如く、陸軍軍政を管理し、陸軍軍人軍属を統督し、所轄諸部を監督するという、大臣本来の職務遂行に専念することとなつた。

同日付『読売新聞』の解説ではさらに踏みこんで、従来、どうかすると三長官会議の本来の意味が忘れられて将官の人事に関し、三長官が同等の権限を有するような誤解も生まれたので、今回の改正で人事行政を大臣のもとに統一したのは適切であったと論じていた。ここでいう「誤解」が、林陸相の人事案を拒んだ真崎教育総監の行動をさしていることはいうまでもない。

経済構想

陸軍の掲げる経済改革構想としては、三四年一〇月一日の陸軍パンフレット「国防の本義と其強化の提唱」がよく知られている。ソ連赤軍のスパイであったゾルゲが「陸軍にとって特に重要な問題は、国民の物的状態をよくすることである。（中略）集団経済の考えをとり入れるようにしなければならない。（中略）新しい経済機構はわが帝国の根底に横たわっている思想に立脚し、国民全体の福祉を増進するものであらねばならない」（『地政学雑誌』三五年八月号）、と見事にパンフレットを要約したように、陸軍は当時、資本主義の本格的改造を掲げていた。

しかし、ソ連が実現した急速な軍備拡張への対応のため、陸軍は、現体制下での経済の効率化を最優先し、財閥との積極的な提携も辞さない方針に転換した（吉田 一九八四）。それは、石原が立案させていた日満財政経済研究会の経済構想「緊急実施国策大綱」（三六年八月一七日）に顕著に現れていた。大銀行の国営化などはもはや論じられることなく、日本銀行の機能拡大、勧業銀行・興業銀行の組織拡大を論じている。国営トラストによる重要産業統制ももはやなくなり、「全資本主義経済機関と之を運営する人物との国家的統制下に於ける総動員の完成」を期待するようになっていた。

このような陸軍の変質に最も敏感に対応したのは社会大衆党であり、同党は「金融資本の産業制覇を促進し、資本平均利潤率を維持することに依つて狭義国防の達成に急ぎ国民生活は蹂躙して省ない」との批判を陸軍になげつけ、一時、陸軍とは距離をとった。この時期の社会大衆党が「ファッショ」と攻撃する際、念頭に置かれていたのは、陸軍とそれを推戴しようとする親軍的新党（陸軍中堅層＋財界大陸派＋政友会中島派＋民政党永井派）に対してであった（吉見 一九七七）。

この時期、陸軍がその経済構想の違いによって、社会大衆党の支持を失ったことは大きかった。社大党が親軍的新党に参加しなかったために、近衛は新党参加への意欲を失った。元来、近衛は荒木貞夫や真崎甚三郎などの皇道派が二・二六事件後の粛軍裁判で厳罰に処せられることを警戒し、この問題で陸軍中堅層を批判していた。それに加えて、近衛をまきこんだ親軍的新党が成功しなかったことは、中堅層の考える政治的な庶政一新策の実現を困難にした。

3 宣戦布告なき戦争

政治と軍事の内的依存性と外的独立性、内的統一性と分裂の可能性という矛盾は、すべての近代国家が不可避的に内包せざるをえない問題であった。しかし、統帥権が拡大し続け、厳密に作動し続ければ、総力戦時代の戦争指導は不可能となる。政府と軍部の双方は、それぞれの思惑から、政戦両略の一致をめざし、さまざまな機構改革を模索し始める（雨宮 一九九七）。その際、内閣の首班として立った近衛文麿は、主観的には、内閣制度を改革し、首相の権限を強化することで、軍部制御を試みた。よって日中戦争期の政軍関係は、近衛による政治改革の動きと、それへの対応を迫られる軍部の動きの、共鳴と対立の構造として描かれる。

1　ナンバー委員会と企画院

中立法

一九三七年七月七日、盧溝橋事件が勃発し、なしくずし的に戦争が拡大すると、陸軍では、なすべき戦争の本質をめぐり意見が対立した。①華北を国民政府から分離し、実質的な占領地行政を早期に行う限定的戦争か（陸軍中央）、②南京・武漢など戦略地点陥落を一気にめざす速戦即決の戦争か（北支那方面軍）。判断が分かれた背景には、アメリカ中立法の問題があった（加藤 一九九三）。大統領により戦争状態にあると認定された国家に対してアメリカは、兵器・弾薬の禁輸、それ以外の物資・原材料の「現金・自国船輸送」による運用、金融上の取引の制限を課すことができた。金融上の決裁を英米に依存していた日本にとって、中立法の脅威は大きく、さらに英米による経済制裁への対策も必要とされた。その結果、各省の総意を迅速にまとめ、方針を決定するため、三七年一〇月、内閣に、第一〜第四、とナンバーのふられた委員会が極秘裏に設置されることになった（渡辺 一九八五）。

第四委員会

事変関係の軍需物資の供給獲得・国際収支均衡維持のための第一委員会、事変に関連して外国が日本に対してとると思われる経済圧迫策に対抗するための第二委員会、事変に関連し中国の経済に関する重要諸事項を審議するための第三委員会、中国に対する宣戦布告の利害を論ずる第四委員会からなっていた。そのうち第四委員会は、企画院次長、外務・大蔵・陸軍・海軍・商工各省の次官からなり、宣戦布告の利害を審議した。利益としては、戦時封鎖が可能となるので中国の戦闘力を減殺できる、軍事占領など交戦権を行使できる、などが考えられ、不利益としては、中立法の発動と、中国に有する治外法権その他の条約上の権利の喪失、が挙げられた。

結局、委員会として宣戦布告を行わないと決定したが、その際、軍部のみでなく、企画院と各省の合議で決定がなされた点に注意を要する。これは他のナンバー委員会でも同様であった。内閣制度改革の観点からみれば、この第四委員会などは、実質的な次官会議といえるだろう。各省を大臣級の次官に管掌させるやり方は、国務大臣と行政長官の分離を図る過程でよく用いられた方法である（山崎 一九四二）。宣戦布告なしの戦争が選択された結果、陸軍省は、中立法適用を回避し、九ヶ国条約違反と名指しされないよう、軍事占領＝軍政施行を行わず、傀儡政権（華北の臨時政府、華中の維新政府）による占領地工作に、早くから着手せざるをえなくなった。戦争の初期段階で傀儡政権樹立工作が動きだすのには、こうした背景があったのである。

企画院

政党と軍部が協調的に国家総動員にとりかかった時期、すなわち、一九二七（昭和二）年五月、田中義一内閣の外局として設立された資源局は、資源を調査研究し、培養助長し、その統制運用計画＝国家総動員計画を策定する、国家総動員の中央統括機関であった（山口 一九七九）。文官スタッフの主導する文官官庁でありながら、資源局には多数の陸海軍現役武官が「被仰付《おおせつけられ》事務官」という形式をとって専任職員として任命されており、この点は軍人の官界進出の顕著な例として特筆される。

三五年五月、岡田啓介内閣のもとで、内閣審議会の下部機関として設置された内閣調査局は、重要政策に関する調査や内閣総理大臣より命じられた重要政策の審査を担当する総合政策立案機関であった(御厨 一九九六)。この調査局を拡充し、三七年五月、林銑十郎内閣のもとに設置された企画庁は、重要政策の起草審査調査を行うべき機関であり、調査局に比べ、首相のブレーントラストとしての側面や閣議に対する影響力が強化されていたといってよいだろう。

三七年八月、華中へ戦争が拡大すると、内閣においては総動員計画の策定が急務とされ、一〇月二五日、資源局と企画庁を併せ、企画院が誕生する(御厨 一九九六、古川 一九九二、池田 一九九七)。その官制第一条には「平戦時ニ於ケル総合国力ノ拡充運用ニ関シ案ヲ起草シ理由ヲ具ヘテ内閣総理大臣ニ上申スルコト」と定められていた。また、第二条では、各省大臣から閣議に提出する案件で、総合国力の拡充運用に関して重要なものは、その大綱を審査し、意見を添え、首相を経て内閣に上申できる旨を規定していた。

政策の統合

この第二条の起草にあたっては、陸海軍の間に少なからぬ対立があったことが知られている。一〇月一日段階の第二条は、各省からの重要政策の上申先を、内閣ではなく首相としていた。このことの意味は大きい。陸軍は、国家総動員事務の統轄に関する権限を首相に与え、その件について首相が各省大臣を指揮しうるように望んでいた。実質的に首相に各国務大臣への指揮権をもたせようとする案である。企画院設置は、内閣参議制の一〇日後、大本営設置の一月ほど前にあたり、その一連の日程を考慮すれば、陸軍中堅層による、また近衛首相周辺による、政戦両略の一致、あるいは政策の統合がめざされていた時期と重なる（加藤　一九九三）。

海軍の反対でこの第二条案は実現しなかったが、こうした案は、近衛やそのブレインがその後、何度も試みる内閣制度改革案の骨子と同様の主張であるので、首相の指揮権の意味するところを確認しておきたい。そもそも、憲法第五五条第一項の規定「国務各大臣ハ天皇ヲ輔弼シ其ノ責ニ任ス」の存在がある以上、首相の権限強化は、①首相の直接の幕下に、幕僚的官庁機構を整備する道と、②他の閣僚に対する首相の統制力を強化する道、によってしか達成されない。国務大臣と行政長官の分離は、②の具体策の一つであった。内閣官制の規定を改正して、国務大臣としての首相の地位や権限を強化することは明治憲法下ではできなかったが、行政大臣としての首相の、行政大臣としての各省長官に対する関係は、直接憲法の関するところではなく、行政法の領域に属する事柄であった。よって、行政事務に関して、首相の立場を各省大臣の上位に置くのは、理論上なんら問題ないと考えられていた（山崎　一九四二）。

さて、企画院こそは、軍人にとって官界進出先としては最大の部署となり、企画院設置を皮切りとして、軍人の官界進出は増加した。進出先の部局としては主に二つの流れがあり、一つ目は、資源局—内閣調査局—企画院—総力戦研究所など、国家総動員関係の調査・計画・立案機関など総動員の系列であり、二つ目は、対満事務局—興亜院—興亜院連絡部などの対占領地・植民地支配関係機関の系列であった（永井　一九九三）。

2　大本営[10]

近衛の大本営設置論

戦争勃発ともに、参謀本部第三課は大本営編制についての研究を開始した。その後、一九三七（昭和一二）年八月一六日、上海に事変が拡大すると海上封鎖の必要から、今度は軍令部から参謀本部へ設置が打診された。しかし、大本営を設置すると軍令機関の役割が決定的に大きくなることを懸念した陸軍省と海軍省の協議により、九月一二日、宣戦布告していない現状での設置は不可であるとして、沙汰やみとなった（『戦史叢書　支那事変陸軍作戦一』）。

しかし、この頃、国務と統帥の余りの乖離に驚いた近衛首相や風見章書記官長などは、首相を構成員とした大本営の設置を検討し始めた（池田　一九九七、加藤　一九九三）。一番よいのは憲法を改正して、統帥権の独立を廃すことだが、これは現実問題としてはほとんど不可能であったので、次善の策として首相を構成員とする大本営案を考えたという。統帥と政務の懸隔をまさに宮中で実感する立場にあったはずの湯浅倉平内大臣も、九月一二日の時点で、大本営設置の必要性を感じている一人であった（『西園寺公と政局』第六巻、八九頁）。

陛下が『陸軍大臣がかくゝのことを申したが、総理の耳に入れておけ』とおつしやつたこととか、また軍令部総長宮が参謀本部にお話しになつたことが、総理や参謀総長宮のお耳に入らないで、石原少将の所でとゞまつてゐるといふやうなことがあつて、非常に不都合である。そこでこれらの点から考へて、大本営でも出来れば、必ず一様に上下左右に話が通じるから、よくはないかといふのが、大本営設置の必要ありといふ理由なのだ。

政界からの要請という点では、九月三日開会の第七二議会で、東方会の中野正剛や第一議員倶楽部の秋田清らは、宣戦布告のない戦争ゆえに大本営設置が不可能ならば、日露戦争の時の桂太郎内閣の故事に従い、総辞職の上、大命再降下から改造を断行して戦時内閣を組織するなど、内閣強化策を講ぜよと要求した。近衛も積極的にとりくむべく答弁した。

内閣参議制

内閣強化の具体策は議会後の一九三七年九月中旬から論じられるようになり、最終的には、一〇月一五日、臨時内閣参議制として結実した。内閣参議は国務大臣の礼遇を受け、「支那事変ニ関スル重要国務」、すなわち、日中戦争に関する政務指導を行うため設置されたものである。官制の審査にあたった枢密院では、参議会が閣議と同様の機能を果たせば、責任内閣制の本質に反するのではないかとの疑義もだされ、運用に最善の注意を払う必要があると審査報告に明記された。参議の期待された役割は「支那事変ニ関スル重要国務」すなわち、日中戦争に関する政務指導を行うところにあったのだろう。参議は、駐華ドイツ大使トラウトマンを通じた中国国民政府との講和問題にも関与していた。任命された参議の顔ぶれは、宇垣一成、荒木貞夫、安保清種、末次信正、町田忠治、前田米蔵、秋田清、郷誠之助、池田成彬、松岡洋右の一〇名であった。

近衛のブレイン組織の一つ昭和研究会の佐々弘雄などは、内閣参議制を「全面的な内閣機構改革の先駆的意義」をもつものと位置づけ、設置が予想される大本営と結びつけ、今後は内閣制度全体の改革が急務であると論じていた。新聞各紙は、国務大臣と行政長官との分離の先駆けをなす新しい試み、と喧伝した。いっぽう、陸軍などは参議が軍を牽制するものではないかと警戒していた。参議は対中和平工作にも関与するようになり、陸軍の恐れは現実のものとなった。そこで、陸海軍上層部は一致して、一〇月下旬、大本営設置に動きだす。これまで、大本営設置を主張する参謀本部に反対していた陸軍省は、なぜ大本営設置に賛成するようになったのだろうか。それについては、陸軍省のなかに、特に軍務局を中心として新しい大本営観というべきものが誕生していたのをみなければならない。

新しい大本営像

陸軍省軍務局で大本営編制案を書いたのは、永田時代の整備局に通算五年いた経験をもつ佐藤賢了軍務課国内班長と、稲田正純軍事課高級課員だった。佐藤は「統帥権の独立は武力戦万能時代の遺物であって、第一次大戦前までのことである。政戦両略は完全に一致しなければならない」(『東条英機と太平洋戦争』)と考え、今度設置する大本営は純然たる統帥機関ではなく、大本営内に首相のほか主要な閣僚を入れ、政戦両略を一致させる案を書いた(『現代史資料　37　大本営』、三四一〜三四三頁)。彼らの作成した一一月二日付の「大本営設置問題に関する陸軍省軍務局案」をみてみよう。

設置される大本営の特色は、「単なる作戦上の便宜に偏することなく、省部、陸海、軍部内外の国務機関をして調和協力一体化せしむるに便ならしむる如く決定することを要す」とされ、政府との関係では、政府との連絡を密にするための大本営会報などの機構を設けるべきだといい、後の大本営政府連絡会議の原型となるべきものを示した。大本営が純然たる統帥機関であってはならず、「国家経営等に関する指導を統一強化する為の推進力たらしめ得る」ことを目指したものであった。平時に参謀本部と陸軍省との関係を定めている業務担任規定を作戦本位に改訂するだけにはとどまらない大本営をつくる、と述べている。

「政務実施の要領」という項目では、大本営に会報を行なうこととし、その参集者には首相、陸相、海相、外相、蔵相、内相、参謀次長、軍令部次長が想定され、幹事は内閣書記官長、企画院次長、陸海両軍務局長が務めるようになっている。政戦両略上とくに緊急重大なる政務事項に関しては、大本営に御前会議を開くことを要請しており、参集者は、首相、陸相、海相、外相、蔵相、内相、参謀総長、軍令部総長、枢密院議長とされていた。

まずは、大本営内でその存在が薄くなりがちな陸軍大臣の地位と随員について明確な規定をおき、ついで、大本営での戦争指導大綱、一般軍事要綱、人事要綱、宣伝謀略、政戦両略事項などについて、陸軍省の部課長級以上との協議を要請する条文を、大本営服務要領にいれる案を書いた。この案を知った海軍首脳部の反応は、「途轍もなき案」「政治指導に利用する下心見ゆ」というものであった。

軍務局案が作成されたと同日付の一一月二日付の夕刊各紙は、この軍務局構想を一面に大きく報じた。「戦時大本営設置進む／首相、枢府議長、陸海両大臣等を加へん／国務大臣と行政長官を截別」との見出しで、大本営設置がなれば、幕僚として首相、枢密院議長とともに陸海両相も加わるものとみられているという点と、そうなれば国務大臣は大本営において各省の行政長官となるとの観測を掲げた。

大本営が設置されれば、なぜ閣僚が各省行政長官となるのか、これだけでは不明である。よって、軍務局軍務課が一〇月二二日に作成した「大本営設置に伴ふ政治工作要綱に関する意見」に掲げられた、彼らのプランをみておこう（同前書、三三九〜三四〇頁）。まず、内閣制度改正のごとき難事は事変の重圧下になければ不可能であり、また事変の真っ最中であれば国内の動揺をさそうので適切ではない、よってすべての準備を極秘に整えておき、「事変終局の時期に於て一挙に断行し以て事変後の経営を有利ならしむるを要する」という。つまり、少なくとも軍務課の頭のなかでは、大本営は事変解決のために不可欠のものとして設置が検討されていたのではない点に注意がいる。軍事機構が政治機構と並列・対等であるという二元主義のもたらす弊害を自覚していた明治、大正の国家が、戦時大本営、防務会議、臨時外交調査会などを設置して、政戦両略の一致を図る努力をしてきたその同一線上にある改革であった（纐纈 一九九九）。

その上での内閣機構の改正案は、次のようなものであった。国務大臣と行政長官の身分を分離する。国務大臣は、首相、企画大臣（企画院、法制局、情報部長官）、国防大臣（陸軍、海軍両省長官）、外政大臣（外務、拓務両省長官）、経済大臣（大蔵、商工、農林三省長官）、交通大臣（逓信、鉄道両省長官）、内政大臣（内務、司法、文部、保健社会四省長官）の七名にしてしまい、それぞれの括弧内の機関を指揮監督するものと構想した。つまり、大本営設置とともに内閣制度を改革し、七名の国務大臣が大本営に参加するときには、監督している各省や機関を代表する存在になるという構想であった。

連絡会議

こうして、三七年一一月二〇日、日露戦争以来、初めて陸海軍の最高統帥機関として大本営が宮中に設置された。さて、このような政治性を持たされた案は、どのくらい細部が実現したのであろうか。まずは大臣の地位は明確にされ、戦争指導大綱、一般軍事要綱、人事要綱、宣伝謀略などについての省部間の協議は、服務要領に明確に書かれた。服務要領から落ちたのは、政戦両略事項などについての協議の部分であった。大本営会報として想定されたものは大本営政府連絡会議となって結実し、重大な政務事項に関する御前会議案も実現した。むろん、会報と連絡会議のレベルは異なっているだろう。首相、陸相、海相、外相、蔵相、内相、参謀次長、軍令部次長を大本営の構成員とするのが会報案であったが、実際にできた連絡会議は、大本営と政府が協議体のかたちをとって並列的に会合を開くものであった。近衛自身、この協議会への思いは深く、一一月一二日に近衛に面会した小川平吉に対して、「統帥部と内閣との協議会を作るの案あり」「協議会設置には、進退を賭するの決心」（『小川平吉関係文書一』、三四七頁）と述べている。

これは、一一月一九日の「大本営設置につき政戦連係に関する閣議申合せ」として実現した。内容は四点からなり、第一に、大本営と政府の連絡については「随時会談の協議体」とすること、そしてこれはとくに名称をふせず官制にもよらないこととするとある。第二に、随時会談は参謀次長、軍令部次長のほか、陸海両相、首相、所要の閣僚で構成する。第三に、重要事項については御前会議を奏請し、参謀総長、軍令部総長のほか、陸海軍大臣および特旨により首相が列席し、場合によっては閣僚も列席するとされた。

実際に、第一次近衛内閣においては、駐華ドイツ大使トラウトマンを通じた中国国民政府を相手とする講和交渉の継続か打ち切りかを決める重要な議題について、一一月二四日から連絡会議がもたれ、三八年二月四日まで、七回開催されている（森松 一九八七）。近衛文麿首相、広田弘毅外相、杉山元陸相、米内光政海相、末次信正内相（就任は三七年一二月一四日〜）、多田駿参謀次長、古賀峯一軍令部次長、幹事として風見章書記官長、町尻量基陸軍軍務局長、井上成美海軍軍務局長が出席し、時に閑院宮参謀総長、伏見宮軍令部総長の出席が確認できる。

三八年一月一一日、第一次大戦参戦を決定した一九一四年八月一五日の御前会議以来、初めての国策決定のための御前会議が開かれた。出席者は、大本営側が閑院宮総長、伏見宮総長、多田次長、古賀次長、政府側から近衛首相、広田外相、杉山陸相、米内海相、末次内相、賀屋興宣蔵相が、特旨により平沼騏一郎が出席した。この会議では「支那事変処理根本方針」が決定され、同一五日の連絡会議では、蔣介石側からの回答を誠意なし、よって交渉を打ち切るべしと判断する政府側と、なお回答には脈があるので今一度待つべきであるとする統帥部が激しく対立した。なお、上述の御前会議は、大本営会議に天皇が臨御した場合の御前会議とは区別される。国策決定のための御前会議は、これを含めて敗戦までに一五回開かれていた（山田 二〇〇二）[11]。

参謀本部の記録によれば、閑院宮参謀総長が「細目十一ケ条カ徹底シアリヤ箇条書ニシテハ如何」と述べれば、広田外相は「詳シク説明シ置キタルヲ以テ判テ居ルト思フ」と答える。また米内海相は「輔弼ノ責ニ在ル外相ガ最早脈ナシトイフノニ統帥部ガ脈アリト曰ハレルノハ何故カ」と統帥部を批判する発言をしている。伏見宮軍令部総長が「今後例ヘバ三四カ月間ニ於テ当方ノ条件ヲ全部容レ来ラバ尚ハネツケルカ」と尋ねたのに対して、首相は「然リ」と答え、もはやこの問題での妥協がありえないことを明確に伝えていた。井上軍令部次長が長期戦になれば戦力戦備が衰え、大陸経営もできなくなると述べたのに対して、末次内相は「サスレバ御裁可ヲ仰イダ長期戦ガ出来ナイトイフノカ」と脅している。

軍人官僚として内相をつとめていた末次を含めて、首相、外相、内相、陸海両相など、政府側の発言が、内容的にも姿勢的にも強かったといえるだろう。また、内相の提案により、参議も連絡会議の審議内容に関与することとなった（森松 一九八七：二四一）。連絡会議決定が閣議決定となった後、参議会にも諮られ、決定がなされていた。

国民政府を相手とする講和問題の処理という、きわめて重要な決定にあって、交渉打ち切りを主張する政府の意向が連絡会議で貫徹され、それは御前会議決定にまで至ったことは記憶されてよい。その際、「全面的な内閣機構改革の先駆的意義」（佐々弘雄）と位置づけられ、「支那事変ニ関スル重要国務」について内閣を助けるものとされた内閣参議が、実質的に連絡会議に関与するようになっていたことも重要である。

3 興亜院

政治と統帥の混淆

日中戦争は、宣戦布告なしの戦争であったために、北支那方面軍は軍政・占領地行政を実施できず、海関や銀行の接収など、傀儡政権を通じて行うしかなかった。だが表面はどうであれ、事実上、占領地経済「開発」を方面軍が担っている点については、政治と統帥を混淆するものだ、との批判が当初からあった。政府もこの点は自覚していたとみえ、北支那方面軍特務部主導の経済開発をやめさせ、第三委員会に担わせることとした。同委員会のメンバーは、企画院次長を委員長とし、企画院調査官・対満事務局次長・外務省東亜局長・大蔵省理財局長・陸海軍軍務局長から構成されていた。実質的な審議決定を行なう幹事会メンバーは、外務省東亜局第一課長上村伸一、大蔵省理財局外事課長、陸軍省軍務局軍務課長柴山兼四郎、海軍省軍務局第一課長岡敬純のほか、対満事務局庶務課長、企画院書記官、同事務官などからなっていた。

いっぽう、政治と統帥を混淆するものだとの批判が起こりうることは陸軍中央も予測しており、それに対する措置を講じていた。三八年一月六日付、陸軍省軍務課作成の文書「政務指導に関し陸軍次官の北支那方面軍との連絡事項」(『現代史資料 9 日中戦争二』、九九〜一〇一頁)は、北支那方面軍の第一線及び司令部を訪問した梅津陸軍次官と柴山軍務課長が、国民政府否認後の対華北実行策を決定する準備として方面軍との意見交換のための資料として作成されたものだった。「帝国の恒久的対北支(対支)政務指導機関に就て」と題された項は注目される。そこには次のように書かれていた。

帝国の対北支(対支)政務指導機関は作戦実施期間は北支那方面軍之に当るべきも事実的の作戦一段落後適当の内面的政務指導機関を設置するの要あり。右政務指導機関は帝国政府直轄の文官制の機関とし茲《ここ》に政務と軍事とを劃《かく》然分離するを至当とせずやとも考へあり。

政務と軍事の分離、政府直轄の文官制機関を設置する方向性を示していたのである。

事実、三八年三月一九日、北支那開発株式会社法案についての質問で、政友会の村松謙三は「昔カラ馬上天下ヲ治メルコトノ出来ナイコトハ歴史上ノ確カナル鉄則デゴザイマス」と述べて、北支那開発株式会社に現地軍が干渉しないように掣肘し、さらに現地を統御できる内閣直属の一大機関の設置を求めていた。これに対して杉山陸相も「軍ハ之ヲ正当ナ機関ニ於テ実施セラルヽコトヲ考ヘテ居ルノデアリマス」（『第七三帝国議会衆議院議事速記録』）と答弁している。

現地軍が政治経済問題に関わるのは統帥上問題だと明言したのは、貴族院委員会における塚本清治の質問だった。塚本は、第一次加藤高明内閣の法制局長官であり、当時、統帥権と編制権についての政府解釈をまとめた人物である。三月二四日、北支那開発株式会社法案特別委員会において、塚本は以下のように肉薄した（同前速記録）。

北支、中支開発ニ付テ軍司令官、軍司令官ガ直接、間接ニ干與《かんよ》セラレ、其ノ経済開発ニ色々ノコトヲ行ハレテ、即チ一種ノ政治ヲ行ハレル〔中略〕軍司令官ハ申ス迄モナク統帥権ノ作用ノ輔弼、又ハ奉行ノ機関デアリマシテ〔中略〕一体サウ云フヤウナ行為ヲ政府ハドウ云フ風ニ御説明ニナルノデアリマセウカ。憲法ニ依テ何ト御説明ニナリマセウカ。

梅津次官とともに方面軍の説得に向った柴山軍務課長は、第三委員会の陸軍側幹事でもあった。これに応ずるかのように、三八年一月一九日、第三委員会幹事会では、内閣直属の新機関設置が合意されている。同年一二月一六日に官制公布された興亜院については、それまで外務省が行ってきた対中国外交の権限を陸軍が奪った上で、中国への施策を一元的に行おうとした機関、との位置づけがなされてきた(12)が、設置を必要とした第一の原因は、宣戦布告なしの戦争にともない不可避的に生じた問題、すなわち、政治と統帥の混淆との批判をいかに避けるか、との陸軍内部の事情によっていたのである。

特務部の廃止

外務省の強い反発もあり、興亜院問題は一年余りも揉めたが、設置をみるまでの間、陸軍は当面の措置として、三八年四月二日、「支那駐屯軍編制改正」を行い、北支那方面軍司令官は政務関係事項に関しては陸軍大臣の区處を受けるとし、また、北支那方面軍特務部長は方面軍司令官に隷属し政務関係事項を掌ることとした（「陸支機密大日記」一三年七号一二）。

第一次近衛内閣においては、風見書記官長と内閣参議を推進力として、興亜院の設置を強い意志で進められた。風見は内閣事務嘱託武部六蔵（内閣参議である郷と池田のもとで、北支那開発・中支那振興の株式会社設立の指揮をとった）に向い、五月七日、次のように述べている（『武部六蔵日記』、二八七〜二八八頁）。

対支中央機関問題は病根根絶の第一問題なり。已に閣僚の一部には工作を始めたり。参議にも渡してある。之は絶対秘なり。断行の一途あるのみ。内閣がつぶれることなど問題ならぬ。体当りで行く。

風見が病根と述べたのは、方面軍特務部による傀儡政権に対する政治経済指導をいう。これは根絶されたのだろうか。この点、たしかに、三八年一〇月一日決定の閣議了解事項では、設置されるべき対支中央機関の設置と同時に現地機関を設置すること、その現地機関は、政治・経済・文化の全部の事務を行う、よって「軍特務部其他ノ機関ハ右現地機関ノ設置ト共ニ此等事務ヲ一括シテ之ニ移譲スルモノトス」との決定をみている（『支那事変関係一件』第十巻、外務省外交史料館蔵）。

特務部が廃止されることとなった点は、武部が一〇月一日の日記で「陸軍特務部から政治経済一切を対支院成立と同時に其の現地機関に移譲する方針の決定したことは最も大なる収穫であると思ふ」（『武部六蔵日記』、三三九頁）と述べていることで確認できる。

たとえば、北支那方面軍特務部長であった喜多誠一がそのまま興亜院華北連絡部長に横滑りしていることから、興亜院設置の意味を過少評価する向きもある。しかし、現実に、興亜院の管掌すべき事項として、上海都市計画、臨時・維新両政府の通貨・金融行政の内面指導、幣制・海関の内面指導、中国側教育機関の内面指導、在華紡績工場の復旧、航空・海運に関する事務などが挙げられているのをみると、方面軍特務部の行ってきたこれらの事務が、興亜院に移譲されたことはたしかであった。当時、中支那派遣軍司令官であった畑俊六もまた、一〇月一四日、参謀次長から「機構変更に伴ひ特務部は之を廃止す」ることを受けての今後の方針について通報を受けている（『続　現代史資料　4　陸軍』、一六四頁）。

興亜院の華北、華中、蒙彊、厦門の各連絡部が設置された地域に関しては、たしかに特務部は廃止された。しかし、省政府以下の地方の政務指導に関しては、依然として軍が当っていたのも事実であった。ただ、これも次第に興亜院内部の協議にまつようになっていった。それは現地軍側の不満からも察せられる。三九年九月一日付、北支那方面軍参謀長山下奉文の次官宛文書に「興亜院成立以来、事務進捗状況ヲ見ルニ、稍々中央集権主義ニ偏シアルヤノ感」（『昭和一四年　陸支受大日記　第六一号』防衛庁防衛研究所戦史部蔵）とある点が参考になろう。

興亜院は軍人のみからなる機関ではなかった。上海の華中連絡部の陣容を見ると、政務局・文化局・

経済第一局・同第二局・同第三局から構成されていたが、その局長は、それぞれ、陸軍、外務、陸軍、海軍、大蔵、の各省出身者から採られ、バランスがとられていた。さらに、政務局の下で政策樹立、全般の統制、中国側の指導に当る最も重要な部署の構成をみると、陸海軍からそれぞれ二人、外務・大蔵・内務・司法からそれぞれ一人ずつ配置されており、軍人の割合は半分となっている。興亜院は、上海都市計画、臨時・維新両政府の通貨・金融行政の内面指導、幣制・海関の内面指導、中国側教育機関の内面指導、在華紡績工場の復旧、航空・海運に関する事務などを管掌した。また混同されがちであるが、軍の中において、作戦の一部として謀略を行う部署としての特務機関は、これまで述べてきた特務部とは別のものであり、これは依然として存続した。

このようにみてくると、外務省の管掌してきた対中外交や中国をめぐる第三国との外交が、陸軍、すなわち興亜院によって奪われたとのイメージは、現実とはやや乖離している。宣戦布告なしという戦争形態をとったことで、陸軍は軍政＝占領地行政を行えず、中央機関である興亜院を設置せざるをえなかった。それは、総力戦時代の侵略戦争の姿にふさわしく、各省総出動による合議的な体制で遂行されたといえるだろう。

4　対米英蘭戦争へ

1　近衛新体制

復活した意思決定機構

近衛型の政策決定ということでいえば、第一次近衛内閣の時のナンバー委員会制が復活していることである。四〇年七月一二日の閣議決定で「南方方面ニ対スル経済対策ニ関スル事項ヲ審議シ且之ニ関スル関係各庁事務ノ連絡調整ヲ図ル為」第五委員会が置かれた。ドイツの西方電撃戦の成功により、オランダやフランスが敗退したことで、両国がアジアに有する植民地の処遇が問題となった。当時の人々にとって「世界史的転換点」と捉えられた四〇年春夏の欧州戦局による変化への対応が急がれた。早急な結論を全省を挙げて合議的に刷り合わせる場合、このような方法が必要とされたのだろう。なお、正確にいえば本委員会の設置は米内光政内閣の最末期である。しかし、牧達夫陸軍省軍務課内政班長などによって進められていた親軍的新党の目標が、国防国家建設、外交刷新、政治新体制樹立などの目標に固まっていくのが五月、近衛・木戸・有馬頼寧の三人が会合して新党樹立に関する覚書を作成したのが五月二六日（伊藤 一九八三）、近衛が枢府議長を辞任し、新体制運動推進の決意を表明したのが六月二四日、米内内閣打倒のため陸軍首脳部が畑俊六陸相に辞職勧告をしたのが七月四日であってみれば、近衛擁立後の政局をにらんだ対応であったといえる。

近衛が新体制運動に乗り出し、四〇年七月二二日、第二次内閣を組閣すると、同二七日、「世界情勢ノ推移ニ伴フ時局処理要綱」を国策とするため、大本営政府連絡会議が開催された。要綱は、対仏交渉の進展によっては北部仏印に武力行使するというものであった。その上で、①ドイツの英本土上陸、②日中停戦の実現、の二条件が達成された時に、極東の英領を攻略する、との武力南進構想も含んでいたが、元来これは陸軍省部の中堅幕僚層の構想であった。彼らの構想は、①仏印経由の援蔣ルートの封鎖、②重慶国民党政府との直接和平、によって日中戦争を解決できるとの展望と結びついていた（波多野 一九八八)。

連絡会議は、一一月二六日以降、連絡懇談会となる(四一年七月二一日、再び連絡会議と改称される)。従来の連絡会議が不定期のものであったのに対して、本懇談会は毎木曜日首相官邸で軽易に統帥部が政府と連絡懇談を行うものとされた。「軽易」といっても、発案者は塚田攻参謀次長であり、会議の性格も「本会議ニ於テ決定セル事項ハ閣議決定以上ノ効力ヲ有シ戦争指導上帝国ノ国策トシテ強力ニ施策セラルヘキモノトス」(『杉山メモ』上巻、一五五頁)とされた。連絡会議に比べ、頻度の点、また決定が閣議決定以上の効力をもつと統帥部側が考えていた点が重要であろう。出席者は、首相、平沼国務(のちに内務)大臣、陸海外三相、両次長、時に参謀総長、第一部長などが議題に応じて出席した。

新体制

近衛が新体制運動に乗り出す決意を固めた四〇年六月二四日は、陸軍の推進する重慶国民政府との和平工作(宋子良なる人物を通じた工作)、いわゆる、桐工作が最も有望視されていた瞬間であった。蒋介石、汪兆銘、板垣征四郎支那派遣軍総参謀長の三者によって、停戦交渉のための会談が合意されたのが、六月二〇日であった。近衛は日中和平が今にも実現するかもしれないとの期待を胸に、主観的には陸軍をも抑えられるような、国内「強力体制」を樹立すべく新体制運動を進めていた。五月二六日、近衛・木戸幸一・有馬頼寧の三者会合による新党樹立覚書には、大命降下の場合考慮すべき事項として、既成政党の解党を求める項目とともに「陸海軍両総長、内閣総理大臣、陸海軍大臣ヲ以テ最高国防会議ヲ設置スル」、「総理ト陸海軍大臣ダケニシテ組閣シ他ハ兼任トスルコト」(「風見章日記」、伊藤 一九八三より再引用）との項目が見られる。第一次内閣の時と同様に、近衛は戦争指導機関の改革と内閣制度改革を連動させて考えていた。

八月三〇日、近衛は、そのブレイン矢部貞治東京帝大法学部教授執筆の「意見書」を天皇に見せ、新体制の意図するところを明らかにしていた。憲法の運用、独伊との緊密な提携、統制経済体制の確立、の三点からなっていたが、ここでは、第一点を確認する。憲法改正を論ずるのは憚りがあるが、第八条（緊急勅令）、一四条（戒厳令）、三一条（戦時における国民の権利義務の制限）、七〇条（緊急時の勅令による財産処分）などを適宜活用する必要があるとされた。明治憲法が陥っている分立主義、均衡主義を改善し、天皇輔弼者の一元的強化、つまり、首相への執行権力の集中を求めている点が注目される。

八月一五日にやはり矢部によって書かれた「新体制声明案」の原案は、次のような内容を持っていた。高度国防国家の体制を整備するため国民を組織するが、その運動は「官民協同の国家的事業」であり、狭い意味での精神運動ではなく、「政治理念と政治意識の高揚」をも目的とするものである。「国家全体の立場で政府と表裏一体をなすものであるから政治結社法の適用を受けるものでなく、内閣総理大臣を首班とし閣僚軍人官吏も参加」する。この国民組織は中央と地方の議員を包摂するが、一国一党ではない、と説明されている（『高木惣吉　日記と情報』上巻、四四五〜四四八頁）。

近衛にとって打撃であったのは、新体制準備会に出席した東条英機陸相が、その第二回（九月三日）の席上、「軍ハ新体制ノ中核トハ思ハナイ」と発言し、第五回においては、「新体制ハ万民輔翼、高度国防国家体制ヲ目標トセルガ故ニ、之ニ万福ノ賛意ヲ表スル」が、「ソノ中核体ハ強力ナル政治力ヲ有スルコトヲ使命トシテヰル故ニ其ノ中ニ現役軍人ガ直接関与スルコトハ出来ナイ」とし、最終的に、在郷軍人個人の参加は認めるが、在郷軍人会としての参加は認めないと言明したことだろう（「有馬頼寧文書」国会図書館憲政資料室蔵）。

さらに、九月になると、桐工作の交渉相手であった宋子良の真偽に疑義が生じ、一〇月八日、陸軍は正式に停戦交渉中止を発令する。近衛にとって新体制運動の前提が失われたのである。右翼からの「幕府」論をうまくかわさねばならないが、国民精神総動員運動のような官制運動では陸軍省軍務局長武藤章などが納得しない。近衛とその周辺を固める「権威主義的民主主義派[13]」は、国民運動の中核組織に政治性をもたせようとしていたが、新体制準備委員会で国民組織の性格が議論されているなかで、国民政府との直接和平の道が閉ざされた意味は大きかった。一〇月一二日、大政翼賛会の発会式がなされたが、そこで近衛は翼賛会を「臣道実践」に尽きるもの、とだけ述べた。これは、政治的中核体ではなく、公事結社として、この後、翼賛会が位置づけられてゆく予兆であった。近衛は日中和平工作の展望がある時には、高度国防国家をめざした本格的な国民動員（政治的動員）を試みるが、和平工作が挫折すると従来型の国民動員（公的動員）に戻るとの指摘は重要であろう（バーガー 二〇〇〇）。しかし、そのような組織では、戦争指導の局面で軍部をリードすることはできないはずだった。

こうして、近衛や権威主義的民主主義派の意図する翼賛会の政治性は否定されてゆくが、その背景にあったのは、桐工作の挫折などの情勢の変化だけではなかった。それは、翼賛会が一国一党化し、陸軍の政治力が大きくなることを警戒した海軍上層部が、四〇年八月九日、当時、臨時海軍調査課長を離れ、海大教官をしていた高木惣吉を海軍中央に呼び寄せたことに始まった人為のなせるわざでもあった。高木は、一〇月中旬、経済新体制に反対する財界を組織化し、またいっぽう、精神右翼の活性化を図ることで、陸軍軍務局の意図するような、翼賛会の一国一党化を阻止した。一〇月二六日、海相官邸での財界長老との懇談会において、結城豊太郎は「聞クトコロニ依レバ、中野、橋本等ノ青年隊トカ称スルモノ地方ニ新体制ノ遊説ヲナス場合、多数民衆ニ対シ財産奉還論ヲナシテ憚ラズ」と述べて、いわゆる、経済新体制「赤」論を展開するようになっていた（『高木惣吉　日記と情報』上巻、四七三頁）。精神右翼の活性化という点では、四〇年一二月の第二次近衛内閣改造を機に、平沼は内相に、皇道派の柳川平助は法相に就任している。

大本営改革案

桐工作失敗の結果をうけて、四〇年一一月一三日、国策決定のための御前会議が開催され、「日華基本条約」と「支那事変処理要綱」が決定された。一一月三〇日、汪兆銘の南京政府と条約を締結すること、また年末までに重慶政府との和平が成立しない場合は情勢の如何にかかわらず、長期戦方略に転移することが決せられた。この時期、支那派遣軍総参謀は板垣征四郎であったが、その板垣と関係の深い片倉衷（参謀本部付）が作成し、大臣・次官・総長・次長以下に建策した案に、一一月三〇日付「戦争指導中枢機構刷新強化案」がある。今や「持久消耗戦的総力戦態勢ノ深刻化」したために、拙速主義でもよいので実現可能な方法で、戦争指導中枢機構を刷新強化する案であった（「片倉衷文書」憲政資料室所蔵）。その内容であるが、まず大本営は統帥機関とする。その上で、大本営が所轄する事項を、①国防綱要の確立、②陸海国防統御の根本的調整、③戦争指導の大綱確定、④戦争指導の大綱に基づく戦時国策の準備確立とする。その上で、首相、企画院総裁たる国務大臣、外相、蔵相などは勅旨により大本営御前会議に列することとし、大本営所轄事項の第三、第四項について、「籌画ニ参ス」ようにする。ただし政府は、その決定事項に対して、別に政府の戦時国策として決定し輔弼の責に任ずることとされている。この部分の上部に「軍ト政府　狙所」と書き込みがある。

翼賛会改組と東亜連盟運動

四一年四月、大政翼賛会改組の時点で、翼賛会の政治性は明確に後退した。知事が地方支部長となり、企画・政策・議会の三局は廃止された。しかし、改組の中で、唯一、政策局東亜部が東亜局に格上げされたことだけは注目される。だが同時に、東亜部時代の部長亀井貫一郎、副部長杉原正巳（武藤章陸軍省軍務局長の懐刀）は退き、新設の東亜局長には永井柳太郎が就任している。権威主義的民主主義派の代表的人物の一人であった亀井もまた、四月の改組時に、翼賛会から離脱しているのである。この経緯をみよう。

それは、四〇年一一月一三日の御前会議で「日華基本条約」が決定された時点にさかのぼる。板垣支那派遣軍総参謀長は、それまで東亜連盟論の立場から重慶政府との妥協＝桐工作による解決を目指していたが、それが不可能となると、東亜連盟論に基づいた南京政府（汪兆銘政権）との提携を柱とする大持久方略を東京に具申してきた。汪兆銘は国民党組織に対抗するための、東亜連盟中国総会の設置に意欲をみせており、この中国総会に対応すべき運動組織が日本においても必要だとの判断を支那総軍はしていた。

陸軍中央においては態度を決するため、一二月二日「陸軍省ニ於テ東亜連盟ノ取扱ニ関スル研究」を行い、一七日「興亜諸団体ノ統合ニ関スル件　総長ノ決裁ヲ得タリ　東亜連盟ヲ認メズ　思想団体トシ政治団体タルヲ認メス」と決した（『大本営陸軍部戦争指導班機密戦争日誌』上巻、五〇頁）。つまり、陸軍中央は、石原が主導し板垣が支持していた東亜連盟を拒否したのである。東条陸相は、中国に出立する前、官邸に東亜連盟幹部木村武雄と亀井貫一郎を招致し、連盟に対する陸軍の意向を伝えた。海軍の資料によれば「陸軍ハ本聯盟ノ運動ヲ大政翼賛会ヲ通ジテ行フニアラザレバ憲兵ヲ以テ断乎弾圧スベシ」（『高木惣吉　日記と情報』上巻、四八六頁）と言い渡したという。

亀井は、国民政府との和平が困難となった今、中国問題をめぐる民間の運動を翼賛会内部に組織化することで、翼賛会の活性化を図れると期待していた。そこに石原・板垣と対立する陸軍中央による東亜連盟否認という事態が起こり、対応に苦慮することとなった。一二月二七日、「興亜諸団体の指導理念統一に関する件」が、外・陸・海・興亜院の連絡委員会幹事会で決定された。そこには明確に「肇国の精神に反し、皇国の国家主権を晦冥ならしむる虞れあるが如き国家聯合理論の展開、乃至之に基く国家形態の樹立を促進せんとする運動は之を撲滅」すると述べられていた。この決定は、日満華三国の、国防の共同・経済の一体化・政治の独立を謳い、将来的に三国を国家連合体とする、東亜連盟論の否定にほかならなかった。幹事会決定は、四一年一月一四日の閣議決定でも追認されてゆく。

その一方で、「備考」としては、中国における東亜連盟中国同志会が行う運動は、日満華共同宣言の趣旨（善隣友好・共同防共・経済提携）に反しなければ阻止しないとも述べられていた。また、同じく「備考」には、官憲の指導を強くせず、下から盛り上がる民族の力を凝集し、生産部面における職分奉公を正しき興亜理念の下に政治力として展開する、との妥協的文言も書かれていた。

「東亜連盟運動に対する大政翼賛会東亜部の見解」(「亀井貫一郎関係文書」一二)には、東亜連盟への批判が書かれていた。「最早国家をして人類活動の単位たらしめることを許さず」として国家連合を結論している部分を批判している。しかし、石原は四〇年三月一日の関西東亜連盟協会主催の講演で「要するに近衛声明と云ふものははつきり我が東亜聯盟の原則に依つて立てられたものである。王道の精神に基づいて国防の共同・経済の一体化・政治の独立、此の条件に依る所の日満支提携を原則として認めて書かれたもの」(「満洲建国と支那事変」)と断じていた。

四一年一月一四日の閣議決定以前に作成された「大東亜共栄圏建設運動連盟宣言案」には、綱領として「大東亜聯盟運動ハ日満華三国共同宣言ニ則リ国防ノ共同・経済ノ一体化・政治ノ独立・文化ノ創造ヲ以テ東亜民族共栄ノ指標トナス」との文言を考慮していたことからわかる(「亀井貫一郎関係文書」二六)。

汪兆銘は、四〇年一一月三〇日の日華共同宣言以降、東亜連盟中国同志会を組織していたが、それを四一年二月一日、東亜連盟中国総会として改組強化していた。中国側の運動は、政府と党の持つ政治力の上に成立しており、日本の興亜運動ではこの中国側の運動を指導できないことになる(「亀井貫一郎関係文書」九)。この点をつけば、鈴木貞一興亜院政務部長などの批判をかわせるのではないかと考えていたと思われる。

誰の目にも判然としなかった日中戦争の戦争目的について、石原の東亜連盟論は、まったく独善的な見地からではあるものの、それを明確に語りうる稀有なイデオロギーであり、とくに地方青年層の広い支持を得ていた。汪兆銘の南京国民政府も、二月一日、東亜連盟中国総会を結成し、重慶国民政府の三民主義に対抗すべきイデオロギーとして、東亜連盟論を重視していた。戦争目的を明確に語り、「満州国」や汪兆銘政権とも国民組織の点で呼応できる東亜連盟論は、大政翼賛会東亜部を率いる亀井にとっても、魅力的な構想であったのである。亀井の翼賛会からの離脱は、近衛構想の実現をいっそう困難にするものとなった。

天皇の戦争指導

三三年の熱河作戦をめぐる政府と軍部の対立において天皇が示した対応は未熟なものであったが、この時期の天皇に昔日の面影はなかった。こうして近衛構想が挫折し、南進によって英米との対立が不可避的になろうとする時期、天皇は「御下問」や「御言葉」を通じて、統帥部を積極的にリードするようになっていた（山田 二〇〇二）。政と軍の二つの機構の軸をなす天皇の存在が、改めて大きなものとなってきたのである。天皇が積極的に戦争指導を行えば、当然のことながら、大元帥であり、統治権の総攬者でもある天皇をいかに説得するかという問題が、軍部にとって重要になってくる。四一年以降の政軍関係は、天皇と軍部の関係として発現する。

天皇が積極的に戦争指導に関与してゆく具体例としては、四一年一月二三日から二五日にかけてなされた、日泰軍事協定、南部仏印への対応が挙げられる。日泰軍事協定については、同一九日、政府との間で、連絡懇談会決定となっていた。その決定に基づく処理方針についての両総長の上奏は、政府との協議済の問題であった。にもかかわらず天皇は、二三日「外務大臣ハ日泰軍事協定ハ反対ダト云フガ話ハツイテ居ルノカ」と問い、二四日には「考ヘテ見タ　泰国ニハ親英派ガ多イ故此協定ヲ出スコトハ慎重ヲ要スル〔中略〕政府ト充分連絡シテヌカリナイ様ニセヨ」との指示を与え、二五日には「作戦ヲヤレバ戦面拡大シ国力ニ影響ス　支那事変処理ニ就テハ嘗テ総長ガ述ベテ対支作戦計画アルモ何カ別ニウマイ方法ハナイカ」(『杉山メモ』上巻、一六三〜一六四頁)と発言している。杉山総長の見るところ、この日の天皇は「天機特ニ麗シカラス」、両総長の敬礼に対しても顔をそむけたままであったという。その結果、日泰軍事協定は作戦を管掌する参謀本部第一部ではなく、参謀次長直属の戦争指導班で取り扱うことになり、最終的に本問題は、二月一日、近衛首相と両総長による連袂上奏によって処理されることとなった。

九月六日の御前会議

四一年七月一六日、外相を松岡から豊田貞次郎に代え、第三次近衛内閣が成立した頃、軍令部(大本営海軍部)では「ジリ貧論」が勢力を増した。三一日、永野修身軍令部総長は天皇に対し「国交調整不可能なりとし(中略)此儘にては二年の貯蔵量を有するのみ、戦争となれば一年半にて消費し尽すこととなるを以て、寧ろ此際打って出るの外なし」と述べ、できるだけ早い時期の開戦を上奏した。時間がたてばたつほど、日本の備蓄燃料は少なくなるのに対し、米軍の軍備は整うというのである。しかし同時に、永野は、勝敗の見込みにつき「勝ち得るや否も覚束なし」と、心もとない上奏をしていた(『木戸幸一日記』下巻、八九五頁)。武力戦に対する天皇の不安は、対米交渉の期限を一〇月上旬、戦争準備完整を一〇月下旬とした、「帝国国策遂行要領」決定のための御前会議の前日の九月五日、頂点に達した。近衛首相と両総長を前に天皇は、外交と戦争準備は並行的にではなく、外交を優先させせよと述べた後、「南方作戦ハ予定通リ出来ルト思フカ」、「上陸作戦ハソンナニ楽々出来ルト思フカ」、「予定通り出来ルト思フカ」と繰り返し質した（『杉山メモ』上巻、三一〇〜三一一頁）。

対米武力行使に慎重なあまり、戦争指導に積極的となった天皇を、どう説得すべきか。軍令部以外の早期開戦論の牙城であった参謀本部第二課（作戦）は、一〇月、作戦面でも対米英開戦に勝算のあることを天皇に示すための書類作りに着手する。書類が完成したのは、一〇月一六日、中国からの撤兵に東条陸相の同意を得られず近衛内閣が総辞職し、一八日、東条が組閣した後のことになる。

2　翼賛政治体制

開　戦

第二課が四一年一〇月一九日に準備した書類「対英米蘭戦争ニ於ケル初期及数年ニ亘ル作戦的見地ニ就テ」は、長期持久戦の見通しについて分析し、対英米戦においては、当初、通商破壊戦、航空戦で相当の被害がでるものの、事態は逐次回復し、終局においては「戦ヒツツ自己ノ力ヲ培養スルコト可能」との判断を具体的な数字を挙げて下していた。同じ頃、軍令部も、一一月一五日、連合艦隊司令部の策定した真珠湾攻撃案を含む作戦計画の図上演習の趣旨を説明すべく上奏した。海軍は「桶狭間ノ戦ニモ比スベキ」奇襲作戦の妙を説明し、艦隊の主力決戦でも充分な勝算があり、持久戦になっても海上交通線の保護は可能であると上奏した。この時期、両統帥部は、天皇を安心させる数字とレトリックを駆使し、天皇の説得に全力をあげた。政治と軍事を一身に体現するところの、天皇の不安を除けば、両統帥部の望んだ早期開戦への桎梏はなくなるのであった（山田 二〇〇二）。さらに、東条は、石井秋穂陸軍省軍務局軍務課高級課員と藤井茂海軍省軍務局第二課首席局員に、「対米英蘭蔣戦争終末促進ニ関スル腹案」作成を命じた。これは、一一月一五日の大本営政府連絡会議決定となり、国策として決定された。この案では、日独伊の協力だけでなく、日本が独ソ和平を斡旋し、ドイツの戦力を英国に集中させれば、英を屈服させることができる、との見通しが述べられていた。英国の屈服を導けば、米国の「継戦意思」を挫けるとみられていたので、この論理での説得は効果があったろう。こうした見通しは、鈴木企画院総裁による「物的国力」についての判断とともに、天皇の背中を押すこととなった。鈴木は、民需用船舶三〇〇万トンが維持できれば戦争遂行可能であると述べた。開戦の有利・不利は、国力の保持増強上の有利・不利で判断されるところとなったのである。軍は最後の関門であった天皇を上記の手法で説得し、開戦へと日本を導いた。

権力の集中

首相の権限強化は、憲法に抵触しない次元でなされる。緒戦の成功は長く続かない。四三年二月のガダルカナル島撤退以後の日米航空戦に対応するため、東条首相は体制づくりを急いだ。まず、陸相としての権力拡大ではなく、首相の各省大臣に対する指揮権拡大がはかられた。同年三月、①戦時行政職権特例実施のため首相のブレインとしての内閣調査官を、また、②「重要軍需物資ノ生産拡充其ノ他戦時経済ノ運営ニ関スル内閣総理大臣ノ政務執行ノ枢機ニ参セシムル為」の内閣顧問を置いた（内閣参議制は廃止）。戦時行政職権特例とは、軍需品増産に関して各大臣への首相の指示権を認めたものであるが、これは、第一次近衛内閣において、陸軍省軍務局や近衛周辺が考案した、大臣と行政長官を分離することで首相の各省大臣への指揮権を認めようとした策案のうち、軍需品増産という一側面に関してだけ、実現させたものであった。同年一一月、企画院廃止の折に内閣調査官は内閣参事官と改称される。

四三年末になり、日米の戦力格差はいっそう拡大した。少ない原材料をいかに有効に兵器化し、その少ない兵器をいかに有効な作戦に活かすかがこれまで以上に問われることとなった。これは、軍需生産・物資動員を管轄する陸海軍省と、作戦を掌る統帥部間の関係を緊張させた。具体的には、航空機用のアルミニウムの配分をめぐる陸軍省と軍令部間の対立として発現する。ここにまた一つ、政軍間に緊張関係が生まれることとなった。新たな政軍関係の発生ともいいうる。さらに、航空兵力の統一とそれをいかなる方面に展開するかという戦略思想の問題も生まれる。日本本土から離れた前方での早期決戦を主張する軍令部と、本土に近い後方での持久戦を主張する参謀本部間に対立が生まれた（鈴木 二〇〇五）。実際の戦果を詳細に知っていた統帥部は、こうした対立が事態をより悪化させると自覚しており、四三年夏、大本営陸海軍部において合同の作戦研究を行い、その結果、対米作戦の勝算はないことが確認された。その上で、参謀本部の瀬島龍三と軍令部の源田実など、陸海軍の作戦課を中心に大本営改革案が策定された。作戦思想の一元化と航空兵力の統合運用を可能にするため、参謀本部と軍令部を廃止し、大本営幕僚部設置を考案したものであった。しかし、大本営の一元化は陸軍の暴走をまねくとの海軍側の警戒や、ならばいっそ陸軍航空兵力を海軍に編入し海軍を空軍化すればよいとの海軍側対案も出され、一元的な大本営は実現しなかった（鈴木 二〇〇四）。

統帥部長の兼摂

四四年初頭、飛行機配分に関する対立は頂点に達するが、内閣更迭が対外的に与えるダメージを顧慮した天皇が、両総長に政変回避を指示し、海軍上層の妥協で事態は沈静化した。アルミニウムの陸海均等の配分自体は維持した上で、陸軍が海軍に三五〇〇〇トンを譲ることで決着した。二月二一日、東条は、軍需生産と戦略思想の統一を図るため、東条陸相と嶋田繁太郎海相による参謀総長、軍令部総長兼摂にふみきった。また、トラック諸島が米機動部隊の空襲で失陥したことで、四三年九月三〇日に設定された絶対国防圏に大穴が開いたことにより、杉山、永野両総長に対する天皇の信頼が失われたと判断されたからである（山田 二〇〇二）。首相としての権限拡大の次に東条が試みたのは、統帥権の壁の中に自ら入っていくことだった。天皇は東条の兼摂方針を許可する。天皇は、四〇年九月の北部仏印進駐をめぐる陸軍省部の争いなどに際し、東条陸相が参謀本部を強く抑えた一件を、かねてから評価していたので、軍政による軍令の兼摂を期待したのだろう。しかしこの時、杉山総長は、東条首相による陸相、総長の兼摂に反対して、次のように内奏している（『杉山メモ』下巻、資料解説、三一頁）。

今回は、首相兼陸相たる東條大臣が総長を兼ねるのであって、我が伝統の筋道を誤ることは更に大きく〔陸相が参謀総長を兼ねるのに比較し〕、危害の及ぶ範囲も実に大きい。即ち国内行政百般を司る首相が、軍の編制、兵額の決定から戦時下に於ける軍の統帥運用の輔翼まで同一人を以て当るに至っては、幕府時代に逆戻りするもので、許さるべきではない。

「幕府時代に逆戻り」との強い言葉は、政府と軍部双方ともに長らく希求しながらも政戦両略の一致がいっこうに実現されなかった真の理由を想起させる。すくなくとも杉山にとって、兵政二権を並列・

対等とする統帥権独立制度こそが、開国以降の日本の歴史的発展を支えた背景であるとみなされている点が重要である。

東条は総長着任の訓示のなかで「第二ノ処置」(『高松宮日記』七巻、三三四頁)をとると述べていたが、三月七日、陸軍省軍務局は大本営幕僚総長制の案を東条のもとに提出した。これは、参謀本部や軍令部とは別に大本営幕僚部を設置し、そこに幕僚総長一名と、軍務局長や作戦部長からなる総参謀を置く案であった。むろん、幕僚総長に擬せられていたのは東条であるが、同案でその権限は「統帥及軍政百般ニ亙リ」参画できるとされており、実質的に、今後なされるべき「幕府論」との批判を、改訂「大本営令」の規定により回避しようとしたものであろう。海軍側は幕僚総長に海軍軍人が就任するのであれば必ずしも本案に反対ではなかったが、嶋田自身が強く反対したために、やはり実現にはいたらなかった(鈴木 二〇〇四)。

反東条の動き

この戦争が海洋での航空戦であると自覚していた高木惣吉海軍省教育局長などは、海軍上層の東条内閣支持の姿勢にあきたらず、嶋田を更迭し、米内光政海相、末次信正軍令部総長という陣容で、「乾坤一擲ノ大決戦」に勝利し、その後、ソ連を利用した和平へとのシナリオ、俗にいう「一撃和平論」を構想していた(『高木惣吉　日記と情報』下巻)。高木は、調査課長時代に築いた、岡田啓介、近衛、原田など重臣・政界上層部とのパイプがあり、反東条運動、終戦工作などに、以降、関係してゆく。嶋田更迭を求める海軍側の動きが、統帥部長兼任を許すべきではない、との論を形成する核となってゆく。

しかしながら、東条がとにかく陸軍部内を抑え実行能力がある点は否定しにくく、天皇、伏見宮、高松宮の信任も厚かった。三月の時点で木戸内大臣は「現ニ御信任ノアル東条ニ対シ辞メタラドウカト言フベキ筋デモナイ」(同前、七二三頁)と述べ、六月八日、高松宮も「東条ハ兎ニ角陸軍ヲ押へテ来タ」(同前、七四〇頁)と述べる。東条以上に事務遂行能力の高い内閣が次期誕生する見込みもなかった。

転機は作戦の失敗から訪れる。四四年六月、絶対国防圏内にあるサイパンに米軍が上陸し、海軍はマリアナ沖海戦で空母三隻を失う敗北を喫した。これに対して、まず木戸内大臣が危機感をもち、本土決戦を呼号する陸軍を背景とした東条政権では、国体に危機を及ぼすのではないかと考え始めた。次いで、東久邇宮や朝香宮などの皇族までもが一撃和平論に傾きつつあった(後藤 二〇〇三)。なかでも東久邇宮が天皇に対して統帥確立の必要を述べ、東条と嶋田の兼摂を批判したことは、天皇の決心を促すこととなった。七月一三日、天皇は東条に対し「統帥の確立については此際行はざれば大物に動く虞れある故、考慮せよ」(『木戸幸一日記』下巻、一一一八頁)と注意を与え、東条辞職への道を準備することとなった。

議会勢力

東条英機内閣は武藤章陸軍省軍務局長が述べたように「陸軍政権」であった。しかし、軍部独裁というよりは、宮中グループとの権力分有のうえに成立していた(江口 一九八九)。議会勢力との関係からは別の像がみえてくる。内閣は、近衛新体制にかわる戦争完遂のための国内政治体制を求め、それは四二年四月の翼賛選挙、五月の翼賛政治会(以下、翼政と略記する)結成へとつながっていく。推薦、非推薦にばかり目を奪われるが、陸軍主流派が、議会勢力を結集するため、議会内多数派である旧既成政党の活用を図らねばならなかった点を見逃してはならない。日米開戦直後の戦争政策遂行のため、東条も陸軍も急速な国内「革新」を望まなかった（矢野 一九九三）。

ただ、同時に彼らは議会勢力に依存して地方の政治行政を進めざるをえなくなるまでには窮してはいなかった。翼賛会との一体化を図り、地方支部の設置を求める翼政側の要望に対しては、一貫して反対している。

3 戦争終結をめざして

小磯内閣

マリアナ沖海戦の大敗に始まる軍の威信低下は、軍の政治力の後退をも意味した。四四年七月二〇日、小磯国昭内閣が成立すると、陸軍省においても人事異動がなされ、陸軍次官は富永恭次から柴山兼四郎に、軍務局長は佐藤賢了から真田穣一郎にかわり、翼政の地方支部設置容認の動きをみせるようになった。最終的にそれは鈴木貫太郎内閣で実現する。

小磯は大命拝受にあたり統帥部に対し、①首相が大本営の構成員となるよう大本営令を改正するか、②この大戦に限り首相が大本営の構成員になる道を開くか、③「総理が戦争指導と云ふ面に強力に干与し得る」組織をつくるか、を要求した。しかし、新体制と国民組織による突破を試みた近衛にも、総長兼摂による突破を試みた東条によってもなしえなかった政戦両略の一致が、小磯に可能となるわけもなかった。結局、三つ目の道が選ばれ、四四年八月四日、従来の連絡会議を改組した最高戦争指導会議が設置される（重光葵『最高戦争指導会議記録・手記』）。

最高会議

小磯内閣のもとで約五〇回開催された最高戦争指導会議で決定された内容は、小磯首相や重光葵外相が戦後の回想（『GHQ歴史課陳述録』、『昭和の動乱』など）でかこつほどには無内容ではなく、また「軍部立案の要望事項を処理することが常例」でもなかった。たとえば、八月一六日の会議では、参謀本部が主張していた、戦闘の苛烈化を理由とした出先大使と軍司令官の一元化案に対しては、重光外相、米内海相の反対により撤回されている。重要国策は、通常の最高会議に天皇が臨席し決定された。重慶国民政府との和平に関しては、「対重慶政治工作ニ付テハ東京ニ於テハ最高戦争指導会議ノ決定ニ基キ総理大臣ニ於テ外務大臣ト連絡シ国民政府ヲ通シ其自発的形式ニ於テ実施ス」（八月三〇日決定）と決定した。

重慶工作

陸軍としては、梅津美治郎総長、秦彦三郎次長、杉山陸相、次官、局長協議の結果、大本営では、重慶政治工作を行なわず、政府に実施させることになるが、戦争指導班などの統帥部の一部はこの決定に不満を持っていたようで、「此ノ際次長ヨリ停戦ハ統帥行為ナルコトヲ良ク政府ニ認識セシメ置クヲ要スル」とその日誌に記した（『大本営陸軍部戦争指導班機密戦争日誌』下、五七四頁）

いっぽう、この最高会議において、各省大臣への指揮権を総理大臣が握るのではないかとの不安に対しては、米内海相が七月三一日「各省大臣ノ権限ヲ無視シテ強制力ヲ保持セシムルヤ」と初回の会議で確認し、小磯が「組閣ノ際御上ヨリ憲法ニ遵守シテ、国務ヲトレ」との言葉があったと答え、各省大臣の権限の上に立つものではないことが確認されている（同前、五六六頁）。

綜合計画局

企画院廃止後、東条内閣で設置された内閣参事官がうまく機能しなかったこともあり、最高会議の事務機関の如き部局の設置が求められ、新たな総合国策機関が模索された。この過程で注目されるのは、当初の案には、設置目的には「政戦両略の吻合調整」が掲げられていたことである。しかし、九月二九日の閣議決定においては、単に「内閣総理大臣ノ下重要国策ノ総合的企画調整」などのために置かれるとされた。一一月一日、綜合計画局が設置され、内閣参事官は廃止となった（古川 一九九二）。

小磯は後に内閣総辞職の理由を、陸相兼任の意図を陸軍三長官会議で否認されたことに求めているが、重光の残した最高会議記録や『大本営陸軍部戦争指導班機密戦争日誌』から判明する真の辞職理由は、小磯の進めた繆斌工作の失敗にあったとわかる。外相、海相、陸相ともに反対した工作を首相の独断で進めようとして、天皇の信任を失ったためであった。

近衛、岡田などの重臣グループはむろんのこと、この時期、重光外相、米内海相、木戸内大臣なども、心中、敗北は時間の問題と考え、いかに負けるかを模索し始めていた。四五年四月七日に成立した鈴木貫太郎内閣は、第八七議会で、衆議院議員の官吏兼職範囲を、情報局総裁、綜合計画局長官、技術院総裁にまで拡大する法案を可決した。戦後を見越した、議会勢力の政治的活性化への考慮なしにはこうした措置がとられた理由は考えられない。

綜合計画局長官は、最高会議の議案作成や運営に積極的に関与するようになった。総合国策機関と最高会議の関係強化がなったものといえよう。計画局も、戦時緊急措置法関係の業務、地方統監府、国民義勇隊の設置などに関与する（古川 一九九二）。制度上、計画局は内閣の附属機関であったものの、実際は、最高会議の事務機関として動くようになる。

高木惣吉の情報によれば、ヒトラー・ムッソリーニなど盟邦指導者の自殺・処刑の報や、沖縄戦の戦況の悪化により、四五年五月はじめ、天皇はようやく「終戦」を決意したという（『高木海軍少将覚え書』二二八頁）。

国務と統帥の分裂が最も明確に発現したようにみえたのは、ポツダム宣言の受諾をめぐる御前会議の段階であろう。国体護持の一条件での受諾を主張する政府部内の東郷茂徳外相らと、自主的撤兵、戦争責任者の日本側による処理、保障占領をしないことなどを付加した四条件とすべきだとする阿南惟幾陸相、梅津美治郎総長、豊田副武総長らが対立した。しかし、ここで軍部が主張した、自主的撤兵と責任者の日本側による処罰という項目は、もともと天皇が「終戦」をためらっていた最大の理由にほかならなかった。八月九日から一〇日、一四日の御前会議における「聖断」で戦争は終結する。大本営の廃止閉鎖は九月一三日であった（山田 二〇〇二）。

おわりに

宣戦布告なき戦争の形態は、各省割拠型の合議的な中国占領地支配をもたらした。こうした状況は、近衛新体制を推進する側にとっても軍部にとっても、兵政二権の分離の克服以上の混乱を戦争指導の場にもちこむこととなった。政戦両略の一致をめざす、政府、軍部双方の構想が、首相の権限強化を含む内閣制度改革を必ず伴っていたのはそのためである。この時期の政軍関係は、大本営改革・内閣制度改革の諸案の中で、政府と軍部がそれぞれ、国務と統帥をいかに連携させようとしたか、不断の共鳴と対立の関係として発現する。

意外にみえるかもしれないが、統帥部は、政府側の意見が、首相のもとに一元化されるのを常に望んでいた。たとえば、一九四〇年一二月一日の参謀本部作成「武力戦的見地ニ基ク支那事変最高統帥ノ研究」(「宮崎周一史料」防衛庁防衛研究所戦史部蔵)は、陸海軍統帥部を総合参謀本部に統合し、陸海軍省を国防省の一省にする改革を展望した上で、政治の一元化については「要ハ国務大臣ヲ総理一名トシ各省大臣ヲシテ単ニ行政長官タラシムルヲ以テ達シ得ベシ」と構想している。軍の代表一名と政治の代表一名が天皇の前で論議を尽くし、「聖断」を仰いで、最高指導方針を決定すべきだというのである。政治の一元化と統帥の一元化の行き着く先が「聖断」というかたちで展望されていたことは、戦争の実際の終結過程と考えあわせる時、まことに象徴的である。

註

(1) 政軍関係については第1節第1項で論ずるが、とくに参照すべきものとして、永井(一九九三)と黒沢(二〇〇〇)の序章、纐纈(二〇〇五)のまえがきを挙げておく。纐纈は「統帥権独立制による社会的統合を目標とした軍部(軍事)と、これに対抗して民意による社会統合を実現しようとした政党(政治)との相互関係」と捉えている(五頁)。纐纈の視角は、第1節第1項で挙げる二つの基本的な問題意識とは、異なった新しいものである。

(2) 最初に「軍令」が官制中に使用された例である、一八七八年一二月五日の参謀本部条例第五条中からは、軍令の具体的内容が「軍中ノ機務、政略上ノ動静、進軍駐軍転軍ノ令、行軍路程ノ規、運輸ノ方法、軍隊ノ発差等」を意味していたことがわかる（藤田 一九九二、八九頁）。一般的に軍令とは、国防計画、作戦計画、平戦両時における兵力の使用など、主として軍隊の運用にかかわる統帥的な側面をさす。軍政とは、軍隊の編制、兵器の備用、給与、検閲、規律などをはじめ、主として軍隊の維持にかかわる行政的な側面をさす（竹山 一九七二）。

（3）「『日本外交の過誤』について」、『外交史料館報』第一七号（二〇〇三年）。

（4）「条約締結ノ手続、形式及其他ノ先例雑件」、『外務省記録』（アジア歴史資料センター、レファレンスコード：B04013427100）第三八四コマ。

（5）同前、第三七七コマ。

（6）同前、第三七三コマ。

（7）本文中にふれたもののほか、人事行政は本来、大臣が統督すべきものであったが、参謀官、兵科将官、艦船部隊指揮官の人事まで、大臣が軍令部総長に商議する必要ができた。

（8）本章についての出典で、特に断らないものは、加藤（一九九三）、第五章を参照。

（9）三長官会議についての、筆者とは異なる新解釈をとる研究として、筒井（二〇〇七）、森（二〇一〇）がある。

（10）本章についての出典で、特に断らないものは、加藤（一九九三）、第六章を参照。

（11）「大本営陸軍参謀部第二課・機密作戦日誌」、近代外交史研究会編（一九八七）所収。

（12）馬場（一九八三）の第九章など。

（13）社会の中下層を職能国家論によって組織しようとするグループを指す（雨宮 一九九七）。

参考文献

安部博純（一九九五）『新装版 日本ファシズム研究序説』未來社

雨宮昭一（一九九七）『近代日本の戦争指導』吉川弘文館

池田順（一九九七）『日本ファシズム体制史論』校倉書房

伊藤隆（一九六九）『昭和初期政治史研究 ロンドン海軍軍縮問題をめぐる諸政治集団の対抗と提携』東京大学出版会

――（一九八三）『近衛新体制　大政翼賛会への道』中公新書
井上寿一（一九九四）『危機のなかの協調外交　日中戦争に至る対外政策の形成と展開』山川出版社
江口圭一（一九八九）『大系日本の歴史　14　二つの大戦』小学館
加藤陽子（一九九三）『模索する一九三〇年代　日米関係と陸軍中堅層』山川出版社
北岡伸一（一九九〇）「支那課官僚の役割――政軍関係の再検討のために」『年報政治学　近代化過程における政軍関係』
近代外交史研究会編（一九八七）『変動期の日本外交と軍事　史料と検討』原書房
黒沢文貴（二〇〇〇）『大戦間期の日本陸軍』みすず書房
纐纈厚（二〇〇五）『近代日本政軍関係の研究』岩波書店
酒井哲哉（一九九二）『大正デモクラシー体制の崩壊　内政と外交』東京大学出版会
スヴェン、サーラ（二〇〇三）「大正初期における日本の政軍関係」『人民の歴史学』一五八号
鈴木多聞（二〇〇四）「軍部大臣の統帥部長兼任」『史学雑誌』一一三編一一号
――（二〇〇五）「東条内閣総辞職の経緯についての再検討」『日本歴史』六八五号
筒井清忠（二〇〇七）『昭和十年代の陸軍と政治　軍部大臣現役武官制の虚像と実像』岩波書店
永井和（一九九三）『近代日本の軍部と政治』思文閣出版
野村実（一九八〇）『歴史のなかの日本海軍』原書房
波多野澄雄（一九八八）『「大東亜戦争」の時代　日中戦争から日米英戦争へ』朝日出版社
バーガー、ゴードン（二〇〇〇）『大政翼賛会　国民動員をめぐる相剋』坂野潤治訳、山川出版社
馬場明（一九八三）『日中関係と外政機構の研究　大正・昭和期』原書房
坂野潤治（一九八五）『近代日本の外交と政治』研文出版
古川隆久（一九九二）『昭和戦中期の総合国策機関』吉川弘文館
ベルクハーン、V・R（一九九一）『軍国主義と政軍関係　国際的論争の歴史』三宅正樹訳、南窓社
丸山眞男（一九六四）『増補版　現代政治の思想と行動』未來社

御厨貴（一九九六）『政策の統合と権力　日本政治の戦前と戦後』東京大学出版会
三谷太一郎（一九九〇）「まえがき」『年報政治学　近代化過程における政軍関係』
――（一九九七）『近代日本の戦争と政治』岩波書店
――（二〇〇一）「一五年戦争下の日本軍隊――「統帥権」の解体過程」上『成蹊法学』五三号
三宅正樹（二〇〇一）『政軍関係研究』芦書房
森松俊夫（一九八七）「大本営陸軍参謀部第二課　機密作戦日誌」、近代外交史研究会編『変動期の日本外交と軍事』原書房
森靖夫（二〇一〇）『日本陸軍と日中戦争への道　軍事統制システムをめぐる攻防』ミネルヴァ書房
森山茂徳（一九九一）「日本の朝鮮統治政策（一九一〇―一九四五年）の政治史的研究」『法政理論』二三巻三・四号
矢野信幸（一九九三）「翼賛政治体制下の議会勢力と新党運動」、伊藤隆編『日本近代史の再構築』山川出版社
山口定（一九七九）『ファシズム』有斐閣
山口利昭（一九七九）「国家総動員研究序説」『国家学会雑誌』九二巻三・四号
山崎丹照（一九四二）『内閣制度の研究』高山書院
山田朗（二〇〇二）『昭和天皇の軍事思想と戦略』校倉書房
由井正臣（一九七三）「総力戦準備と国民統合」『史観』八六・八七冊
吉田裕（一九七八）「第一次世界大戦と軍部」『歴史学研究』四六〇号
――（一九八四）「軍財抱合」の政治過程」『歴史評論』四〇八号
――（一九九四）「日本の軍隊」『岩波講座日本通史　第17巻　近代2』岩波書店
吉見義明（一九七七）「戦前における「日本ファシズム観」の変遷」『歴史学研究』四五一号
李炯喆（一九八七）『軍部の昭和史』上・下巻、ＮＨＫブックス
渡辺昭夫（一九八五）「英米による経済制裁の危機と日本の対応」、『年報　近代日本研究』七号
「亀井貫一郎関係文書」（国会図書館憲政資料室蔵）

第6章　大政翼賛会の成立から対英米開戦まで

この章はもともと、『岩波講座　日本歴史』の戦中から戦後への移行期を扱う巻の巻頭論文として書かれた。日中関係を横軸、三国軍事同盟・大政翼賛会・日米交渉の三大テーマを縦軸にとり、陸海軍を中心とした対外政策決定過程を追った。本章の冒頭で筆者は、日米交渉時の松岡洋右外相が、寺崎太郎アメリカ局長を中国巡見の旅に送り出し、中国在勤総領事らを召集して会議を開いていた事実から、日米交渉の裏で日中関係の再検討がなされていたことを示唆した。この見通しを補強するような史料（高橋勝浩編『本多熊太郎関係文書』国書刊行会、二〇一八年）が近年発見され、外政機構と現地軍との関係について、統帥系統と行政系統の責任分野の明確化を外務省が図ろうとしていたことがわかった。なお未踏の領域が残されているのは興味深く、さらに研究を進めてゆきたい。

はじめに

本章の課題は、一九四〇（昭和一五）年九月の日独伊三国軍事同盟調印、翌一〇月の大政翼賛会成立から、四一年一二月の対英米開戦決定に至る日本の政軍関係の特質を、国際関係をふまえつつ明らかにすることにある。政府による、三国同盟・翼賛会・日米交渉という三つの施策の裏面には、当時の日本にとって最大の懸案であった日中戦争をいかに終結させるかという問題意識が一貫して流れていた。よって本章では、これら三つの事案を縦軸とし、新しく利用が可能となった史料の多様性もあいまって近年著しく研究が進んだ日中関係史を横軸にとって叙述を進めたい。その際、四〇年七月二七日の大本営政府連絡会議決定「世界情勢の推移に伴う時局処理要綱」から、翌年一一月五日の御前会議決定「帝国国策遂行要領」に至る国策の実態について、森山優[2]や波多野澄雄[3]の研究に学びつつ明らかにしたい。

三国同盟を日中関係から眺めると何が見えてくるのだろうか。波多野澄雄は、四〇年秋の時点での陸軍、特に参謀本部の中に、国際的文脈から日中戦争を解決しようとする考え方が誕生したとみる[4]。日中二国間交渉によってではなく、三国同盟の力によって英蘭の影響力を極東から排除し、自給自足圏を南方に確立することで日中戦争の解決を図ろうとする考え方であった。また、ドイツ史の田嶋信雄が明らかにしたように、日独中ソの四国間には、二〇年代半ばから四〇年にかけて、ドイツを中心とした日独中ソのユーラシア大陸ブロック構想が伏流水のように流れていた。三国同盟が調印されたことで、ドイツと中国においては、ユーラシア大陸ブロック構想を支持する勢力が活性化し、その勢力を核とした日中停戦構想も浮上した[5]。

次に、大政翼賛会を日中関係に結びつけると何が見えてくるだろうか。日本の戦時議会を研究するゴードン・バーガーが早い時期に指摘しながら[6]、その後の研究史では必ずしも継承されなかった視角、すなわち、翼賛会が日中停戦構想の中で期待された対外的な意味づけである。近衛文麿首相や周辺の革新官僚らが当初構想していたのは、中国との和平を実現しうるに十分な、政治力を結集できる中核体だったとの見方である。

最後に、日米交渉を日中関係に結びつけると何が見えてくるだろうか。これまで日米交渉は、アメリカが暗号解読によって日本の手の内をすべて読んだ上で、フィリピン防衛準備が整うまでの時間稼ぎ、あるいは、ドイツと戦っていた英ソ支援の時間稼ぎとして行ったものとして描かれることが多かった[7]。この描き方は、英ソ支援のための時間と空間をアメリカにもたらすため日米交渉はなされたと理解する点では正しい。しかしそれでは、三一年九月の満洲事変以来、日米間に一貫して存在していた中国問題が抜け落ちる。外相であった松岡洋右は、四一年一月、中国在勤総領事を集めた会議を開催し、対米国交調整案を練るとともに、亜米利加局長寺崎太郎を日米交渉開始前に中国巡見の旅に送り出していた[8]。駐米大使として四一年二月に着任した野村吉三郎もまた、その直前の一月付の覚書「対米試案」において、日米間の紛争の中心に日中問題があるとし、パネー号事件（一九三七年）以降蓄積した米国の不満を緩和する必要性を説いていた[9]ことを忘れてはならない。松岡と野村の対立に目が奪われがちな日米交渉だが、両者ともに日中停戦交渉のテーブルに中国を着かせるために米国を利用しようとした点では一致していたことに注目したい。

一九三九年九月一日、ドイツがポーランドに侵入したことをうけ、九月三日、英仏は対独宣戦布告をおこなった。独ソによるポーランド分割後の半年にわたる奇妙な静寂を破ったのは、四〇年四月のドイツによるノルウェー・デンマークへの侵攻・占領と、五月のフランス・ベルギー・オランダへの急襲であり、これが第二次世界大戦の一つ目の画期となった。大戦の二つ目の画期は、四一年六月二二日の独ソ戦の開始と同年一二月八日の太平洋戦争の勃発に置かれよう。日独伊等の枢軸国と、英米ソ中(重慶国民政府)等の連合国が対峙する構図ができあがった。以上、二つの画期にはさまれた時期の日本の内政と外交を以下に描く。

1　欧州情勢の激変と近衛新体制の始動

ドイツ軍事史を専門とするザンダー・ナガシマによれば、一九三九年九月に勃発した第二次世界大戦(四一年一二月に勃発した太平洋戦争も含む)の帰趨を決した要因は、海洋における両陣営の戦いにおかれるという[10]。中国に対する日本陸軍の戦い、ソ連に対するドイツ陸軍の戦いは、中ソとも退却しうる広大な大陸後背地を持っていたため、戦争は泥沼化し、勝敗の帰趨は、英米から中ソへと物資を運ぶ海上輸送路を、日独伊がいかに効果的に遮断しうるかにかかっていた。上記の観点からみれば、海洋国家・英米にとって、三七年七月の日中戦争勃発時以来、大陸に日本を牽制し続ける中国の存在は重要となる。日米開戦外交史の古典を書いたジョナサン・アトリーは、ローズヴェルト政権にとっての中国の意味を、「日本が東南アジアの重要地域に侵攻するのを妨げるために無尽の人力を犠牲にする、一種の担保」だったと位置づけ、「最も重要なことは中国に戦いを続けさせること」[11]とした。アメリカの対中支援については、道義的経済的観点から、さらに、望ましい世界秩序（ワシントン体制）維持をめぐる攻防[12]、との観点から説明されてきたが、大西洋と太平洋の二正面を引き受けざるをえなかったアメリカの戦略面からも見る必要がある。

実のところ、大戦を陸と海との戦いとする性格づけは、当時の日本においても盛んに論じられた視点であった。革新官僚の毛里英於菟《ひでおと》は[13]、四〇年秋の時点で日本の近代を回顧し、従来の日本は太平洋空間において隆盛を極めてきた自由貿易という世界経済構造の中で生きてきたが、三二年の満洲国成立を契機とし、計画経済を内包した新しい大陸空間の経済構造へと「転移を始めた」として、太平洋に比して今や優位に立った大陸、とのイメージを描いてみせた[14]。一方、駐英大使の重光葵《まもる》は四一年一月一〇日の時点で、「独逸が海の英国に勝つと判断することは出来ぬ[15]」と断じ、前年九月二七日に調印済みの日独伊三国同盟に対しても「橋を切つて本丸に立て籠らんとするもの[16]」と、日本の選択を批判していた。異なる見解を持つ同時代人が、陸と海との戦いと捉えた二つの陣営の戦略的な対立は、あるべき国際秩序をめぐる国家の存亡をかけた対立[17]を別の角度から見た場合の表現ともいえた。

ここで、アメリカにとっての中国、英米にとってのソ連と同様の関係性が、ドイツと日本の間にもあったことに留意したい。欧州で唯一ドイツに対して抗戦していた英国の頼みは米ソ両国であり、その二国を西と南から牽制しうる、地政学的に稀有な地位に立つ国として日本はあった。四〇年七月三一日、和平提案が英国に拒絶された後、ヒトラーが国防軍首脳を前にして述べた次の発言はよく知られている。「イギリスの希望はロシアとアメリカである。もしロシアへの希望が潰えれば、アメリカも潰え去る。

なぜならロシアが脱落すると東アジアにおいて日本の価値が飛躍的に高まるからである」[18]。こうして、三九年八月の独ソ不可侵条約調印以来、急速に冷え込んでいた日独関係に劇的な変化が起ることになった。

四〇年六月二四日、近衛文麿が枢密院議長を辞して新体制運動[19]に乗り出した背景には、このような欧州情勢の変化の他に、日中和平への期待があった。「はじめに」でもふれたが、バーガーは、近衛や近衛支持者らが、「戦争を終結できると楽観しており、〔中略〕日中戦争の方はひとまず忘れて、日本は南方に進出し、資源の面での対米依存から脱却し、北方の防衛力を強化できる」[20]と考えていたとし、三八年から四一年にかけての、近衛新党案から大政翼賛会改組にいたる近衛の迷走を合理的に説明する仮説として、以下の説を提唱した。すなわち、近衛は、日中和平工作がうまくいきそうになると本格的な国民動員方式（国民組織や新党運動）に軸足を移し、和平工作が挫折すると内務省型の国民動員方式（公事結《こうじけっ》社としての大政翼賛会）に軸足を移したのではないか[21]、との内在的理解である。戦争三年目の日本の財政状況、中国に権益を有する第三国特に米国との関係悪化を考えれば、当時の日本にとって最大の制約要因を日中戦争にみる視角は説得的だろう。

三九年九月に編制された支那派遣軍は、政府の了解のもとで重慶国民政府側との和平工作（桐《きり》工作）に着手していた[22]。日本側が考える停戦許容条件[23]は、①国交調整の基本原則は善隣友好・協同防共・経済提携の三原則に置く、②満洲国承認、③容共抗日策の放棄、④防共駐兵、の四点であった。本工作については、重慶側の使者・宋子良（蔣介石の妻・宋美齢の実弟と称する）が偽物だったことから、重慶側の謀略[24]あるいは威力偵察[25]とみなされてきた。だが、近年公開された「蔣介石日記手稿」からは、四〇年七月六日、「大公報」主筆・張季鸞に対し、中国側条件を日本側に伝えるよう蔣自身が命じ、八月四日、「敵〔日本〕が南下の野心に狂っている時に乗じて、我が国に有利な条件で講和を図ることは悪くない」として、再び張に日本との交渉を命じていた事実(26)も明らかにされた。一方、工作の詳細は天皇にも達していた。七月一三日、天皇は内大臣木戸幸一に「重慶工作は十日附にて蔣より返事あり、板垣〔征四郎〕と長沙にて停戦を目的に面会すべしとのこと」(27)と伝えており、近年公開された「昭和天皇実録」によっても、八月五日と二一日の両日、天皇は侍従武官長蓮沼蕃《しげる》を参謀本部に差遣して和平の進捗状況を聴取させていた事実が判明し(28)、蔣側の動向と合致する。この時期、蔣が講和を考慮した理由としては、第一に、欧州戦局の悪化による英仏の対日譲歩（援蔣ルートの閉鎖）、第二に、軍令部長徐永昌の四〇年九月五日時点の言葉「抗日戦が長引けば中共を益々勢いづかせる(29)」からもわかるような、共産党の勢力伸長への恐れ、第三に、日本の宜昌作戦（同年五月～六月）による重慶の窮乏化、が挙げられる。陸軍による作戦のほか、海軍航空隊による戦略爆撃も実施され、重慶向けの物資の集積地かつ交通の要衝であった宜昌への被害は甚大であった。

新体制運動の理論的支柱となった東京帝大法学部教授矢部貞治(30)は、近衛出馬の意図を「支那事変拡大の責任を負うがため、〔中略〕自ら国民輿論の後楯を得て、軍部を抑制せんとの決意を抱いていた(31)」とする。近衛自身はその理由を、「挙国一致体制の期する所は事変、欧洲大戦に伴って変転極り無き世界の情勢に対応するため(32)」と述べる。この時期、海軍軍務局長の指示で新体制の情報収集にあたっていた高木惣吉も四〇年六月一七日、「現状を以て推移せば陸軍中心の軍政府となる恐《おそれ》大なるを以て、之を予防し而《しか》も時局処理に任ぜんとするには挙国一党以外に方策なし、とは近衛公一派の考なり(33)」と分析していた。以上まとめれば、近衛出馬の要因として、ドイツの勝利、日中和平の機運、陸軍牽制、の諸点を指摘できる。こうして七月二二日、第二次近衛内閣が誕生した。

新内閣の政策の特徴は二つある。一つは、既成政党への対決姿勢であった。組閣に先立つ五月二六日、木戸は近衛、有馬頼寧《よりやす》（後に、大政翼賛会初代事務総長）と会合し、一、大命降下前には、政党側が自発的に新党樹立に動くのを待つ、二、大命降下後には、（イ）陸海軍両総長、首相、陸海相からなる最高国防会議の設置、（ロ）陸海軍の国防・外交・財政に関する要望聴取、（ハ）新党樹立の決意を表明し各政党に解党を要求、三、新党成立後、党員中から人材を抜擢して全閣僚を任命する、と申し合せていた[34]。この時点では、既成政党の解党や一国一党化が考慮されていたことがわかる。近衛自身、組閣翌日の七月二三日のラジオ放送「大命を拝して[35]」で既成政党批判を行っていた。いわく、政党は「立憲の趣旨に於きまして、自由主義をとり、民主主義をとり、或は社会主義をとりまして、其の根本の世界観人生観が、既に我が国体と相容れない」、と。原稿を起草したのは東京帝大文学部教授平泉澄だったが、さすがの近衛も、平泉の草稿中にはあった、政党を全否定する部分、「私の考へます新体制は、決して従来の党派の離合集散によって新たに一個の新党の成立を企てるといふのではなく、実に無党を期する[36]」は飛ばして読んだ[37]。自由主義派を除いた既成政党勢力、陸軍や企画院の革新官僚は、このような近衛の方向性を歓迎していたが、一国一党は幕府的存在だとする観念右翼からの批判、憲法上の疑義を避けるべきだとする矢部[38]をはじめとする近衛側近の判断により、七月末、新党プランは断念された[39]。それでも政党自身による解党は進み、六月一九日には中野正剛率いる東方会が、七月六日に社会大衆党が、一六日に政友会久原派が、三〇日に政友会中島派が、八月一五日に民政党が解党したことで、既存の政治団体は、名称という点ではこの時点ですべて解党することとなった。

二点目は、軍への統制志向である。第一次内閣当時にも首相の閣内統制力の強化として、大本営を設置し内閣参議制[40]を導入した近衛であったから、四〇年七月二三日の記者会見でも、統帥と政治の関係について「これは最も重要で、ある意味では政党の問題よりも大きい[41]」と述べていたのも意外としない。だが結果からいえば、近衛の意図は貫徹しなかった。この時期、内閣官房総務課長だった稲田周一は「近衛公は国策の基本について思想統一をする機会を作って、結果に於ては陸軍の主張を丸呑みして組閣してしまったとしか思われない[42]」と評している。近衛の陸軍抑制策は、外相就任予定の松岡洋右の「強さ」に依存する形をとった。七月一九日、近衛私邸・荻外荘での会談には、近衛の呼びかけで、松岡、陸相就任予定の東条英機、海相留任予定の吉田善吾が臨み、そこでは、①戦時経済の確立、②対世界政策（東亜新秩序建設のための日独伊枢軸強化、ソ連とは日満蒙間不可侵協定締結、英仏蘭植民地の包摂、米国とは無用の衝突は回避するが東亜新秩序建設に関する干渉は排除）、③日中戦争処理、④国内体制の整備（新政治組織、内閣総理大臣に直属し政治の大方針を決定するための機関設置[43]）、を柱とする大綱が決定された。

原案作成にあたったのは松岡だったが[44]、注目すべきは、中国の占領地支配への軍干与の制限、対中和平交渉の条件緩和、という二つの側面から軍の統制を図ったことである。三八年一二月の興亜院設置による、占領地支配の中央統御策[45]を一歩進める措置といえた。①戦時経済の確立、部分の松岡原案は、「我カ経済活動ハ純作戦地ニ於テ作戦軍カ軍ノ生存上自ラ掌握スルコト〔ヲ〕絶対ニ必要トスルモノ」以外、政府が一元的に管掌する、と書かれていた。しかし、四相会議決定となった最終稿では、「我カ経済活動ハ作戦軍カ軍ノ生存上自ラ処理指導スルコトヲ絶対必要トスルモノ」以外、と後退を余儀なくされている。軍の干与を純作戦地域とする限定が落ち、政府による軍の統制の度合いは原案より弱められたといえよう。また、③日中戦争処理、部分の松岡原案は、重慶側との交渉条件として、東亜共同防衛の具現、東亜経済圏の確立、日支不再戦保証の三条件が掲げられていた。四相会議決定段階では、上記三条件に加え、共産主義排撃と排日禁絶の二条件が付加される。注目すべきことは、最終案においても満洲国承認と防共駐兵の二条件が入っていなかった点にある。松岡の対中交渉条件は、四〇年七月という時期に鑑みて、「穏健」なものといえた。

2 国策決定の新方式と非決定の内実

第二次近衛内閣は成立直後、その後の日本の方向を決定づけた二つの重要決定を矢継ぎ早に行った。一九四〇年七月二六日の閣議決定「基本決定要綱」(46)(以下、「要綱」)と、翌日の大本営政府連絡会議決定「世界情勢ノ推移ニ伴フ時局処理要綱」(47)(以下、「処理要綱」)である。まず、「要綱」の決定過程から、本内閣における政策決定の一つ目の特徴をみていこう。「要綱」の原案は「綜合国策十年計画」(48)(以下、「計画」)であり、この「計画」は陸軍省軍務局長武藤章のもとで、軍事課長岩畔豪雄らを常任世話人とし、革新官僚や民間人を集めて準備されたものだった。(49)「計画」は、基本国策、外交と国防、内政関係、「日満支」関係、の四点からなっていたが、重点は内政関係に置かれ、経済機構、農林、財政金融、貿易、交通、人口、厚生、文教等の各分野についての要検討事項が列挙されていた。このような「計画」を原案とし、大東亜新秩序の建設、国内体制の刷新を謳う「要綱」は、早急に対処すべき案件をどの省庁が担当すべきなのかを割り振るための基本ソフトといえるだろう。「要綱」と一体のものとして八月一日に閣議決定された「基本国策要綱ニ基ク具体問題処理要綱」[50]をみるとわかりやすいが、対処すべき二〇余項目のうち、新国民組織の確立、輿論指導方策の確立、重要物資の一元的統制機構の整備等の九つの柱を、特に早急な対処が望まれる政策として位置づけていた。

高度に分権的に書かれた大日本帝国憲法下の近代日本にあって、政策の優先順位を決定し、政策の統合を有機的に図るための必須の歴史的装置としては、元老や政党の存在が知られてきた。[51]慣習的二大政党制が崩壊した後、斎藤実内閣や平沼騏一郎内閣においては、農村問題や外交問題の解決を図るため、五相（首相、蔵相、陸海相、外相）会議方式が活用された。この五相会議方式と、第二次近衛内閣による「要綱」決定方式とを比較すると、「要綱」決定にあたっては、革新官僚や民間ブレインによって作成された「計画」が原案とされ、閣議決定は形骸化していたことがわかる。この方式は、あたかも各省庁の上に起案・決定のための機関が置かれ、その機関の決定に従って各省庁が政策の実施にあたっているのと同様の関係となる。「計画」を原案とした「要綱」決定の画期性はこの点にあり、首相の権限強化や企画院の統制省化（後述）が憲法上からは許されないためにとられた迂回方式だった。

七月二七日の大本営政府連絡会議（以下、連絡会議と略す）開催は、第一次近衛内閣以来、実に一年八ヵ月ぶりのことであり、ここでは「処理要綱」が決定された。連絡会議を決定の場とした点に近衛内閣の特徴があったが、先にみた「要綱」の場合と同じく、「処理要綱」原案もまた、参謀本部謀略課長臼井茂樹の指示により作戦課戦争指導班によって作られ、[52]海軍側の修正を加えられて軍の原案となった。第一条で日中戦争解決と対南方施策推進の必要性を、第二条で南方問題解決の方法（独伊との政治的結束強化、対ソ国交調整、対米摩擦回避、仏印への武力行使の可能性、蘭印（オランダ領東インド）へは外交による資源確保）を、第三条で対南方好機武力行使の条件を、第四条で国防国家完成のための国内指導の要点を記していた。省を率いる閣僚が首相と共に鳩首会合して意思決定する五相会議と比べた時、連絡会議方式、あるいは、そこに天皇と枢密院議長が加わる御前会議方式では、下僚が作成した作文を大臣や統帥部の代表が読まされるという、形式性は高くなろう。また、これらの会議には陸海相の他に統帥部代表も参加するために、参加者中に軍人が占める割合は当然高くなる。「帝国国策遂行要領」が決定された四一年九月六日の御前会議[53]を例にとれば、参加者は首相・外務・大蔵・内務・陸・海の六相と、参謀総長と次長、軍令部総長と次長、枢府議長、内閣書記官長、陸海軍軍務局長、企画院総裁の総計一五人だったが、軍の代表者は八人（軍人は一〇人）を占めた。また、会議の場に出席しない下僚が文書を作成することから、陸海軍省や参謀本部・軍令部など、個々の組織的利害が未調整のまま会議に上がる傾向は強まった。

ここで、「処理要綱」第四条の、国内政治改革問題をめぐって、陸海軍間に生じた不一致、非決定の内実をみておく。第四条は大綱のみであり、中身は陸軍側作成「第四条国内指導ニ関スル具体的要目[54]」に譲られていた。この陸軍側作成案は当初、①総理大臣の権限強化（各省間で意見が対立した問題につき首相に決裁権付与）、②各省割拠主義の打破（企画院に計画実施機能を持たせ、統制省化する）、③新国民組織の確立（各階層各職域に応じた全国的国民総動員体制の確立）、の三点を書き込んだものだった[55]。これに対し海軍は、憲法上の疑義があるとして修正意見[56]を対置した。いわく、①は憲法の精神と国体に反する、②も企画院を統制省とすることは「各省ノ上ニ立ツ省ガ存在スルコトトナリ、天皇ノ下ニ独裁的政府ヲ樹立スル結果トナル」として反対した。このように、「処理要綱」の第四条では国防国家完成のための国内改革を謳っていたものの海軍の反対で①②は具体化されず、実現した項目としては、③、四〇年一一月の職能的国民組織としての大日本産業報国会の結成[57]くらいしかなかったとの評価もある。

　次に、「処理要綱」第二条と第三条に規定された、南方への武力進出問題に関する陸海軍間の不一致をみておこう。これまでの先行研究において「処理要綱」は、ドイツによる英本土上陸がなされた場合に極東英領や蘭印を攻略するとした「好機便乗」的文書[58]と位置づけられてきた。だが、海軍側の史料を分析した実証研究の成果によれば、肝腎の日中戦争処理と南方進出の関係については、この時点でもなお陸海軍間で統一をみていなかったという[59]。当時にあって政府・陸・海三者の観点を知りうる唯一の立場にいた天皇は、四〇年七月三〇日、木戸に対し「三者は何《いず》れも彼の案の実行に就いては考を異にし居る様[60]」との的確な感想を伝えている。

　武力行使を伴う南進をめぐる陸海軍間の不一致について考えるため、これまで北進を掲げてきた陸軍が、なぜこの時期になって南進を志向するようになったのかをみておこう。「はじめに」でみたように、波多野澄雄[61]は、南進路線による日中戦争解決案がこの時期に浮上したとみる。「処理要綱」の陸軍原案を海軍に説明した臼井謀略課長[62]は、波多野のいう南進路線の典型的論者であった。いわく、独伊によって欧州・アフリカのブロック化が進められる一方、英国はといえば印度と豪州を基軸に米国とも協力して南太平洋に後方線を確保するはずなので、数年後には、戦略的経済的に鞏固な英米ブロックが南方に形成される。好むと好まざるとにかかわらず、日本は英米依存の経済を継続できなくなる。ならば、南方を含む経済的自給圏確立のため先手を打たねばならない、と。そして自給自足圏確立のための南方進出を可能にするため、対ソ安全感の獲得、日中戦争の終結、独伊との政治的結束が必要なのだ、との発想になる。この場合、極東英領と蘭印二地域への武力行使は辞さないとされる。

これに対し海軍側は、英領への攻撃は対米戦を招くとの英米不可分論に立ち、蘭印への武力行使のみ認める立場であった。(63)「処理要綱」決定一ヵ月後の八月二九日、海軍側が漸く認めた武力行使許容要件は、以下のように極めて限定の多いものだった。(64)まず、A：日中戦争中であっても帝国の存立上必ず武力行使を行う場合と、B：好機到来により武力行使を行う場合の二つに分ける。Aとして想定されるのは、①米国が全面的禁輸を断行して第三国もこれに応ずる場合、②米英共同もしくは単独で日本に対して圧迫を加える企図が明らかであり、日本の国防の安危に関わる太平洋上の現状変更があった場合だった。Bとして想定されるのは、①米国が欧州戦争に参加し、東洋の事態に対応しうる余力が小さくなった場合、②英国の劣勢が明らかとなり東洋に対する交戦余力が小さくなり、英領土へ侵出しても英援助のために米国が乗り出す可能性が小さい場合等だった。

これらをみて特徴的なのは、Bで「好機」の解釈を極めて狭く限定して武力行使の可能性を低く設定する一方、Aで米国と第三国が対日全面禁輸を行えば武力行使に訴えるとしていた点である。もちろん、この場合の武力行使は蘭印までとの限定付きだったが、能動的主体的に行う南方への武力行使の可能性を低く抑える一方、受動的被動的になされる南方への武力行使の可能性を高く設定していたことが重要である。米国と第三国(英、蘭等を想定)による全面禁輸がなされれば蘭印に武力行使するという決定の意味するところは、蘭印に対する米英の安全保障戦略の変容に伴って重みを増すこととなろう。

次に、この頃のアメリカの対日態度をみておこう。米国は三九年七月二六日の段階で、一一年に締結された日米通商航海条約の半年後の廃棄を通告していた（四〇年一月二六日失効）。廃棄通告一年後の四〇年七月二六日、石油・屑鉄を輸出許可制適用品中に加えるといったんは発表した上で、同月三一日、禁輸の対象を航空機用ガソリンと潤滑油に限定する旨の追加発表を行った。禁輸に踏み切った米国側の動機として、宗主国敗北後の仏印・蘭印への日本による南進を牽制する意図があったのは確実だろう（仏印領土の日本軍通過と飛行場確保のための北部仏印進駐は四〇年九月二二日）。だが、牽制の方法をめぐっては米政府内において硬軟両派の対立があった。前掲のジョナサン・アトリーによれば、ローズヴェルト大統領は航空機動力燃料のみの禁輸に止めたかった。だが、経済的な強圧が日本の南進を止めうると考えた財務長官モーゲンソーは、より広範な禁輸、具体的には石油製品全般・屑鉄・鉄鋼の禁輸を発動しようと画策していた。しかし広範な禁輸は、「極東における自国の行動を正当化する口実」[65]を日本に与えてしまうとの考えに立つ国務省の反対により、結果として七月三一日の妥協的な決定が選択された。国務省は、日本に対して禁輸する航空機ガソリンのオクタン価を八七以上と指定し（日本の航空機は八六オクタン価を輸入）、日本の実質的ダメージが極力少なくなるよう配慮していた。事実、航空機用ガソリンの禁輸措置前後の五ヶ月の輸入量を比較すると、日本の輸入量は禁輸前の六・五倍に増加していたのである[66]。

南進をめぐる陸海軍の対立は翌年にも繰り返されている。四一年七月二日の御前会議決定「情勢ノ推移ニ伴フ帝国国策要綱」は、南部仏印進駐を最終的に決定したもので、「対英米戦争ヲ辞セズ」との文言を含んでいた。しかし、海軍の側に対英米一戦の決意があったわけではなく、実のところ、松岡外相と参謀本部に起こった性急な対ソ攻撃論（六月二二日に勃発した独ソ戦に呼応するため）を牽制し、海軍軍備充実という組織目標を合理化するための南方武力行使論に過ぎなかった[67]。参謀本部戦争指導班の課員はこの決定を「作文ハ作文、陸海トン〳〵ノ国柄ヤムヲ得ズ(68)」と揶揄的に記していた。

3 「革新」派の論理と大政翼賛会の成立

一九四〇年八月二八日の新体制設立準備会の事務を担当したのは、美濃部洋次（商工省）、奥村喜和男（逓信省）、迫水久常（大蔵省）、毛里英於菟（興亜院）ら、この時期に企画院審議室入りした革新官僚だった。ここで、「革新」派の日中戦争観をみておく(69)。三八年一〇月段階の毛里は、中国に対する日本の戦いを「国際資本主義及び共産主義の支那に対する支配と、蔣政権の之に対する服従」を止める戦いと認識していた(70)。また、同年一一月の論考では眼前の戦争を、国際資本主義と共産主義が支配する世界に対する東亜の革命と意義づけ、東亜協同体の完成によってのみ革命が成就されるとした。日本自ら、自由主義や資本主義から脱却し、一君万民政治の全体主義の基本性格を有する国民組織を編成して初めて事変（「支那事変」）の全体的解決が可能となる(71)、との展望のもとに、国内の新体制、具体的には国民再組織と済経統制に邁進していた。後に大政翼賛会東亜部副部長となる杉原正巳は、「革新」派が多数寄稿していた雑誌『解剖時代』を武藤章陸軍軍務局長の資金援助により刊行していた人物だったが、毛里と同様の見方をしていた。杉原もまた資本主義と共産主義を「近代の生んだ双生児(72)」と呼び、「支那事変は、東亜の世界（国際資本主義及び国際共産主義的支配）に対する革命(73)」だとし、「東亜協同体とは十九世紀の旧《ふる》い国際金融資本秩序、国際共産主義秩序の支配・被支配の関係に代る第三秩序(74)」だと謳った。中国へ影響力を持つ英ソ二国をともに批判し、返す刀で日本の現状を憂いて改革を迫る論調は、対外的危機意識に基づき国内改造要求を行った北一輝以来の伝統[75]といい得る。

三国同盟調印の翌日、四〇年九月二八日、近衛首相は「重大時局に直面して[76]」と題しラジオ放送を行ったが、そこで展開された論理は「革新」派と同じものだった。いわく、「日支の紛争は、世界旧体制の重圧の下に起れる東亜の変態的内乱であって、これが解決は世界旧秩序の根柢に横わる矛盾に、一大斧《ふ》鉞《えつ》を加うることによってのみ、達成せられる」（傍点引用者）。「変態的内乱」との新奇な表現は、「革命」の字句を避けるためのものだったろう。いずれにせよ、近衛あるいは近衛放送の草稿起草者が「革新」派に寄せる共感は紛れもないものだった。近衛は八月二七日、矢部貞治に原案を書かせた「憲法の運用について」と題する意見書（他に外交方針、経済財政策も）を天皇の許に提出[77]し、大日本帝国憲法は不《ふ》磨《ま》の大典ではあるが起草当時の欧州諸国の政体（自由主義的立憲国家）の影響を受けて書かれているので、「政体法の組織及び運用」において過度に「分立主義、均衡主義」に偏した部分があるとの見方を述べた。近衛意見書は結論として、国家権力の集中を図り、首相の執行権を強化するため、憲法第八条（緊急勅令）、第一四条（戒厳令）、第三一条（戦時における国民の権利義務の制限）、第七〇条（緊急時の勅令による財政処分）などについて、時代に即した運用が必要だと述べていた。天皇は木戸内大臣に対し、「憲法の改正を必要とするのであれば、正規の手続きにより之を改正するに異存はないが、近衛が兎角議会を重ぜない様」に思われるとした上で、蘇我物部や源平を鑑みるに二大勢力の対立が日本の歴史だとすれば、この対立を「議会に於て為さしむるのは一つの行方」であり、日本ではこれを一つに統一するのは困難だとの危惧を述べていた[78]。議会の存在価値についての天皇の評言は慧眼であったといえよう。

これまでみてきたように「革新」派は、眼前の日中戦争に積極的な意味を付与しようとした。そもそも、近衛新党待望論が帝国議会内に広がったのは、四〇年二月二日の斎藤隆夫（民政党）のいわゆる反軍演説に端を発した除名問題を契機としていたことを思い出したい。斎藤演説は軍部批判というより、第一次近衛声明（三八年一月一六日）に盛られていた「革新」派の戦争観を批判したものだった[79]。宣戦布告せず、無賠償無併合、経済開発も独占しない等の美辞麗句では戦争は終わらない、戦争は武力によってしか解決できないと斎藤は断じ、「革新」派に冷水を浴びせた。議会内の「革新」派や親軍勢力は斎藤を有力な敵と認識し、斎藤除名を契機に一つの勢力としてまとまってゆく。これら「革新」派は、政治面では国民再組織を、経済面では資本と経営の分離論、利益配当の制限（四〇年一〇月の会社経理統制令）等を要求していた[80]。

だが、四〇年八月二八日から九月一七日まで首相官邸で開催[81]された新体制設立準備会においては、「革新」派と敵対する勢力が登場してくる。貴衆両院議員（一三名）・言論界（四名）・国家主義団体（四名）・財界（二名）、学界・外交界・自治団体（各一名）から選出された二六名の委員と八名の常任幹事（内閣書記官長、法制局長官、陸海軍軍務局長、企画院次長、内務次官のほか、民間から後藤隆之助と松本重治[82]）が集められた。社会大衆党を率いる麻生久が、新体制声明案には「青年ノ力ヲ駆リ立テル」ものがないと批判すれば、精神右翼の井田磐楠《いわくす》は「汽車ニ乗ツテ居ル間ニ知ラヌ間ニソビエートへ行ツタノデハ大変」と応じた。一方、国民組織の中核体となるべく期待されていた在郷軍人会について、東条陸相は「私ハ軍ハ新体制ノ中核トハ思ハナイ」と発言し、「革新」派を落胆させた。

違憲との批判を受け、当初の近衛新党路線を国民再組織路線へと修正した矢部は、新体制をめぐる対立を革新右翼と精神右翼の対立とみていた[83]。麻生ら革新右翼は、日独伊軍事同盟やソ連との抱合を支持し、経済面では利潤統制、資本と経営の分離を主張していたが、井田ら精神右翼は、「赤の排撃、ソ連の警戒を根本的主張」とし、「支那事変の急速処理、南方進出の危険性、英米との開戦不可」を主張していた、と。左は企画院審議室の革新官僚から、右は精神右翼までを満足させられるような新たな国民組織を、政党勢力・労組・農民組合など既成組織から再編成するのは至難の業だった(84)ろう。

矢部は調査対象者の九〇%以上が既成政党不信と出た警察調査を踏まえた上で、以下の見通しのもとに行動した(85)。いわく、純然たる民間の運動が政治運動を行えば治安警察法(一九〇〇年施行)の適用を受けねばならないが、「官的な運動」とすれば適用を免れ得る。このようにする最大のメリットは、治安警察法第五条で結社加入を禁止されてきた、現役及び召集中の予備後備の軍人・警察官・神官神職ほか宗教家・学校生徒・女子・未成年者のほか、学校・公共団体・在郷軍人会・産業組合などを公然と動員できる点にあった(86)。だが、官制運動による国民再組織では、近衛新党に期待する政党人や革新右翼は満足しえないだろう。一方で、革新官僚の主導によって制定された会社経理統制令に対し財界は、資本主義の根幹を揺るがすものとして強く反対し、四〇年秋から新体制「赤」論という、わかりやすい方法で反撃を始めた。内務省もまた、国民組織における地方組織支部長を知事とするように圧力をかけ、町内会・部落会を末端組織として組み込むよう強く要請した(87)。

このような状況下に、精神右翼や財界など、「革新」派の政策に反対する勢力が多数派形成に動いた。この時期、財界が活性化した裏面に、実のところ海軍側のテコ入れのあったことが、海軍軍務局長の下で新体制の情報収集にあたっていた高木惣吉の記録からわかる(88)。高木は四〇年一〇月五日、経済連盟会長で内閣参議の郷誠之助と連絡をつけたほか、元三井合名常務理事で内閣参議の池田成彬、日銀総裁結城豊太郎とも連絡をつける。[89] 同月二六日に開催された、関東財界代表と海軍首脳との懇談会の席上、[90] 池田が「国民〔ノ〕危惧ハ政府ノ統制ノ何処迄行クカ解ラザルコトニアリ。遂ニハ財産ノ没収、統制トイフ彼ノ北一輝等ノ考ニ落付クニ非ズヤト」との危機感を募らせれば、中支那振興株式会社総裁の児玉謙次もまた「新体制ハ赤ノ思想ナリ。奥村〔喜和男。企画院書記官〕ノ謂フトコロニ依レバ我々ノ生命財産ハ預リモノナリ、何時ニテモ御返シスル覚悟ヲ要スト云フ。陛下ヲ「ダシ」ニシテ赤ノ思想ヲ宣伝シツツアリ」と、「革新」派を批判するといった具合だった。このような連携を前に近衛の側に動揺がみられるようになった。一〇月一二日、近衛首相を総裁とする大政翼賛会発会式が行われたが、その運動規約第一条「本運動は全国民の運動にしてこれを大政翼賛運動と称す」、第二条「本運動は万民翼賛、一億一心、職分奉公の国民組織を確立し、その運用を円滑ならしめ、もつて臣道実践体制の実現を期するをもつて目的とす」からも察せられるように、推進主体の間での意思統一は成就しなかった。初代事務総長となった有馬頼寧のこの間の日記は、翼賛会の迷走の過程をよく伝える。いわく、一一月一七日「右翼からの非難をあまりに〔近衛〕総裁が気にするのが不快だ」、[91] 一二月四日「〔精神右翼の〕平沼〔騏一郎〕男〔爵〕無任所相となる。総理は何を考へているのか」。[92] 同月七日「経済新体制と今日発表さる。右翼と資本家との勢力復活は果して如何なる結果となるか」。[93] 翼賛会内でみられた対立としては、新体制＝「赤」論のほか、源川真希による分析で明らかになった、衆議院議員選挙法改正をめぐる相克があった。[94] 四〇年一一月、大政翼賛会議会局が、選挙区有権者一〇〇名以上による候補者推薦制を提起したのに対し、内務省は部落会・町内会、市町村・郡府県の上下構造を利用した推薦制度での対抗を図った。平沼や精神右翼らは、普通選挙制度の流れに逆行するような戸主選挙制の導入を主張したが、これらの論は結局のところ実現をみなかった。四一年二月、翼賛会は公事結社と認定されたことで政治活動を禁止され、四月の改組で有馬は退陣することとなった。

対中和平工作である桐工作が失敗した四〇年秋から、翼賛会に対する近衛の熱意も冷めていった。だが、四一年四月の翼賛会改組で「革新」派の排除が進んだ（企画・政策・議会の三局は廃止された）後においても、唯一、部から局へと組織拡大を見たのが翼賛会東亜部であった点は注目されてよい。この裏面では、次のような事態が進んでいた。陸軍軍務局の武藤らは、「革新」派と連携しつつ、新党や国民再組織方式による日本国内の政治力結集を目指したが、挫折する。その武藤らは、日本国内の組織と中国占領地における組織を連携させる核として、石原莞爾や宮崎正義らが進めてきた東亜連盟運動[95]に注目したのだった。

本運動の中心人物である石原のみを排除し（四一年三月予備役）、国内外で広がりを持っていた東亜連盟運動の果実だけを翼賛会に吸収して、政治体制の変革の中核体としようと図ったことが史料からわかる。目を中国に転ずれば、四〇年一一月には東亜連盟中国同志会が、四一年二月には東亜連盟中国総会が結成されていた。この総会には、占領地区の中国の学生と労働者に強い影響力を持っていた袁殊による興亜建国運動派も合流していたのである[96]。高木惣吉は、国内状況を報ずる中で「近時東亜聯盟ノ勢力著シク伸張シ、貴衆議員中一七〇名ノ加盟者ヲ得タリ」[97]との情報を記した。内外の運動を翼賛会に吸収する方針は、四〇年一二月一七日の陸・海・外・興亜院連絡委員会幹事会決定を経て、四一年一月一四日の閣議決定で確定された。その趣旨は、「帝国内ニ於ケル大東亜新秩序建設ニ関スル啓蒙的思想運動」[98]は翼賛会を通じて行い、「他ノ諸国ニ於ケル団体ニ対スル啓蒙運動」についても翼賛会が指導するとしていた。ただ、このような政治性を帯びた運動を軍の関与のもとに翼賛会に吸収するにあたっては、消極派の東条陸相と積極派の武藤との間で対立があり、閣議決定の文面も、内外の東亜連盟運動が呼応して暴走しないよう折衷的な表現がとられた。ただ、大政翼賛会を活性化させる方法として東亜連盟運動の吸収を図った勢力が、陸軍内で最も熱心に日米交渉を支えた武藤であり、翼賛会東亜部であったことは記憶に留めたい。

4 三国同盟の調印と自主的決定の確保

一九四〇年七月二六日の「要綱」の冒頭は、「世界ハ今ヤ歴史的一大転機ニ際会シ、数個ノ国家群ノ生成発展ヲ基調トスル新ナル政治経済文化ノ創成ヲ見ントシ、皇国亦《また》有史以来ノ大試練ニ直面ス」との大時代的表現で飾られていた。「歴史的一大転機」とは当時にあって具体的には何を意味していたのだろうか。河西晃祐[99]は、外務省が同年七月、戦争が独伊の勝利で終わるのを予期し、講和会議に備えるため「戦時対策及平和対策委員会」設置[100]に動いていたことに注目する。仏印・蘭印が戦勝国ドイツに占領されてしまうことを恐れた外務省の見方は軍にも共有されていた。七月一二日と一六日、陸海外三省間の係官会議において、外務省欧亜局第一課長安東義良が「独逸ハ「蘭印」ノ東ヲ日本ニ提供スル意ガアルト言フテキルガ、之ヲ逆ニ言ヘバ爪哇〔ジャワ〕、「スマトラ」等ハ独逸ガトルコトヲ意味スル[101]」と警戒すれば、陸軍省軍務局軍務課外交班長高山彦一もまた「今ノ所日本トシテハ独逸ガ仏印蘭印ヲモ政治的ニトラントスル意向ノモノトシテ考ヘ、之ニ対処シナケレバナラヌ[102]」と応じていた。日本は、戦勝の勢いに乗るドイツの影響力を東南アジアから排除するため対独接近を図ったといえる。[103]同盟締結が「ドイツ封じ」の意味を持っていたことについてはすでに義井博、細谷千博、井上寿一、森茂樹らの研究[104]によって明らかにされてきたが、河西はそれを一歩進め、この時期多用された「大東亜共栄圏」の意味を「植民地宗主国を抑えたドイツによる東南アジア植民地の再編成の可能性を、参戦もしていない日本が封じるためのステートメント」[105]とみた点に面白さがある。三国同盟についての先行研究は、当時の外務省顧問として交渉に関与した斎藤良衛による調書「日独伊同盟条約締結要録」[106]等に依拠して日独の折衝過程を中心に書かれてきた。よって本章では、条約の内容面の特質、すなわち、参戦義務について日本が自主的に判断しうる点が担保されていた事実を描くとともに、御前会議における軍部の、また枢密院における顧問官の反対論を詳述する。

当初は日本に冷淡だったドイツの態度は、七月一九日、ヒトラーの和平提議を英国が拒絶したことで急変し、ドイツ側はスターマー訪日を決定。[107]一方、松岡外相は、陸海外事務当局の原案に自ら手を加えて「枢軸強化ニ関スル基本要綱案」とし、九月六日の四相会議決定「日独伊枢軸強化ニ関スル件」[108]に持ち込んだ。陸海相にとっては抜き打ち的な提出だったという。松岡は、外務次官大橋忠一と駐日ドイツ大使オット以外の関与を許さずスターマーと交渉を進めた。松岡の条約観は、世界新秩序建設について三国が同意したとする声明のみを発表し、後は陸海外三省の事務方が用意した四点の了解事項（多くは秘密了解事項とする）を独伊に認めさせ、武力行使義務を可能な限り負わずに実利を獲得するというものであった。了解事項は、①「政治的了解事項」、②「相互支持協力ニ関スル了解事項」、③「提携強化ニ対処スル基礎要件」、④「交渉方針要領」、からなっていたが、それらはスターマーが「日本側ノ要求事項ノミノ列記ナリ」[109]と慨嘆するような代物だった。

秘密了解事項で日本が要求したのは、生存圏の相互承認、生存圏内の物資融通と技術交流、対ソ関係調整の斡旋、対米牽制と対米戦の際の援助協力等であった（以上①）。日本の生存圏は、日満支を根幹とし、旧独領委任統治諸島・仏印・仏領太平洋島嶼・タイ・英領マレー・英領ボルネオ・蘭印・ビルマを含み、蘭印と仏印については独立を維持するも日本に優越的地位を与えるよう求めていた。また、日本の対英米武力行使は自主的決定によるとも明記された（以上③）。注目すべきは、武力行使条件について幾重にも限定[110]がなされていたことである。日中戦争が終了していなければ武力行使は行わないとし、武力を行使するのは「内外諸般ノ情勢」が「特ニ有利」な場合と、「国際情勢ノ推移最早猶予ヲ許サスト認メラルル」場合に限る、とされた。前段の「内外諸般ノ情勢」の意味は、日中戦争と日ソ関係の状況、米国の対日態度、日本の戦争準備の状況だと限定をつけていた。このような入れ子構造となった条件づけには既視感がある。それは、七月二七日の大本営政府連絡会議決定「処理要綱」第二条と第三条の南方武力行使について海軍が付した条件と同じものだった。日本側原案は、東南アジアからドイツの影響力を排除する一方、技術協力と対中対ソ関係調整についてはドイツの援助を求め、対米武力行使にあたっては自主的決定を行うとのスタンスで書かれたものだった。

九月九日からの交渉でスターマーは、ドイツの要求は対米牽制と米国の欧州戦争参戦阻止の一点[111]だとし、核心的案文（第三条）「三国のうち一国が現在のヨーロッパ戦争または日支紛争に加入していない一国によって攻撃された場合には、あらゆる政治的、経済的および軍事的方法によって相互に援助すべきことを約束する」[112]、に賛同するよう日本に求めた。さらに同月一四日、ドイツ側は、第三条「攻撃された場合」の解釈について、「公然または隠密〔陰密と書く史料もある〕な形」での攻撃も含むよう求めてきた。これは、日本の参戦可能性を増加させる修正であり、米国牽制の効果を高める狙いがあった。隠密な形での攻撃としてドイツが掲げた事例は、日本側を震撼させずにおかなかった。それは、米国が英国との協定により太平洋の重要地点を占拠する場合、あるいは、シンガポールにアメリカ艦隊が入港する場合などであった。松岡は本提案を拒否し、攻撃の有無の認定は三国間の協議によることを求めた(113)。松岡はドイツ提案第三条をのんで対米軍事同盟案に同意する一方、日本原案の秘密了解事項の内容については、松岡・オット間の交換公文(114)の形で維持した。交換公文の主な内容は、①日英間に武力衝突が発生した場合のドイツからの援助確保、②旧ドイツ植民地の日本への有償無償処分、③細目については第四条に規定する混合専門委員会で行うが、この決定は各政府の承認なしには効力を持たない、④第三条の攻撃の有無の認定は三締約国間の協議による、の四点であった。問題は、了解事項と交換公文の内容の差異だろう。武力行使の条件を事細かに列挙した了解事項の形式とは異なり、交換公文では、混合専門委員会決定と各国政府によるその承認という形式に変化していた。参戦については専門委員会の決定によるが、その決定は各国政府が承認して初めて実行に移されるとしたもので、日本の自主的参戦のラインは依然として担保されていたといえるだろう。本文では強く出るものの、交換公文で実質的に本文に限定をつける手法がとられた。

九月一六日、同盟案は閣議決定されるが、閣議の席上、蔵相河田烈と企画院総裁星野直樹が、「ジリヒンで此儘《このまま》で行けば結局改善される余地無し〔中略〕米〔国〕の最近の軽侮は或は改善されるかも知れぬが、それは尤《もっと》も当《あて》にされず、併し途《みち》は一つ(115)」として消極的賛意を表したのに対し、松岡は次のような楽観論を展開していた。いわく、「独領委任統治をタダで、旧独領南洋諸島を無償とは行かぬが日本に貰ふ」[116]。石油はソ連やルーマニアが供給してくれるはずであり、北樺太の石油についても日本に供給するようドイツがソ連に斡旋してくれるだろう、というのだ。だが二ヵ月後、松岡の期待は崩れ去る。ドイツ外相リッベントロップは一一月一三日、ソ連外務人民委員モロトフに対し、三国同盟にソ連も加わるように、四国協商案を提示した。しかしソ連は、四国協商への加入条件としてドイツの許容範囲を大きく超える要求をして、ヒトラーを激怒させたが、その中には、北樺太における日本の石炭・石油利権の放棄が要求項目として含まれていた[117]のである。

九月一九日の御前会議は荒れ模様となった。三国同盟交渉の蚊帳の外に置かれた軍部は、松岡の説明に対して激しい批判を加えた。軍令部次長近藤信竹の記録[118]からみておこう。米加〔カナダ〕共同防衛の開始、大西洋英軍基地使用の決定等の状況から、昨今の米国が「日本包囲ノ陣形」を形成しつつあるとし、「日米国交ハ最早礼譲又ハ親善希求等ノ態度」[119]では改善できないとの持論を展開した松岡に対し、軍令部総長伏見宮は立って、三国同盟が日ソ国交調整に寄与する見通しと、対米長期戦の場合の石油の補充見込みについて質した。松岡のほか、星野企画院総裁や近衛首相も答弁したが、その答えに満足しなかった伏見宮は、「石油問題ニツキテハ大体確カナル取得ノ見込ナシト解シテ可ナリヤ」、「蘭印ノ油ノ資本ハ英米ノモノナリ、本国政府ハ英国ニ逃レアリ、故ニ和蘭〔オランダ〕本国ヲ押ヘタリトテ独乙ガ蘭印ノ石油ヲ自由ニシ得ルヤ」、とさらに詰め寄った。

続いて、米国が対独参戦した場合の日本の参戦義務につき、自主的決定が確保されたのかを質した伏見宮に対し松岡は、参戦の有無を決定するのは混合専門委員会であり、この決定遂行には各国の承認が要るので、自主的に決定しうると答弁した。天皇の意を汲んで質問した枢密院議長原嘉道からは、英国に代わり東亜の番人と任ずる米国がこれまで自重してきたのは、日本が中立の立場にあったからだとし、同盟成立の暁には米国は「極力日本ニ対スル圧迫ヲ強化シ極力蔣ヲ援助シ日本ノ戦争遂行」を妨害するのではないか、また、蘭印の石油はドイツと組んでも手に入る見込みは薄いのではないか、との実に的確な質問が出た。最終的に、軍側特に海軍側の承認は取れたものの、議事録を読む限りでは軍令部総長や枢府議長が賛意を表したとは到底いえない会議であった。自主的に参戦決定の判断ができるとした日本側の考えについて、たしかにスターマーは確約した。しかし、その確約は本国の承諾ではなく、本国の回訓を得ないままの越権行為だったのではないか(120)との疑念も出されている。

九月二六日の枢密院審査委員会(121)も荒れ、政府側と枢府側の討議は、実に午前一一時二〇分から午後七時三〇分まで及んだ。審査委員長には枢密院副議長の鈴木貫太郎が就いた。まずは、外交界の長老石井菊次郎が立ち、同盟条約案第三条の解釈につき、攻撃があれば直ちに参戦義務が生ずるのかどうかを尋ねたのに対し、松岡は、自主的に決定できると答えた。これは御前会議での伏見宮への答弁と同じものだった。次いで、枢府書記官長を長らく務めた二上兵治から、基本的かつ深刻な疑義が出されている。すなわち、配布書類のうち諮詢《しじゅん》の対象となるのは条約本文だけで、交換公文は対象とならないのか、また、条約の正文は日本文なのかどうか、との問いだった。松岡の答えは、諮詢の対象は条約本文のみであって交換公文は含まない、条約正文は「差当リ英文」というものだった。

三国同盟は、本文で強く出て、交換公文でその効力を限定する構造で書かれた条約であった。よって、交換公文も含めた条約全体が諮詢の対象となるか否かは死活的に重要な論点であり、二上は松岡の回答ぶりを咎め、「斯《か》カル手続ガ許サレルトハ思ハズ」、「交換文書ノ内容ハ国際的約束ナルヲ以テ之亦《これまた》御諮詢ノ客体トスベキモノト思考ス」と硬化したが、結局、審査委員会としては英文版に署名し、後日、日独伊各国語版とすり替えるのを「黙過スル」こととして幕を閉じた。(122) 枢密院文書中に三国条約に関する諮詢記録が見当たらないのは上記のような経緯があったものとみられる。天皇臨席のもとで引き続き開催された枢密院本会議においても石井は、「独逸ハ最モ悪キ同盟国ニシテ独逸ト同盟ヲ結ビタル国ハ凡《すべ》テ不慮ノ災難ヲ被リ居レリ」と断じ、イタリアもまたマキャベリの母国で「独逸以上ノ強者」だが、今日の日独伊三国ほど利害関係が一致する国はないので、条約締結は国策としては当を得たるものといえるとして賛意を表しはしたが、「運用ニハ充分注意スル必要」があると付言するのを忘れなかった。以上をまとめれば、同盟条約案は御前会議だけでなく、枢府会議においても大荒れの中で漸く決定されたものだった。そもそも近衛首相と松岡外相は当初、日英同盟と韓国併合の前例を挙げつつ、三国条約を枢密院に諮詢しない方針だった。それを九月一九日、天皇が「二・二六事件の際の戒厳令の例もあり、徹夜にて審議せしむるも可」「之は御諮詢なれば、若《も》し枢府に於て否決する様なれば、反対上奏するも可ならずや(123)」とまで述べ、九月二六日の枢密院審議開催を確保した経緯があった。

九月二七日の三国同盟調印の報に接した駐日米国大使グルーは、「三国同盟は、戦争のための用具というよりは、政治的な盟約」なのであり、この同盟によって日本は、対米抑止の利点を手中におさめることができ、自動的な参戦義務が生ずるような条文が書いてあっても、参戦の時期と方法について日本側は自主的に決定できるようにしてあるはず(124)、と極めて冷静に受け止めた。軍事的というよりは政治的な効果を狙ったものとの観測が正しかったことは、四二年一月一九日になって初めて三国間に秘密軍事協定が締結されたことからも窺われる。[125]

九月二七日の条約調印をうけ、内務省警保局は同盟通信社ほか七新聞社に対し、記事取締要綱を口頭で伝えた。「日独伊三国条約ニ関スル記事取締ニ関スル件」[126]からは、当局が恐れた風聞・論評の内容がわかって有益だが、取り締まりの対象となったのは、①条約締結により利益を受けるのは独伊だけ、②日中戦争処理が忘れられているのではないか、③政府部内に意見対立があった、④日ソ国交調整は転向者の策謀、⑤条約が経済界に及ぼす影響は大きい、等々の記事であった。

興味深いのは、②の日中戦争解決と④の日ソ国交調整の二点が弱点と自覚されていたことである。これについては調印後、日独双方に動きがみられた。[127]一〇月七日、松岡が蔣介石との直接交渉に関してドイツの支援を要請したことをうけ、一一月一一日、リッベントロップは駐独中国大使陳介を招致し、ドイツによる汪兆銘政権承認の可能性を示唆して脅しつつ、蔣側に対日妥協の可能性があるか打診した。ヒトラー自身も、同月一二日と一三日、ソ連外務人民委員モロトフに対し、「日中関係の調整に配慮するのはロシアとドイツの任務」と語り、日独伊ソ四国構想＝ユーラシア大陸ブロック構想に中国も加えうることを示唆していた。

ドイツの抱く四国構想が空虚なものではなく、中国側もまたその可能性を真剣に考慮していたことについては鹿錫俊による研究がある。[128]それによれば、一一月一五日、蔣は「今日の外交政策には英米路線、独日路線、ソ連路線という三つがある」[129]と日記に書き、独日路線に着手するための方策として、張季鸞を香港に派遣し、外務省東亜局が進めていた銭永銘（浙江財閥重鎮）工作に応じさせる命令を下した。和平交渉に入る前提として蔣が提示した、日本軍の撤兵と汪政権承認延期の二条件を日本側は了承した。

日本側が了承した背景には、一旦は撤兵を約して交渉に入り、後日、日中攻守同盟条約を締結して条約駐兵として実を取れるとの考えがあった[130]。同月二七日の日記において蔣は、日本がこれまで蓄積してきた対中侵略の果実を簡単に手放すはずはないとの疑念にとらわれるが、一方、「かつて山東を返還し、現在ソ連に譲歩した日本」であれば、戦争継続の困難を自覚して妥協するのではないか[131]、との楽観的な判断を下していた。蔣が日本との講和を真剣に考えていたことは、一一月四日、中国共産党の毛沢東がコミンテルン書記長のディミトロフに宛てた至急電で、蔣介石が日本に投降しようとしているとの危惧を述べていたことからも裏付けられる[132]。だが、独日路線を選択しかけた蔣の希望を絶ったのは日本側だった。一一月二八日の大本営政府連絡会議の席で松岡は、本工作を打ち切り、汪政権を承認する旨を宣言した。

この時期、日独伊の三国は総じて、「破産したイギリスの総資産」を山分けすることを前提に勢力圏分割構想を抱いており、一〇月三日に日本外務省が作成した「日ソ国交調整要綱案」もそのような発想で書かれている。ただ、ドイツの対ソ勧誘は、一一月二六日のモロトフの回答によって頓挫した。ソ連は、フィンランドからのドイツ撤退、ブルガリア・ボスポラス・ダーダネルス海峡に対するソ連の安全保障の確保のほか、北樺太における日本の石炭・石油利権の放棄等の法外な要求を行い、ヒトラーを立腹させた。一二月一八日、ヒトラーは対ソ戦争準備命令を出し、ここに、日独伊ソ四国構想＝ユーラシア大陸ブロック構想は潰えたのである。

5　国際関係のなかの日米交渉

一九四一年四月一六日、日米両国の政府関係者・民間人有志による事前協議で準備された日米諒解案を、国務長官ハルから駐米大使野村吉三郎に手交したことで始まった日米交渉は、同年一一月二六日、ハルが野村に手交した、いわゆる「ハル・ノート」をもって幕を閉じた。本交渉とその帰結としての日米開戦については、いずれも共同研究の成果だが、六〇年代の『太平洋戦争への道』[133]、七〇年代の『日米関係史』[134]と『戦史叢書』[135]、九〇年代の『第二次世界大戦㈡』[136]と『太平洋戦争』[137]が今なお参照に値する。個人の研究としては、八〇年代に塩崎弘明[138]が日米交渉の端緒をつけた産業組合中央金庫理事井川忠雄とドラウト神父らの役割を明らかにし、須藤眞志[139]は交渉に関与した陸軍省軍事課長岩畔豪雄や国務省政治顧問ホーンベックなど個人の果たした役割を跡づけつつ、日米間の伝達・認識のギャップに交渉決裂の要因を見いだした。最新の通史的研究としては森茂樹の論考[140]がある。近年急速に進展したインテリジェンス研究の成果[141]からは、暗号を解読していたのはアメリカ側だけだったのではなく、日本側も「解読可能だったアメリカの外交電報は全て読んでいたという前提で、研究史の再構築が図られねばならな[142]」いレベルにあったことが明らかにされた。

まずは、四一年四月に交渉が開始された背景をおさえたい。同年三月、武器貸与法を成立させ対英武器援助を始めたアメリカは、大西洋における船団護送のため米海軍主力を太平洋から大西洋へ移動させる必要があり、その間の対日抑止手段を必要としていた。また、六月二二日の独ソ戦勃発以降は、日本の北進・南進の行方と速度を慎重に制御し、ソ連を間接的に援助する必要が生じた。日本側としては、前年末に不首尾に終わった銭永銘工作を受け、対中和平仲介者の役割をアメリカに求めようとしたほか、革新派「赤」論の際に形成された財界・海軍上層部・精神右翼のグループに加え、近衛首相や陸軍軍務局もまた、対米関係改善を希求したことによる。アメリカ側の思惑によれば、日米交渉は「それが失敗に終わったと断定するまでは日本の軍部は新たな行動に出ない」[143]と位置づけられるものだった。日本側にアメリカの態度について断定を下させないようにしながら、消極的には対米関係改善の必要性を日本に痛感させる方法で、積極的には石油禁輸の強化、在米日本資産凍結などの経済的手段で締め上げる方法で、大統領と国務省は日本に臨んだ。

これまで、豊かな史料的裏づけをもってなされるアメリカ側の国務省を中心とする政策立案過程の分析に対し、日本側からは、時々の御前会議決定をめざして展開された、陸海軍中堅層による折衝過程が描かれてきた[144]。まず、四一年七月二日の御前会議決定「情勢ノ推移ニ伴フ帝国国策要綱」を思い出してみると、既に二六八頁でみたように、この文書は確かに対英米戦争を辞せずの文字を載せ、南部仏印進駐を決定し、南北準備陣（南方北方両戦争の準備を高いレベルで進める）についても決定していた。だが、『機密戦争日誌』など陸軍中堅層の立場がわかる史料からは、海軍側の南方武力行使容認論（ただし南部仏印まで）に陸軍省が支持を与えた理由は、松岡外相と参謀本部の北進論に対抗するための多数派形成ゆえだったとわかる。即時対ソ開戦を主張する松岡に対して「海軍ハ右ニ絶対不同意、陸軍ハ其気持ニハ同調スルモ即時参戦武力行使ハ遽《にわ》カニ同意セズ」と、戦争指導班の陸軍中堅層は書いた[145]。続いて、九月六日の御前会議決定「帝国国策遂行要領」は、日本による南部仏印進駐（七月二三日、飛行場・海軍基地確保、軍隊と艦艇の派遣に関する日仏合意妥結）に対してアメリカが採った七月二五日の在米日本資産凍結、八月一日の石油全面禁輸措置に対処するため、海軍側が八月一六日に提示した新国策案を基礎として成立した。米国に加え英・蘭印が全面禁輸に加わったことは、かねてからの海軍側の武力発動要件に照らせば、「自存自衛」を脅かす外的条件が揃ってしまったことを意味した。

日本軍の南部仏印進駐に対し、アメリカが石油の全面禁輸で応ずることを、軍部は予想していなかった。戦争指導班は七月二五日、「当班仏印進駐ニ止マル限リ禁輸ナシト確信ス。大統領日本国内動員ヲ南進ト誤認シタルカ」(146)と書き、また翌日にも「当班全面禁輸トハ見ズ。米ハセザルベシト判断ス」と書いていたが、上欄に後日記入されたと思われる赤字での書込みには「本件第二十班ノ判断ハ誤算アリ。参謀本部亦然《またしか》リ陸軍省モ亦然リシナリ」(147)と、予想が間違っていたことを認める記述を残している。石油の全面禁輸を行うことは日本内部の強硬派にアメリカ非難の絶好の口実を与えてしまうと警戒していたハル国務長官や、「禁輸は日本のマラヤ、蘭印攻撃を早めアメリカを太平洋で参戦させる。アメリカは太平洋で参戦するにしても日本が対ソ戦をはじめるまで待つべきである」と考えていたスターク海軍作戦部長の反対(148)を押し切って、アメリカが全面禁輸の挙に出たのはなぜなのか。グルー駐日大使の伝記の著者として知られるウォルドゥ・ハインリックスは、このアメリカの行動の裏面にソ連支援の緊急性をみている(149)。アメリカは、日本を南に牽制しておくことで北進の機運をそごうとしたのであろう。事実、参謀本部は四一年八月九日、年内の対ソ開戦を断念していた。大統領は七月二六日、特使をソ連に派遣した上で対ソ経済援助開始を決定し、一〇月一日、米英はソ連への武器貸与を決定するとともに「アメリカの援助の代償は、ロシアの防衛が提供するアメリカの安全保障への貢献」(150)と位置づけた。さて、九月六日御前会議決定「帝国国策遂行要領」によれば外交交渉期限は一〇月上旬、対英米蘭戦争準備完整は同月下旬とされ、開戦の目途は一一月初頭に設定された。だが、これらの日程は、一〇月一六日、第三次近衛内閣が退陣し、東条英機新内閣のもとで国策再検討がなされる過程で、一ヵ月以上ずれこむこととなった。

従来の研究において、アメリカ側の国務省外交に対置するにあたって、日本側の陸海軍中堅層の国策決定過程をもってきたのは、残存史料の状況からも、日本の国策決定の特徴からも理由のあることではあった。だが近年、松岡外相と野村駐米大使の二人の相克をもって霞ヶ関外交を描いてきた研究潮流は劇的に変化し、外務省の組織と官僚を本格的に描く研究が現れた。高橋勝浩は、独伊に親近感を抱く外務省革新派と呼ばれる人々、具体的には日米交渉時の亜米利加局第一課長藤村信雄などが、外務省内に四〇人超存在していたことを明らかにした。(151) 藤村の日米関係観は「日米の東亜政策上の対立は、一方の、他方に対する屈服」と捉えるようなものであり、対米関係打開策として野村が外相時代に試みた長江開放計画にも反対していた。(152) 戸部良一も、三九年八月に局長クラスを構成員として外務省に設置された対米政策審議委員会やその下の幹事会に、革新派のメンバーが多く含まれていた事実を明らかにした。(153) 四〇年一二月の時点での亜米利加局第一課のある文書は、対米関係について「日米ノ対立ハ両者ノ世界政策上ノ針路ノ交叉」と捉え、両国とも戦争を欲しないにもかかわらず、「両国間ニ武力衝突ノ危険ヲ包蔵スルハ、要スルニ米国ガ帝国ノ国力ト其ノ進ムベキ方向ニ関シ、正確ナル認識」(154) を欠いているからだと断じている。対米政策を中心的に担う部署である亜米利加局内に対米強硬派が多数存在していた事実は、日米交渉を考える際の重要なポイントだろう。佐藤元英が明らかにしたのは、四一年段階になると、革新派の面々は、国際法を担当する条約局や、陸海軍の南進論者と関係の深い部署である南洋局にまでも影響力を持つようになった事実であった。南洋局は、陸軍の援蔣ルート遮断、必需物資獲得のための南進論を支持しており、開戦劈頭《へきとう》の対マレー、対フィリピン作戦を効果的に実施するための無通告開戦方式などの研究を、条約局などとともに進めていた[155]。日米交渉を支えるはずの亜米利加局・条約局・南洋局などに、対英米必戦論を唱える強硬派が多くいたとの事実の指摘は重い。

先にも述べたように、日米交渉の日本側の推進主体の一つは海軍上層部であった。彼らの関与の度合いは、松岡外相からの駐米大使就任要請を四〇年八月から三ヵ月にわたって拒否し続けた野村を最終的に説得したのが、及川古志郎海相と豊田貞次郎次官だったことからも知られる[156]。四一年五月九日時点での、海軍次官・軍令部次長からの野村宛親展電にみられる現状認識は次のようなものだった。米国がドイツに参戦した場合でも、日本は自主的に参戦を決定し得る、むしろ、「米ガ対日全面禁輸ヲ行フ場合ニハ日米開戦不可避トナルベシ。此ノ見地ニ於テ〔中略〕日本ノ三国同盟廃棄、不廃棄ハ日米和戦ヲ決スル根本要件トハナラズ[157]」と判断された。事実、日本側は九月三日の大本営政府連絡会議決定で、三国同盟の援助義務については自主的に判断する、との点を改めて確認し、同盟の実質的空文化をアメリカ側にアピールした。同月五日付の野村宛訓令で豊田外相も、「〔九月三日の決定は〕重大約諾ニシテ一般帝国トシテハ米ノ希望ニミート〔合致〕シ得ル最大ノ限度ヲ示スモノ[158]」との自信をみせた。上記の事態は、早期開戦論者であった戦争指導班の目には、次のように映るものだった。「近衛返電可決ス。豊田最モ反枢軸、次テ海軍ナリ。要ハ海軍省首脳ナリ。「オ上」ニ原因アルヤモ知レズ[159]」。以上をまとめれば、三国同盟によって対英米戦への責任を負わされることとなってしまった海軍が、日米交渉を軌道に載せる中で、着実に、三国同盟の無害化を図っていったといいうる。

交渉期間を通じて日米間で話し合われた問題は、①太平洋（中国を含む）における通商無差別、②三国同盟の解釈及び履行問題、③中国・仏印からの撤兵問題の三点であり、①と②は交渉の過程で歩み寄りがみられ、③の撤兵問題が懸案として残された。ここで、日米交渉に登場した中国案件をまとめておく。四一年四月から七月まで、松岡が外相として霞ヶ関の主人であった間は、ハル四原則（一、領土の保全及び主権の尊重、二、内政不干渉、三、商業上の機会均等と平等原則、四、太平洋の現状の不攪乱）の存在をよそに、日中和平交渉に応ずるよう蔣介石を説得する役割を米国に振ろうとしたことで一貫していた。[160] 米国が対中援助を一切止めると言明すれば中国は交渉のテーブルに着くと松岡は考えていた。アメリカの回答は六月二一日案として示されたが、日中問題についての要点は次の通りだった。大統領は、日本が基礎的要件に同意すると声明すれば、停戦交渉の席に着くよう中国政府に慫慂《しょうよう》する。その要件としては、日中間で早期に締結される協定による撤兵、非併合、無賠償、「満州国に関する友誼的交渉」が掲げられており、防共駐兵については今後協議したいとの旨が記されていた。[161] 日中問題の詰めは、六月二二日の独ソ戦勃発、七月一六日の松岡更迭、八月二七日の近衛メッセージ発出などで中断するも、六月二一日案への日本側対案を示すべきだとの米国からの要求もあり、日本側は九月六日の御前会議決定「帝国国策遂行要領」に付随する、別紙「対米（英）交渉ニ於テ帝国ノ達成スヘキ最少限度ノ要求事項」の一項として、「支那事変ニ関スル事項」を入れ、次のような決定を行った。いわく、「米英ハ帝国ノ支那事変処理ニ容喙《ようかい》シ又ハ之ヲ妨害セサルコト」とした上で、（注）に「右ハN工作（野村駐米大使による日米交渉を指す）ニ於ケル支那事変処理ニ関スル帝国従来ノ主張ヲ妨クルモノニアラス。而シテ特ニ日支新取極、ニ依ル帝国軍隊ノ駐屯ニ関シテハ之ヲ固守スルモノトス」[162]（傍点引用者）と書いた。

（注）部分を作成したのは陸軍軍務課の石井秋穂だったが、石井の念頭にあった「新取極」とは、四〇年一一月末に日本が汪兆銘政権と締結した日華基本条約を意味していた。だが、波多野澄雄が鋭く指摘しているように、御前会議の場での豊田外相の説明上の「新取極」は、日中間で今後締結されるべき取極との意味で用いられていた[163]。防共駐兵に固執する陸軍側と、それを対米提案から隠そうとする豊田外相の意見の相違は、当事者によっても自覚されており、参謀総長杉山元は豊田の説明の後に「本説明ハ特ニ重視ノ要アリ[164]」と筆記者に書かせ、戦争指導班も、「日支間「新取極」ノ解釈疑義アルママニ打電セルハ不可ナリ[165]」と記した。従来の研究において、日米交渉と日本政府部内での国策決定との本格的な摺り合わせは、実のところ未だ本格的になされてこなかったが、九月六日の御前会議決定で、防共駐兵問題が固守すべき条件と書かれてしまったことは、日中関係打開を図るために米国に仲介を依頼すべく始まった、日米交渉の命脈が、ここに尽きたことを意味している。

註

（1）蔣介石日誌を縦横に用いた鹿錫俊の一連の著作など。鹿錫俊「援中ルート閉鎖危機下の蔣介石」山田辰雄・松重充浩編著『蔣介石研究　政治・戦争・日本』東方書店、二〇一一年、同「日独伊三国同盟をめぐる蔣介石の多角外交」『年報日本現代史』16号、二〇一一年。
（2）森山優『日米開戦の政治過程』吉川弘文館、一九九八年。
（3）波多野澄雄「開戦過程における陸軍」細谷千博ほか編『太平洋戦争』東京大学出版会、一九九三年。

（4）同前。

（5）田嶋信雄「総説一　東アジア国際関係の中の日独関係」工藤章・田嶋信雄編『日独関係史　一八九〇—一九四五　I　総説／東アジアにおける邂逅』東京大学出版会、二〇〇八年。

（6）Gordon M. Berger, *Parties out of Power in Japan*, 1931-1941, Princeton, Princeton University Press（坂野潤治訳『大政翼賛会　国民動員をめぐる相剋』山川出版社、二〇〇〇年）。

（7）その最良のものとして、福田茂夫「アメリカの対日参戦（一九四一年）」日本国際政治学会編『太平洋戦争への道　7　日米開戦』朝日新聞社、一九八七年新装版。

（8）細谷千博・佐藤元英編『日米関係調書集成　I』現代史料出版、二〇〇九年、三〇二頁。

（9）野村「対米試案未定稿　一六年一月一三日」「野村吉三郎関係文書」七六八（国立国会図書館憲政資料室所蔵）。

（10）ベルトホルト・ザンダー＝ナガシマ「日独海軍の協力関係」工藤章・田島信雄編『日独関係史　一八九〇—一九四五　II　枢軸形成の多元的力学』東京大学出版会、二〇〇八年、二三〇頁。

（11）Jonathan G. Utley, *Going to War with Japan 1937-1941*, Knoxville, The University of Tennessee Press, 1985（五味俊樹訳『アメリカの対日戦略』朝日出版社、一九八九年、二〇五頁）。

（12）註7福田文献、四八九頁。

（13）毛里については、伊藤隆「毛里英於菟覚書」（『昭和期の政治〔続〕』山川出版社、一九九三年）を、「革新」派については、伊藤隆『昭和初期政治史研究　ロンドン海軍軍縮問題をめぐる諸政治集団の対抗と提携』（東京大学出版会、一九六九年）を参照。

（14）鎌倉一郎（毛里のペンネーム）「太平洋空間の性格革命」『中央公論』一九四〇年一一月号。

（15）伊藤隆・渡邊行男編『重光葵手記』中央公論社、一九八六年、二〇七頁。

（16）註15『重光葵手記』二二四頁。

（17）入江昭による「セッション2　日米開戦と中国」へのコメント、波多野澄雄編『太平洋戦争の再考察　開戦五〇周年国際会議（山中湖会議）会議録』国際文化会館、一九九四年。

（18）註5田嶋文献、四七頁。

（19）本問題については、伊藤隆『近衛新体制　大政翼賛会への道』中公新書、一九八三年、伊藤隆『昭和十年代史断章』東京大学出版会、一九八一年。
（20）註6Berger文献（邦訳、一八三頁）。
（21）註6Berger文献（邦訳、二九三頁）。
（22）今井武夫著、高橋久志・今井貞夫監修『日中和平工作　回想と証言』みすず書房、二〇〇九年、一〇〇〜一三三頁、防衛庁防衛研修所戦史室『戦史叢書　大本営陸軍部　大東亜戦争開戦経緯　一』朝雲新聞社、一九七三年、第三章。
（23）一九四〇年三月一七日陸軍省部決定「桐工作実施要領」稲葉正夫ほか編『太平洋戦争への道　別巻　資料編』朝日新聞社、一九八八年新装版、二九八頁。
（24）臼井勝美「日中戦争の政治的展開（一九三七年〜一九四一年）」日本国際政治学会編『太平洋戦争への道　4　日中戦争（下）』朝日新聞社、一九八七年新装版、二三七頁。
（25）註22『戦史叢書　大本営陸軍部　大東亜戦争開戦経緯　一』一七一頁。
（26）註1鹿「援中ルート閉鎖危機下の蔣介石」四八三頁。
（27）岡義武校訂『木戸幸一日記』下巻、東京大学出版会、一九六六年、八〇三頁、一九四〇年七月一三日条。
（28）「昭和天皇実録」二〇一四年九月一七日公開、一九四〇年八月五日条、八月二二日条。
（29）註1鹿「援中ルート閉鎖危機下の蔣介石」四八五頁。
（30）矢部貞治と近衛新体制について、内政・外交両面を深く分析したものに、源川真希『近衛新体制の思想と政治　自由主義克服の時代』（有志舎、二〇〇九年）がある。
（31）矢部貞治編著『近衛文麿』下巻、弘文堂、一九五二年、七五頁。
（32）今井清一・伊藤隆編『現代史資料　44　国家総動員　2』みすず書房、一九七四年、一五八頁。一九四〇年六月と推定されるメモ。
（33）伊藤隆編『高木惣吉　日記と情報』上巻、二〇〇〇年、みすず書房、四一八頁。一九四〇年六月一七日条。
（34）註27『木戸幸一日記』下巻、七八六〜七八七頁、一九四〇年五月二六日条。

(35) 近衛文麿「大命を拝して」一九四〇年七月二三日、国立国会図書館デジタルコレクション歴史的音源（http://rekion.dl.ndl.go.jp/）、永続的識別子info:ndljp/pid/3572390

(36) 平泉澄が起草した「大命を拝して」の原文は、田中卓『続・田中卓著作集』5巻（国書刊行会、二〇一二年、一一二～一一五頁）に採録されている。

(37) 若井敏明『平泉澄』ミネルヴァ書房、二〇〇六年、二四〇頁。

(38) 矢部貞治日記刊行会編『矢部貞治日記　銀杏の巻』読売新聞社、一九七四年、三二五～三三一頁。

(39) 山口浩志「近衛新体制構想と陸海軍・企画院」『年報　日本現代史　8』現代史料出版、二〇〇〇年、同「昭和研究会解散の背景と意味（一）（二）」『政治経済史学』410号、411号、二〇〇〇年。

(40) 加藤陽子『模索する一九三〇年代　日米関係と陸軍中堅層』山川出版社、二〇一二年新装版、二六九頁。

(41) 註31『近衛文麿』下巻、一二七頁。

(42)「稲田周一手記　三」2A/41/1608（国立公文書館所蔵）。

(43) 註31『近衛文麿』下巻、一一八～一一九頁。註23『太平洋戦争への道　別巻　資料編』三一九～三二〇頁。

(44) David J. Lu, *Matsuoka Yosuke and His Times 1880-1946*, Lexington Books, 2002 [new edition]（長谷川進一訳『松岡洋右とその時代』ＴＢＳブリタニカ、一九八一年、二二〇頁）。

(45) 加藤陽子「興亜院設置問題の再検討」服部龍二ほか編『戦間期の東アジア国際政治』中央大学出版部、二〇〇七年。

(46) 註23『太平洋戦争への道　別巻　資料編』三二〇～三二二頁。また外務省編刊『日本外交年表竝主要文書』下巻、一九六六年、四三六～四三七頁。

(47) 角田順「日本の対米開戦」註7『太平洋戦争への道　7　日米開戦』二二一～二二三頁。

(48) 註23『太平洋戦争への道　別巻　資料編』三〇六～三一五頁。

(49) 註23『太平洋戦争への道　別巻　資料編』三〇六頁。また古川隆久『昭和戦中期の総合国策機関』吉川弘文館、一九九二年、一四三～一五七頁、註39山口「近衛新体制構想と陸海軍・企画院」二七八～二七九頁。

(50) 註23『太平洋戦争への道　別巻　資料編』三二一～三二二頁。

(51) 政党の持つ国家統合機能については、三谷太一郎『増補　日本政党政治の形成　原敬の政治指導の展開』東京大学出版会、一九九五年（初版一九六七年）、九六頁。
(52) 註3波多野文献、八頁。
(53) 参謀本部編『杉山メモ』上巻、原書房、一九九四年新装版、三〇六～三三一頁。外相豊田貞次郎と企画院総裁鈴木貞一は軍人。
(54) 註32『現代史資料　44　国家総動員　2』二二四～二二八頁、五三〇～五三一頁。
(55) 註39山口「近衛新体制構想と陸海軍・企画院」二七八～二八〇頁。
(56)「第四条の陸軍省案に対する意見」、註32『現代史資料　44　国家総動員　2』五三〇頁。
(57) 註39山口「近衛新体制構想と陸海軍・企画院」二八〇頁。
(58) 註3波多野文献、八頁。
(59) 森山優『日米開戦の政治過程』吉川弘文館、一九九八年、一五頁。
(60) 註27『木戸幸一日記』下巻、八一二頁。
(61) 註3波多野文献、六～八頁。
(62) 註23『太平洋戦争への道　別巻　資料編』三一五頁。
(63) 註59森山文献、三五頁、註七。
(64)「世界情勢ノ推移ニ伴フ時局処理要綱」ニ関スル覚」註23『太平洋戦争への道　別巻　資料編』三二八～三二九頁。
(65) 註11 Utley 文献（邦訳、一五六頁）。
(66) 註11 Utley 文献（邦訳、一五二～一五五頁）。
(67) 註3波多野文献。
(68) 軍事史学会編『大本営陸軍部戦争指導班　機密戦争日誌』上巻、錦正社、一九九八年、一二五頁、一九四一年六月三〇日条。
(69)「革新」派については、註13伊藤『昭和初期政治史研究』を参照。

(70) 註6Berger文献(邦訳、一一七頁)。毛里の論文は、「東亜共生体建設の諸条件」杉原正巳編『日支事変から東亜協同体建設へ』解剖時代社、一九三八年。
(71) 註13伊藤「毛里英於菟覚書」二四一~二四二頁。
(72) 杉原正巳『東亜協同体の原理』モダン日本社、一九三九年、八九頁。
(73) 註72杉原文献、三三八頁。
(74) 註72杉原文献、二五三頁。
(75) 加藤陽子「中国とアメリカを同時に捉える視角」『戦争の論理 日露戦争から太平洋戦争まで』勁草書房、二〇〇五年、七九頁。
(76) 近衛文麿「重大時局に直面して」一九四〇年九月二八日、国立国会図書館デジタルコレクション歴史的音源(http://rekion.dl.ndl.go.jp/)、永続的識別子info:ndljp/pid/3573908.
(77) 伊藤隆「第二章第五節 近衛の再登場」井上光貞ほか編『日本歴史大系 17 革新と戦争の時代』山川出版社、一九九七年、二〇五~二〇六頁。
(78) 註27『木戸幸一日記』下巻、八一八頁、一九四〇年八月三一日条。
(79) 有馬学「戦争のパラダイム」『比較社会文化』一巻、一九九五年、四頁。
(80) 中村隆英・原朗「経済新体制」日本政治学会編『「近衛新体制」の研究』一九七三年。
(81) 「新体制準備会記録」「有馬頼寧文書」一〇九―一一七(国立国会図書館憲政資料室所蔵)。
(82) 註77伊藤文献、二〇四頁。
(83) 矢部貞治「政治力の結集強化に関する方策」註32『現代史資料 44 国家総動員 2』四八四~四八八頁。
(84) 註83矢部文献、四八五~四八六頁。
(85) 赤木須留喜『近衛新体制と大政翼賛会』岩波書店、一九八四年、一五二頁。
(86) 註85赤木文献、二三九頁、註八九参照。
(87) 註85赤木文献、一九一頁。
(88) 註33『高木惣吉 日記と情報』上巻、四六三、四六六頁。

(89) 註33『高木惣吉　日記と情報』上巻、四六六頁。
(90) 註33『高木惣吉　日記と情報』上巻、四七一～四七五頁。
(91) 尚友倶楽部・伊藤隆編『有馬頼寧日記　4』山川出版社、二〇〇一年、四〇八頁。
(92) 註91『有馬頼寧日記　4』四一五頁。
(93) 註91『有馬頼寧日記　4』四一六頁。
(94) 註30源川文献、一一七～一一八頁。
(95) 国防は日本が担当し、アジアの民族主義連合と統制経済によって開発発展を実現しようとする運動。
(96) 関智英「袁殊と興亜建国運動」『東洋学報』九四巻一号、二〇一二年、同「興亜建国運動とその主張」『中国研究月報』六六巻七号、二〇一二年。
(97) 註33『高木惣吉　日記と情報』上巻、四八六頁、一九四〇年一二月二〇日条。
(98) 「東亜聯盟運動に対する大政翼賛会東亜部の見解」「亀井貫一郎文書」一二（国立国会図書館憲政資料室所蔵）。
(99) 河西晃祐『帝国日本の拡張と崩壊　「大東亜共栄圏」への歴史的展開』法政大学出版局、二〇一二年、第五章。
(100) 一九四〇年七月一三日付で、通商局第一課の起案として「戦時対策及平和対策委員会設置ニ関スル件（試案）」があった。JACAR（アジア歴史資料センター）Ref.B02030012800、「帝国ノ対外政策関係一件（対支、対満政策ヲ除ク）第一巻（A-1-0-005）（外務省外交史料館）」。
(101) 「日独伊提携強化ニ関スル陸海外三省係官会議議事録（其ノ二）」外務省編纂『日本外交文書　第二次欧州大戦と日本　第一冊　日独伊三国同盟・日ソ中立条約』六一書房、二〇一二年、一八〇頁。
(102) 同前。
(103) 註99河西文献、一三七頁。
(104) 義井博『増補　日独伊三国同盟と日米関係　太平洋戦争前国際関係の研究』南窓社、一九八七年、細谷千博『両大戦間の日本外交　1914-1945』岩波書店、一九八八年、井上寿一「国際協調・地域主義・新秩序」『シリーズ日本近現代史　構造と変動　3』岩波書店、一九九三年、森茂樹「松岡外交における対米および対英策」『日本史研究』四二一号、一九九七年。

(105) 註99河西文献、一四二頁。
(106) 外務省編纂『日本外交文書　日独伊三国同盟関係調書集』二〇〇四年、三～三六〇頁。
(107) 註106『日本外交文書　日独伊三国同盟関係調書集』二〇～四四頁。
(108) 註101『日本外交文書　第二次欧州大戦と日本　第一冊』二一〇～二一四頁。
(109) 註106『日本外交文書　日独伊三国同盟関係調書集』九二頁。
(110) 註101『日本外交文書　第二次欧州大戦と日本　第一冊』二一四頁。
(111) 註101『日本外交文書　第二次欧州大戦と日本　第一冊』二一五頁。
(112) 註104細谷文献、一七〇頁。
(113) 註106『日本外交文書　日独伊三国同盟関係調書集』六六頁。
(114) 註101『日本外交文書　第二次欧州大戦と日本　第一冊』二五一～二五四頁。
(115) 「三国同盟交渉審議近衛首相覚書」註23『太平洋戦争への道　別巻　資料編』三六頁。
(116) 同前。
(117) 註5田嶋文献、四九頁。
(118) 「御前会議控へ　次長記述」註53『杉山メモ』上巻、稲葉正夫による資料解説部分所収、四四～五五頁。
(119) 註101『日本外交文書　第二次欧州大戦と日本　第一冊』二二四頁。
(120) 註104細谷文献、一八四頁。
(121) 枢密院での審査記録は松本俊一外務省条約局長による筆記であり、註101『日本外交文書　第二次欧州大戦と日本　第一冊』（二二七～二四七頁）に所収。
(122) 註106『日本外交文書　日独伊三国同盟関係調書集』二三七頁。
(123) 註27『木戸幸一日記』下巻、八二四頁。参戦の自主的決定についての了解がドイツ本国の了解を得ていなかったことを、スターマーとオットの国際検察局尋問調書から明らかにしたものに、渡辺延志『虚妄の三国同盟　発掘・日米開戦前夜外交秘史』岩波書店、二〇一三年がある。
(124) ウォルド・H・ハインリックス『日米外交とグルー』麻田貞雄訳、原書房、一九六九年、二五三頁。

(125)松岡洋右伝記刊行会『松岡洋右　その人と生涯』講談社、一九七六年、八〇一頁。
(126)内川芳美解説『現代史資料　41　マスメディア統制　2』みすず書房、一九七五年、二七四～二七六頁。
(127)註5田嶋文献、五〇頁。田嶋信雄「日中戦争と日独中ソ関係」西村成雄ほか編『日中戦争の国際共同研究　4　国際関係のなかの日中戦争』慶應義塾大学出版会、二〇一一年、八九頁。
(128)註1鹿「日独伊三国同盟をめぐる蔣介石の多角外交」。
(129)註1鹿「日独伊三国同盟をめぐる蔣介石の多角外交」七八～七九頁。
(130)一九四〇年一一月二一日付「近衛メモ」註23『太平洋戦争への道　別巻　資料編』三〇三頁。
(131)註1鹿「日独伊三国同盟をめぐる蔣介石の多角外交」八一頁。
(132)楊奎松「抗戦期間における中国共産党とコミンテルン」梅村卓訳、註127『日中戦争の国際共同研究　4』八九頁。
(133)註7『太平洋戦争への道　7　日米開戦』。
(134)細谷千博ほか編『日米関係史　開戦にいたる十年』全四巻、東京大学出版会、二〇〇〇年新装版（初版一九七一～七二年）。
(135)防衛庁防衛研修所戦史室『戦史叢書　大本営陸軍部　大東亜戦争開戦経緯』全五巻（原四郎執筆）、朝雲新聞社、一九七四年、同『戦史叢書　大本営海軍部　大東亜戦争開戦経緯』全二巻（内田一臣執筆）、朝雲新聞社、一九七九年。
(136)軍事史学会編『第二次世界大戦(二)』錦正社、一九九一年。
(137)註3『太平洋戦争』。
(138)塩崎弘明『日英米戦争の岐路　太平洋の宥和をめぐる政戦略』山川出版社、一九八四年。また、伊藤隆・塩崎弘明編『井川忠雄　日米交渉史料』山川出版社、一九八二年。
(139)須藤眞志『日米開戦外交の研究　日米交渉の発端からハル・ノートまで』慶應通信、一九八六年。
(140)森茂樹「「革新」外交と日米開戦」井上寿一編『日本の外交　1』岩波書店、二〇一三年。
(141)日本関係については、宮杉浩泰「戦前期日本の暗号解読情報の伝達ルート」『日本歴史』七〇三号、二〇〇六年、同「日本軍の対ソ情報活動」『軍事史学』四九巻一号、二〇一三年。中国関係では、岩谷将「蔣介石、共産党、日本軍」註23『蔣介石研究』。日英関係では、小谷賢『日本軍のインテリジェンス　なぜ情報が活かされないのか』講談社、二〇〇七年。

(142) 森山優「戦前期における日本の暗号解読能力に関する基礎研究」『国際関係・比較文化研究』三巻一号、二〇〇四年、三三三頁。

(143) 註7福田文献、三九二頁。

(144) 以下の記述は、註59森山文献、註3波多野文献によっている。

(145) 註68『大本営陸軍部戦争指導班　機密戦争日誌』上巻、一二三頁。

(146) 註68『大本営陸軍部戦争指導班　機密戦争日誌』上巻、一三七頁。

(147) 註68『大本営陸軍部戦争指導班　機密戦争日誌』上巻、一三八頁。

(148) 註7福田文献、四〇一頁。

(149) ウォルドー・ハインリックス「「大同盟」の形成と太平洋戦争の開幕」註3『太平洋戦争』一六四頁。

(150) 註149ハインリックス文献、一七二頁。

(151) 高橋勝浩「外務省革新派の思想と行動」『書陵部紀要』五五号、二〇〇四年。

(152) 加藤陽子『増補版　天皇の歴史　8　昭和天皇と戦争の世紀』講談社学術文庫、二〇一八年、三三〇頁。

(153) 戸部良一『外務省革新派　世界新秩序の幻影』中公新書、二〇一〇年。

(154) 「在支領事館会議ニ対スル対米関係説明資料並ニ右ニ対スル亜米利加局第一課ノ希望」註8『日米関係調書集成Ⅰ』三〇二頁。

(155) 佐藤元英「日米開戦手続き文書と中国・南方への視点」『アジア近代史』一二号、二〇〇九年。

(156) 「米国行折衝顚末」「野村吉三郎関係文書　七六九—一」（国立国会図書館憲政資料室所蔵）。

(157) 「〔昭和十六年五月九日付次官次長電〕」「野村吉三郎関係文書　七七一」（国立国会図書館憲政資料室所蔵）。

(158) 外務省編『日本外交文書　日米交渉』上巻、一九九〇年、三〇八頁。

(159) 註158『日本外交文書　日米交渉』上巻、一五〇頁。

(160) 註158『日本外交文書　日米交渉』上巻、一六頁、一一番文書。駐ソ米国大使への提案。
(161) 註158『日本外交文書　日米交渉』上巻、一二七〜一二八頁、八三番文書。
(162) 註158『日本外交文書　日米交渉』上巻、三一〇頁、一九三番文書。
(163) 注3波多野文献、二〇頁。
(164) 註53『杉山メモ』上巻、三〇六頁。
(165) 註68『大本営陸軍部戦争指導班　機密戦争日誌』上巻、一五四頁、一九四一年九月五日条。

第7章　日本軍の武装解除についての一考察

この章はもともと、復員・引揚の共同研究の一章として書かれた。戦後の引揚についての筆者の論考「敗者の帰還」（『戦争の論理』勁草書房、二〇〇五年）の姉妹編にあたる。この章では、あれほど自主的武装解除を主張していた陸軍が、なぜ米軍による武装解除・復員へと急速に梶を切ったのか、その理由について考察した。①昭和天皇が、明治天皇による日清戦後の遼東還附の詔書を用いて陸海軍部を巧に説得したこと、②本来、連合国に引渡されるべき武器・軍需物資を日本政府は、国民と民間という大海の中に隠す工作を一挙に行ったこと、この二点が大きかったと思われる。「大砲をバターへ」と急速に転換させた本決定は、鈴木貫太郎内閣が行った最後の閣議決定に他ならなかった。

はじめに

本章では、敗戦をはさみ、その前後における日本軍の武装解除をめぐる問題について扱う。筆者の問題関心は、ポツダム宣言受諾の御前会議決定を連合国に通告した一九四五（昭和二〇）年八月一四日と、戦争終結の詔書が放送された一五日を境として、武装解除拒否、あるいは自主的武装解除をめぐる軍の態度が、急激に変化しえた理由、あるいは豹変しえた背景を検討することにある。ただ、史料の博捜という点でも考察の深度という点でも、今なお覚書の段階にあることについては、読者のご海容を請いたい(1)。以下、引用にあたっては、読みやすさを考慮し、適宜、濁点、句読点を補った。

まず注目したいのは、武装解除の問題が、ポツダム宣言受諾にあたって協議された際、国体護持の問題と対置されて論じられていた事実からくる重みである。七月二六日、トルーマン（Harry S. Truman）、チャーチル（Winston Churchill）、蔣介石の名で出された（ソ連は八月八日の対日参戦後に参加）ポツダム宣言をめぐり、政府部内では深刻な意見の対立が見られた。八月一〇日未明、最高戦争指導会議構成員メンバーのみによる御前会議では、国体護持の一条件での受諾を主張する東郷茂徳外相（鈴木貫太郎首相、米内光政海相も賛成）と、国体護持・自主的武装解除・自主的戦犯処罰・保障占領拒否の四条件を主張する軍部側（阿南惟幾陸相、梅津美治郎参謀総長、豊田副武軍令部総長）が激しく対立し、昭和天皇の、いわゆる「聖断」によって、国体護持一条件での受諾が決定されたことは、よく知られている。

国体護持の一条件といった場合、その具体的内容は、外交文書上の表現としては「対本邦共同宣言ニ挙ゲラレタル条件中ニハ、天皇ノ国家統治ノ大権ヲ変更スルノ要求ヲ包含シ居ラザルコトノ了解ノ下ニ帝国政府ハ右宣言ヲ受諾ス」(2)（傍点は引用者、以下同じ）というものであった。ここにいう「条件」とはtermsのことであり、ポツダム宣言第五項「吾等の条件は左の如し」以下で展開される八項目の「条件」に用いられる単語termsに対応しており、連合国側が最後まで崩さなかった無条件降伏路線の原則に変更はない。無条件降伏といった場合の条件は、conditionで表現されていた(3)。

次に興味深いことは、四条件を必須のものと考える軍部にとって、国体護持以外の三条件中、最も重視されていたものが、自主的武装解除、すなわち、連合国による日本軍隊の武装解除の拒絶だったことである。この点を最もよく物語るものとして、新史料「東条元首相手記(4)」を見ておきたい。本史料は、一九九九年、法務省から国立公文書館へ移管された「戦争犯罪裁判関係資料」のうち、二〇〇七年から公開が始まった「A級極東国際軍事裁判記録」中にあり、一九四五年八月一〇日から同一四日に記されたメモにほかならない。

1　武装解除をめぐる攻防

東条英機

東条手記は、先の御前会議と同日の八月一〇日、首相官邸で開かれた重臣懇談会(5)の席上、重臣の一人として、東条自らが東郷外相に質した「問い」の記述から始まっている。いわく、国体護持といっても、護持を可能とする具体的要件の具備が不可欠であり、それは「即チ兵備ヲ備フルコトナリ、天孫ノ御詔勅ニモ其ノ旨ヲ明示セラレ[6]」ているではないか、と。東条が、国体護持と軍備保持を密接不可分として[7]いた点、またその根拠を、いわゆる「天壌無窮の神勅（天照大神が天孫に下したとされる勅語）」に求めていたことに注目したい。だが、注6に記したように、国体護持と兵備保持の不可分性について、天壌無窮の神勅自体が何ものかを語っているわけではなかった。[8]しかし、この神勅については、一九四〇年から使用された「小学国史」尋常科用教科書においては、これまで、天照大神の項目中に書かれていたにすぎない神勅を別記するようになっており、[9]東条の言葉は、国民一般に受け入れられやすい用語に依存することで、よりいっそうのインパクトを持ったと考えられる。

懇談会後に参内した重臣らは、それぞれ天皇に奏上を許された。東条は天皇に対しても、「国体護持ヲ保証スベキ具体的事項ノ確保ヲ前提」としなければ、「国ヲ挙ゲテ滅亡[10]」に向かってしまう、とやや不穏なことを述べた。この東条発言を、近衛文麿の意を受けて高松宮宣仁親王に各種情報を上げていた細川護貞は、冷ややかな態度で次のように記している。東条は天皇に対し、「陸軍をサヽエの殻にたとへ、殻を失ひたるサヽエは、遂にその中味も死に到ることを述べて、武装解除が結局我国体の護持を、不可能ならしむる由[11]」と述べた、と。東条は、八月一一日に記した手記「今後予見スベキ情勢判断」中にも、[12]全面的武装解除の不可を述べ、武装解除こそが「敵ノ降伏条件中、敵ノ最大重点ナリ」と書き留めていた。

サイパンが陥落し、東条内閣が倒れた一九四四年七月以降、皇土を敵の手から防衛することこそが国体護持だとの国民思想の誘導が政府の手でなされていたことは、小磯国昭内閣で外相を務めた重光葵が記録した、最高戦争指導会議の史料[13]からもわかる。例えば、一九四四年一〇月五日の最高戦争指導会議において議論された「決戦輿論指導方策要綱（案）[14]」の「一、方針」の冒頭は「輿論指導ハ国体護持ノ精神ヲ徹底セシメ」で始まっており、「二、要領」の「(1)国体ニ対スル信仰ノ喚起昂揚」の内容としては、「皇土防衛ノ国体護持上絶対緊切ナル所以ヲ強調ス」との文句が掲げられていた。

戦争の最終盤になされた輿論誘導を前提として活用しつつ、軍、ことに陸軍は、自主的武装解除の必要性に固執していた。八月一〇日のポツダム宣言受諾通告から一五日まで、陸軍の徹底抗戦派による叛乱が危惧される素地もまた、当然のことながら、あったといえる。一九四四年八月末から、米内海相と井上成美海軍次官からの密命[15]で終戦工作に任じていた高木惣吉の日記には、四五年六月二七日、近衛が陸軍に対して抱いていた警戒感の根拠として、次の情報が載せられている。

いわく、東条が「〔四四年七月、首相を〕辞メル前ニ訓辞シタ中ニ、国体論ニハ、狭義ト広義ガアル、狭義ノ国体論デハ、陛下ノ御命令ナレバ何事デモ絶対服従シナケレバナラヌガ、広義ノ解釈デハ、国家ノ為ニナラヌ場合ハ、上命ニ背イテモ良イ[16]」との訓辞を行っていたとの情報である。先に述べたように、八月一〇日になされた東条の奉答が、国体護持の一条件でのポツダム宣言受諾批判であったことを考えれば、東条と陸軍の徹底抗戦派との間に連絡があるのではないかとする近衛の危惧は、あながち誇大なものとはいえなかった。国体護持の一条件での受諾が天皇の意思であると軍側が明確に理解しえたとしても、東条が述べたとされる国体解釈に依拠した叛乱は起きうるし、事実、それは小規模ながら起きたのである。

ポツダム宣言中の武装解除

ここでは、ポツダム宣言について見ておきたい。外務省訳(17)によるその要旨は、以下の七点にまとめられる。周知の内容とはいえ、日本軍の武装解除にしぼって、あらためて掲げてみる。

①日本打倒のため連合国が準備しつつある戦力は、ナチスを打ち負かし、全ドイツを荒廃させたものを上回る。よって、その攻撃は「日本国軍隊ノ不可避カツ完全ナル壊滅ヲ意味スベク、マタ同様必然的ニ日本国本土ノ完全ナル破壊ヲ意味」する（第三項）。

②無分別な打算により日本帝国を滅亡の淵に陥れたわがままな「軍国主義的助言者」によって日本が引き続き統御されるのか、それとも「理性ノ経路ヲ日本国ガ履ムベキカ」を決定する時期が来た（第四項）。

③「日本国国民ヲ欺瞞シ、コレヲシテ世界征服ノ挙」をとらせた者の権力と勢力は永久に除去される（第六項）。

④上記に示した「新秩序」が建設され、「日本国ノ戦争遂行能力ガ破砕セラレタルコトノ確証」が得られるまで、日本は占領される（第七項）。

⑤「日本国軍隊ハ完全ニ武装ヲ解除セラレタル後、各自ノ家庭ニ復帰シ、平和的カツ生産的ノ生活ヲ営ムノ機会」を与えられる（第九項）。

⑥日本人を奴隷化しようなどとは考えていない。ただ、「吾等ノ俘虜ヲ虐待セル者ヲ含ム一切ノ戦争犯罪人ニ対シテハ厳重ナル処罰」が加えられる（第一〇項）。

⑦「日本国政府ガ直ニ全日本国軍隊ノ無条件降伏」を宣言し、誠意をもってそれを実行することにつ

き、適切かつ充分な保障を日本政府が提供すること（第一三項）。

武装解除に限定してポツダム宣言を読み直せば、宣言の意図が改めて浮き彫りになろう。(i)今後、連合国によってなされるはずの、日本本土への攻撃のすさまじさを予告し、まずは政府と国民を脅かし、(ii)政府と国民が、戦争責任者や「軍国主義的助言者」と決別するように最後の選択を迫ったうえで、(iii)俘虜虐待を犯した者は罰せられるが、軍人一般は罰せられることなく、普通の軍人は故郷に帰ることができると保障し、(iv)日本国軍隊の無条件降伏と日本の完全な武装解除が終了すれば、占領軍の保障占領は終わる、と明示されていた。

(iv)で、日本国の無条件降伏ではなく、日本国軍隊の無条件降伏と述べている点について、外務省条約局第一課が八月九日に作成した「米、英、支『ポツダム』宣言の検討」を見ておきたい。いわく、一九四三年一二月のカイロ宣言では、「日本国の無条件降伏」と明白に書かれており、一九四五年二月のクリミア宣言（ヤルタ会談）においても、「『ナチス・ドイツ』ニ対シ共ニ課スベキ無条件降伏条項」と述べていることと比較すれば、無条件降伏の主体を限定している点が注目に値する、と外務省は解釈していた[18]。

海軍もポツダム宣言の評価に着手している。終戦に対応するため海軍省は、部内に七つの分科会（第一は総合対策、第二は武装解除、第三は軍備撤廃、第四は復員、第五は国内対策、第六は対外折衝、第七は捕虜・国際法規）からなる海軍終戦委員会を組織した[19]。軍務局第一課長山本善雄が遺した「終戦委員会綴」は、八月七日付、軍務局第二課作成「極秘　ポツダム米英重慶共同宣言ノ検討」から始まっている。評価として注目されるのは、第一三項に対する分析部分であり、宣言が無条件降伏という言葉を日本軍に対して用いているのみで、「日本政府（乃至国民）」に対しては用いないよう工夫していると見た部分である。

バーンズ回答中の武装解除

一九四五年八月一〇日、国体護持一条件での受諾を連合国側に伝えた日本は、そもそもポツダム宣言が、天皇の国家統治の大権についての変更を含んでいない旨の日本の了解は正しいものなのかについて連合国側の確認を求めた。それに対する、アメリカ国務長官バーンズ（James F. Byrnes）による回答[20]をも見ておきたい。これについて、日本外務省や陸海軍は、八月一二日、サンフランシスコの軍放送を傍受しており、直ちに理解していた。内容の要旨を外務省の翻訳に基づいてまとめると以下のようになる。

①天皇と日本政府の国家統治の権限は、連合国最高司令官の「制限」の下に置かれる。
②天皇は、政府と大本営に対し、ポツダム宣言の諸条項を実施するために必要な降伏条項に署名する権限を与えること。
③天皇は、日本の陸海空軍官憲に対して、どの地域にあるかを問わず、戦闘行為の中止、武器引渡し等、最高司令官の要求に従った命令を発すること。
④政府は、降伏後直ちに、俘虜と被抑留者を連合国船舶に速やかに乗船させられるように、安全な地域に移送すること。
⑤最終的な日本国の形態は、ポツダム宣言に遵い、日本国国民の自由に表明する意思によって決定さ

れるべきものとする。

⑥連合国軍隊は、ポツダム宣言に掲げた諸目的が完遂されるまで日本国内に留まる。

八月一三日に外務省がバーンズ回答について行った分析がある。外務省調査局長兼広報部長の岡崎勝男は、本回答が全体として、天皇、政府、大本営を通じて、各種の命令を出させようとしていることにつき、「独逸ニ対スル前例ニ比べ、スコブル我方ニ有利」[21]と分析していた。だが、八月一二日、傍受によってバーンズ回答を知っていた軍部が外務省側の翻訳を問題にしたことは、よく知られている。すなわち、①の部分で外務省の訳である「制限」は適切ではなく、「従属」「隷属」と訳すのが正しく、国体護持の一条件を連合国回答が認めたとはいえず、ポツダム宣言は受諾できない、というものである。

陸軍もまた、バーンズ回答を分析している。八月一二日付で陸軍省軍務局が作成した「説明資料」[22]からは、軍が①の事項について、「国体の根本的破壊」と見ていたことがうかがえる。③の武装解除については、帝国憲法に示すところの「天皇ハ陸海軍ヲ統帥スノ主旨ニ基キ、所要ノ軍隊ヲ保有スルハ、天皇ノ大権事項ニシテ、国体護持ノ為ニハ軍備ヲ必要トスルハ当然ナリ」、「本回答文ニハ、国体護持ノ安全保障ハ何物モナシ」と述べ、ポツダム宣言とバーンズ回答を総体として、「米英蘇支ノ真意ハ飽ク迄、国体ノ変革ニ存スルコト明白」と断じていた。事実、八月一二日、梅津参謀総長と豊田軍令部総長は連袂の上、反対の旨を述べた帷幄上奏を行っていた[23]。

しかし、その後の歴史の展開からもわかるように、実際の武装解除は気の抜けるほど平穏裡になされた。それは、哲学者の久野収が、以下に引くように述べた、拍子抜けするような安穏さであった。敗戦の前と後で、いかなる変化がどこに生じたのだろうか。

一九一七年のドイツ革命やロシア革命のことを書物で知っていて、兵隊が現場で反乱を起こすという状況があって、革命の口火が切られることは知られていた。ところが、日本の兵隊さんは全部武器を捨てて、みんなが隠匿物資をもらって帰郷してきた。これでは国民の側はどうにもならない(24)。

2　昭和天皇と遼東還附の詔勅

講和を躊躇させたもの

変化はまず、天皇において生じた。一九四五年五月五日、木戸幸一内大臣と面会した近衛文麿は高木惣吉に対し、次のように、天皇の心境の変化についての情報をもたらしている。木戸いわく、これまでの天皇の考えは「全面的武装解除ト責任者ノ処罰ハ絶対ニ譲レヌ、夫レヲヤル様ナラ最後迄戦フ(25)」というものであり、武装解除を行えば、ソ連の参戦を避けられない、との見方であったという。しかし、同年五月二日、三日あたりに、心境に変化を生じたとの見立てであった。

木戸が述べた天皇の考えは事実であったと思われる。傍証として、ほぼ七ヵ月前の一九四四年九月二六日の時点における天皇の考えを示す史料を挙げておこう。この時点で、小磯国昭内閣の外相であった重光葵が記したメモには、木戸内大臣の言葉として、天皇が「独逸屈服等ノ機会ニ名誉ヲ維持シ、武装解除又ハ戦争責任者問題ナクシテ平和出来ザルヤ、領土ハ如何デモヨシ(26)」と木戸に述べた経緯が記されている。重光と木戸は、上記の天皇の意思を了解した上で、少しずつ、天皇の発意による和平を準備するが、ここで注目したいのは、ドイツ降伏後の和平を狙う際においても、武装解除と戦争責任者処罰の二点については、あくまでも避けたい、と天皇がこの時点では考えていたことである。

しかし、天皇の考えも変わる。四五年五月二日、三日といえば、四月三〇日のヒトラーの自殺、ベルリン陥落が日本の新聞・ラジオで報じられ始めた頃であった。当時、侍従であった徳川義寛の五月三日の日記には、ロイター通信社が伝えるドイツ放送局の発表としてのヒトラーの死と、最高司令官の後任となったデーニッツ提督の談話「第一の任務はボルシェヴィズムによる破壊からドイツ国民を救うこと」が記載されている。(27)ドイツ軍の軍事的な降伏は五月七日。重光メモの「独逸屈服等ノ機会」は、まさに現実のものとなっていた。

八月一〇日の「聖断」

八月一〇日と一四日の二度の「聖断」により、終戦が選択されたということは、天皇のなかで、武装解除と戦争責任者引渡しの二点についての断念がなされたということだろう。まずは、一〇日の「聖断」(28)の内容を確認しておきたい。当日、天皇自身から内容を聞かされた木戸の日記は要旨を次のようにまとめる。(29)

本土決戦本土決戦と云ふけれど、一番大事な九十九里浜の防備も出来て居らず、又決戦師団の武装すら不充分にて、之が充実は九月中旬以後となると云ふ。飛行機の増産も思ふ様には行って居らない。

いつも計画と実行とは伴はない。之でどうして戦争に勝つことが出来るか。勿論、忠勇なる軍隊の武装解除や戦争責任者の処罰等、其等の者は忠誠を尽した人々で、それを思ふと実に忍び難いものがある。而し今日は忍び難きを忍ばねばならぬ時と思ふ。明治天皇の三国干渉の際の御心持を偲び奉り、自分は涙をのんで原案〔東郷外相の提案〕に賛成する。

木戸のまとめでは、天皇は、計画と実行の間に常に齟齬があった軍部を明確に批判した上で、武装解除と戦争責任者の処罰をやむを得ないこととしていた。しかし、陸軍省軍務局軍務課内政班長であった竹下正彦中佐が、義兄である阿南陸相のもたらした情報によってまとめたと思われる「聖断」の要旨は次のようであり、ややニュアンスを異にしていた(30)。

彼我戦力ノ懸隔上、此ノ上戦争ヲ継続スルモ徒ニ無辜《ムコ》ヲ苦シメ、文化ヲ破壊シ、国家ヲ滅亡ニ導クモノニシテ、特ニ原子爆弾ノ出現ハコレヲ甚シクス。依テ終戦トスル。忠勇ナル陸海軍ノ武装解除ハ忍ビズ、又、戦争犯罪者ハ朕ノ忠臣ニシテ、之ガ引渡シモ忍ビザル所ナルモ、明治大帝ガ三国干渉ノ時、忍バレタル御心ヲ心トシテ、将来ノ再興ヲ計ラントスル。

本土決戦準備の遅延や飛行機増産の不調などを挙げて軍部の計画性のなさを批判した、木戸日記における天皇発言はここにはなく、かわりに、日米の戦力差と原爆の威力、国民・文化・国家の滅亡を防ぐための終戦、といった文脈で捉えられていたことがわかる。

いっぽう、宮崎周一参謀本部第一部長が八月九日の日記に記した「聖断」の内容[31]は、次のようなものであった。計画と実行の齟齬についての軍批判の点は木戸の記したものに一致し、国民・文化・国家の滅亡を防ぐためとする内容は竹下の記したものに一致するが、ここには竹下記録にある原爆への言及はない。また、木戸、竹下の内容を超えるものとして、世界平和への言及がある。

外務大臣ノ案ニ同意。陸海軍ノ作戦ハ計画ノ如クユカヌ（九十九里、築城 第三次兵備）見透ハ戦利《ママ》ノ見込ナシ。忠勇ナル軍ノ武装解除ハ忍ビ難キモ、戦争遂行ノ為、此上国民ヲ苦メ世界文化ヲ破壊し、世界平和ニ寄与スル所以ニアラズ。明治天皇ノ三国干渉ノ例ニ倣ヒ苦シキヲ忍ブ。

また、御前会議に出席していた内閣綜合計画局長官池田純久のメモ[32]は、以下のように天皇の発言を記録する。国民の苦しみ、文化の破壊、世界人類の不幸を欲しない、とのトーンは、宮崎日記に近い。

陸海統帥部ノ計画ハ常ニ錯誤シ時機ヲ失ス。本土決戦ト云フガ九十九里浜ノ防御陣地ハ遅レ八月末ニアラザレバ出来ズト云フ。増設部隊モ装備未ダ整ハズト云フ。之レデ米軍ヲ如何ニシテ邀撃《ヨウゲキ》シ得ルヤ。空襲ハ激化シアリ。之以上国民ヲ塗炭ノ苦シミニ陥レ、文化ヲ破壊シ、世界人類ノ不幸ヲ招クハ私ノ欲セザル処ナリ。此ノ際ハ忍ビ難キヲ忍ブベキナリ。忠良ナル軍隊ヲ武装解除シ、又昨日迄朕ニ忠勤ヲ抜〔キン〕ジクレタル者ヲ戦争犯罪人トスルハ情ニ於テ忍ビザルモ、国家ノ為ニハ已ムヲ得ザルベシ。今日ハ明治天皇ノ三国干渉ノ心ヲ心トスベキナリ。

四つの記録を見てきたとき、いずれにも共通していたのは、自主的武装解除と戦争犯罪人引渡しの二点を断念していること、軍に屈辱を忍ばせる論理として、三国干渉の事例が引かれていたことであった。

八月一四日の「聖断」

それでは、八月一二日のバーンズ回答の後、八月一四日の御前会議においてなされた二回目の「聖断」は、いかに描かれてきたのか。内大臣の木戸の日記には記述がない。軍務課内政班長の竹下中佐が、吉積正雄軍務局長の伝える「御言葉」の要旨として書き記したものは、次のようであった。(33)

自分ノ此ノ非常ノ決意ハ変リハナイ。内外ノ動静国内ノ状況、彼我戦力ノ問題等、此等ノ比較ニ附テモ軽々ニ判断シタモノデハナイ。此ノ度ノ処置ハ、国体ノ破壊トナルカ、否《シカ》ラズ、敵ハ国体ヲ認メルト思フ。之ニ附テハ不安ハ毛頭ナイ。唯反対ノ意見（陸相、両総長の意見を指す）ニ附テハ、字句ノ問題ト思フ。一部反対ノ者ノ意見ノ様ニ、敵ニ我国土ヲ保障占領セラレタ後ニドウナルカ、之ニ附テ不安ハアル。然シ戦争ヲ継続スレバ、国体モ何モ皆ナクナッテシマヒ、玉砕ノミダ。今、此ノ処置ヲスレバ、多少ナリトモ力ハ残ル。コレガ将来発展ノ種ニナルモノト思フ。—以下御涙ト共ニ—忠勇ナル日本ノ軍隊ヲ、武装解除スルコトハ堪ヘラレヌコトダ。然シ国家ノ為ニハ、之モ実行セネバナラヌ。明治天皇ノ、三国干渉ノ時ノ御心鏡《ママ》ヲ心トシテヤルノダ。ドウカ賛成ヲシテ呉レ。之ガ為ニハ、国民ニ詔書ヲ出シテ呉レ。陸海軍ノ統制ノ困難ナコトモ知ッテ居ル。之ニモヨク気持ヲ伝ヘル為、詔書ヲ出シテ呉レ。ラヂオ放送モシテヨイ。イカナル方法モ採ルカラ。

自らの判断に変化はないこと、決断は周到に行ったこと、連合国は国体を認めている、保障占領は心配だが、ここで将来に力を残すため終戦を決定しなければ、国がなくなる。また、武装解除は三国干渉時の心持ちでやり、陸海軍には勅書を、国民には詔書を出し、ラジオ放送で説明してもよい、との方策を語ったと伝える。宮崎第一部長が八月一四日付で記した日記[34]も、竹下の記すものとほぼ同じであった。梅津参謀総長のメモも、ほぼ同じ内容を伝えるが、武装解除の部分については「武装解除ハ堪へ得ナイガ、国家ト国民ノ幸福ノ為ニハ明治大帝ガ三国干渉ニ対スルト同様ノ気持ヲヤラネバナラヌ。ドウカ賛成シテ呉レ[35]」となっている。竹下の記す武装解除の理由は「国家ノ為」であったが、梅津メモでは、さらに、「国家ト国民ノ幸福ノ為」とされていた。

遼東還附の詔勅

ここで、八月一〇日の御前会議でも言及されていた三国干渉時の明治天皇の対応とは何だったのかを確認しておこう。それは、一八九五年五月一〇日に出された「遼東還附の詔勅」を指していた。まず、陸軍軍人にとって、この詔勅は馴染みのあるものだった点を確認したい。例えば、三月一〇日の陸軍記念日に兵士に配布された、陸軍省情報部編『支那事変下ニ再ビ陸軍記念日ヲ迎ヘテ[36]』の冒頭を飾っていたものは、まさに本詔勅であった。最も重要な語句として注目されるのは、三国干渉を受け入れなければならない理由として、「朕平和ノ為ニ計ル、素ヨリ之ヲ容ルルニ吝《ヤブサカ》ナラザルノミナラズ、更ニ事端ヲ滋《シゲク》シ、時局ヲ艱《ナヤマ》シ、治平ノ回復ヲ遅滞セシメ、以テ民生ノ疾苦ヲ醸シ、国運ノ伸張ヲ沮ムハ、真ニ朕ガ意ニ非ズ」と書かれていたことにあった。

上記部分は、八月一〇日の天皇の発言を示したもののうち、池田純久メモの「之以上国民ヲ塗炭ノ苦シミニ陥レ、文化ヲ破壊シ、世界人類ノ不幸ヲ招クハ私ノ欲セザル処ナリ」の部分と、文章のトーンが最も似ているといえる。いうまでもなく、軍と軍人の記憶では、三国干渉、遼東半島還附、その後に日露戦争の勝利が来る。日清戦争と日露戦争の狭間に明治日本が経験した「後退」の記憶が、ここに十全に活用されたとの推測が可能なのではないか。一九三一年の満州事変勃発以降の昭和戦前期において、殊に陸軍が事あるごとに勅語の下賜を求め、儀礼・儀式空間において、それを利用し尽くしてきたことは、拙著『昭和天皇と戦争の世紀』で描いたので繰り返さないが、二点だけ例をあげれば一九三二年三月の「上海方面派遣軍陸海軍将兵ヘノ勅語」、三三年四月の「熱河作戦デノ関東軍将兵ヘノ勅語」などは、参謀本部からの要求で出されていたことがわかっている。(37)

昭和天皇は、軍の記憶と明治天皇の詔勅に依拠しつつ、自主的武装解除と戦争犯罪人の処罰回避の二点で抵抗していた軍の反対をなだめる方向に舵を切った。終戦の詔書の文案が、一九四五年八月九日深夜から内閣書記官長迫水久常を中心に準備が開始されていたことを考慮すれば、八月一四日の言葉に比べ、一〇日の言葉の方が考え抜かれたもので、また完成度も高い印象を受けるのは理由があろう。

『昭和天皇独白録』中の武装解除

アメリカが天皇を訴追しない方針を確定した後の一九四六年三月から四月にかけ、松平慶民宮内大臣、松平康昌宗秩寮総裁、木下道雄侍従次長、稲田周一内記部長、寺崎英成御用掛の五人の側近によって、昭和天皇が即位後から敗戦までを回顧した「拝聴録」が作成された。それを寺崎がまとめ直したものが『昭和天皇独白録』(38)であり、そのなかで、天皇は八月一〇日の御前会議を回顧して、次のように、軍部の行動を評していた。遼東還附の詔勅に依拠して、すなわち、「民生疾苦」「国運ノ伸張」のためとして、軍を説得した天皇が、武装解除と犯罪人処罰を回避しようとした軍の、いわば私心を批判しているのであった。

領土を削られることは強硬論と雖も、余り問題としないが、国体護持、戦争犯罪人処罰、武装解除及保障占領の四点が問題となつた。軍人達は自己に最も関係ある、戦争犯罪人処罰と武装解除に付て、反対したのは、拙《つたな》い事であつた。

これまで見てきたように、あれほど武装解除を拒否していた軍が、この武装解除を含んだポツダム宣言受諾に屈した理由の一つは、明治天皇による詔勅とその歴史的記憶を動員した天皇の言葉の威力にあった。しかし、それ以外の理由として考慮されるべき点は、連合国のいう意味での無条件降伏をした後、戦争終結の詔書を渙発した日本が、なおも、スイス政府を通じて連合国側へ、「無用ノ紛糾ヲ避クル」為として、占領地域の限定と自主的武装解除についての「希望」を表明し続けていたという事実であろう。

事実、東郷外相は、八月一五日午後三時発の電報(39)で、①連合国日本進駐予定の事前通告の希望、②進駐地域から東京を除外する等の希望、③武装解除は「帝国政府ニ於テ最モ苦慮シ居ル次第ナルガ、之ガ実効ヲ期スル最善ノ方法トシテハ、天皇陛下ノ御命令ニ基キ、帝国自ラ実施シ、連合国ハ其ノ円滑ナル実施ノ結果、武器ノ引渡ヲ受クルモノ」としたいとの希望をスイス政府経由で発していた。

しかし、この電文と入れ違いに駐スイス公使加瀬俊一から、アメリカ政府からの通告文[40]が、八月一六日午前一〇時三〇分に到着した。連合国最高司令官ダグラス・マッカーサーが指示する場所まで、正式の降伏受理のため、また日本軍隊と司令官の配置等の情報の提供などのため、複数からなる使者を送るべきであるとの要請であった。これ以降の経緯は、江藤淳編『占領史録』[41]が伝えるとおりである。だが、東久邇宮稔彦内閣で外相となった重光が残した史料[42]によれば、日本側は八月一七日の最高戦争指導会議においてもなお、①停戦に関する正式文書の成立、②日本軍隊の自主的武装解除、の後に進駐を希望する旨を、連合国側に申し入れようとしていたことがわかる。

3 アメリカのジレンマ

無条件降伏論のくびき

ここまで、自主的武装解除に固執する軍と、それを断念することで終戦を選択した天皇の動向を見てきた。その際、連合国側の発したポツダム宣言と、バーンズ回答をも見てきた。すでに多くの研究が指摘するように、原爆投下、ソ連参戦、トルーマン政権内部の中国派と日本派の争い等の諸要因ゆえに、天皇制の維持、あるいは昭和天皇の地位の保全についての言及は、ポツダム宣言でもバーンズ回答においても、一切なされなかった。

天皇制維持の一項を残しておけば、昭和天皇自身の不安を、より早期に解消し、より効果的な日本降伏を演出できたであろう。無条件降伏を掲げつつ、その具体的内容を明らかにしない連合国の方策は、枢軸国に「連合国は独日国民を奴隷化しようとしている」とのプロパガンダに絶好の材料を与えることになったし、また枢軸国側の死に物狂いの抵抗を、事実、引き起こしたのであった。戦争最終盤の日本においては、現在からすれば信じがたいことだが、敗北すれば奴隷にされるとの恐怖を煽るプロパガンダがいたるところで見られたのである。

無条件降伏を謳った、一九四三年一月二四日のカサブランカ宣言が必要とされた背景には、ソ連を安心させなければならない英米側の事情があった。当時、ドイツの猛攻を正面に受けていたソ連は、北フランス側からドイツを叩く第二戦線の設置を英米側に強く求めていたが、それに応ずる力は当時の英米にはなかった。独ソを消耗させた後に、英米が世界を支配するのではないかとのソ連の深い疑念を解くには、無条件降伏の言辞が必要だったのである。

無条件降伏戦略がアメリカにとって合理的判断ではなかったとの命題は、アーネスト・メイ（Ernest R. May）によっても検討された(43)。メイはいう。ローズヴェルト（Franklin D. Roosevelt）としては、ウィルソン（Woodrow Wilson）が第一次世界大戦で犯した間違いを犯したくなかったのだ、と。交渉による平和では、第二のヒトラーの登場を再度許してしまうかも知れなかった。このような、ウィルソン「十四カ条」路線の亡霊がローズヴェルトの判断を縛っていたとする。英米が無条件降伏路線に固執した要因の一つは、ソ連抱き込みであり、二つめは、ウィルソン路線の失敗の教訓にあった。

さまざまなシグナル

しかしながら、無条件降伏路線が絶望的な抵抗を惹起する問題については、アメリカも自覚的であったと思われる。一九四三年一月のカサブランカ会議後の記者会見でローズヴェルトは、「独日戦争勢力の完全な排除によってのみ世界に平和がもたらされ得る。〔中略〕独日伊戦争勢力の排除とは、独日伊の無条件降伏を意味する。それは、独伊または日本の国民の撲滅を意味するものではない」と語っていた。さらに、ローズヴェルトは、明治前期に来日経験もあったグラント将軍の故事に言及した。南北戦争時、北軍将軍であったグラントは南軍に無条件降伏を強いたが、南軍のリー将軍がいったん降伏を表明した後では、寛大なる措置をとったことに触れていた。戦争指導者と国民を分離したうえで、寛大な講和の可能性も示唆していたといえるだろう。戦い済んで戦後に罰せられるのは、国家や国民ではなく戦争指導者だけなのだとの指導者責任論が、ここに新たにクローズアップされてくる。

カサブランカ会議の一ヵ月前、アレン・ダレス（Allen W. Dulles）は一九四二年一二月六日、上司であった戦略情報局長官のウィリアム・ドノヴァン（William Donovan）に宛てた手紙で、ローズヴェルトが準備しているはずの枢軸国向けの無条件降伏宣言が不適切である旨を述べていた。すなわち、「敗北したドイツに対するわれわれの最終的な方針が何であれ、今日われわれが攻略の糸口とすべきは、次のことをドイツ国民に確信させるようにすることだ。つまり、敗北のなかにも希望があるということ、罪を犯した人には法的手段を通じて刑罰があるが、無罪の人には保護が保証されるということだ」。[44] そうでなければ、絶望的な徹底抗戦がなされ、戦後には共産主義の蔓延が不可避となる、というのである。

いうまでもなく、アレン・ダレスとは、一九四五年、スイスのベルンにおいて、ソ連参戦前に日本側を降伏させるべく対日インテリジェンスに従事することとなる人物であった。ワシントンでは、対日情報を共有していたジョセフ・グルー（Joseph C. Grew）が国務次官となってダレスと連絡をとりあっていた。グルーは、トルーマン大統領に働きかけ、一九四五年五月八日にドイツに対する戦勝声明の中に、無条件降伏の内容について、日本側に説明した部分を入れ込むことに成功する。それは、次のような文面だった。(45)

「無条件降伏」のもとで日本の陸軍と海軍が武器を捨てるまで、われわれの攻撃がやむことはないだろう。日本国民にとって軍隊の無条件降伏とは何を意味するだろうか。それは、戦争が終わるということだ。それは日本を現在の災難へと導いた軍部の指導者たちの影響力が消滅するということだ。〔中略〕無条件降伏とは日本国民の滅亡や奴隷化を意味するのではない。

ヒトラーとムッソリーニについては、誰が見ても戦争指導者であったといえるだろう。しかし、日本の天皇は、戦争指導者の側に入るのか。アメリカ国内で、一九四四年一一月になされたギャラップ調査では、「戦後、日本軍の指導者に何らかの処罰を加えるべきか」との質問がなされ、結果は、八八パーセントが賛成、五パーセントが反対、との回答となった。四五年六月になされたギャラップ調査では、「戦後、天皇に対して何をなすべきか」との質問がなされ、七〇パーセントが処刑・裁判所による決定・国外追放など何らかの措置をとるべきだと答え、不問に付すが四パーセント、傀儡として利用するが三パーセントとの回答が得られた。回答内容の厳しさだけが注目されてきたが、質問の内容の変化の方に注意が向けられるべきではなかったか。軍の指導者と天皇に対する区別が、質問の言葉のうえにも反映されていたと見られる。

中華民国の反応も見ておこう。家近亮子氏の研究[46]によれば、蔣介石は、抗日戦争中から戦後を見据え、日本の国体や国民の将来について語っていた。蔣は日本国民を敵とする発言を、戦争中、一度も行っていなかった。一九四四年一月一日の中国全土向けラジオ演説で、蔣は、カイロ会談に出席した際の自らの立場について、次のように説明していた。日本の軍閥が根本から取り除かれ、再起不能になったところで国体をいかにするのかは、日本の国民が自らの政府の形式を選択できるようにすべきである、と蔣はローズヴェルトに意見を述べたことを明らかにしていた。

以上、国際情勢を見てきたが、ポツダム宣言とバーンズ回答を逐語的に読み込めば、政府・国民と、軍国主義的助言者・捕虜虐待を行った戦犯の間に一線を引き、政府と国民が、軍国主義的助言者と戦犯を連合国に引き渡し、軍隊の完全な武装解除を行えば、連合国の占領は終わる、との展望を示していた点が注目される。先に、外務と海軍の分析を見たが、ポツダム宣言自体、政府・国民と、軍・戦争指導者との間に、一線を引く立場で書かれた文書であった。

ビラでの呼びかけ

アメリカ側は、戦争の最終盤にあって、国民と軍の間に楔を打ち込むことも当然のことながら行っていた。日本本土の制空権を握った米軍は、B29を用い、一九四五年五月末、「日本国民諸氏」の呼びかけで始まる伝単（ビラ）をまいた。一ノ瀬俊也氏の研究[47]によれば、文面の重要なポイントは以下の点にあった。ビラは、軍部の無条件降伏が一般国民に及ぼす影響如何、と問いかけ、それは①戦争の終結、②軍部の権力の消滅、③前線で悪戦苦闘している陸海軍将兵が愛する家族、農村、職場に帰還できること、を謳っていた。国民の対極に置かれていたのは軍部であった。これはポツダム宣言発出前のビラの例だが、宣言のいうところと主旨は同じである。さらに米軍は、日本政府がポツダム宣言受諾条件とアメリカ側回答への対処に時間をとられていた間の、四五年八月一三日から一四日早朝にかけて、「日本の皆様」と題するビラを東京その他の都市にまいた(48)。

このビラを拾った徳川夢声は八月一四日の日記にビラを貼りつけ、「昨夜あたり〔或は今朝あたり〕Bのやつが撒いたものであろうが、これを見るにいつもの謀略ビラと態度が異なっている」との鋭いコメントを付した(49)。ビラの文面は、天皇と政府を国民の側に明確に置いたもので、軍部だけを排除し、軍部の無条件降伏を求める点がより明確にされていた。いわく、戦争をできるだけ早く終結させよとの「聖上の御希望〔の〕ためにこのビラを投下します」と書き、「戦争を直ちにやめるか否かは、かかってお国の政府にあります」として、ポツダム宣言の内容、それに対する日本政府の回答全文を載せていた。

情報戦

「聖上の御希望」との一句は、戦争の早期終結を図る天皇の希望、という意味であったろうが、ビラを一読しただけでは、米軍のビラ投下という行為自体が、「聖上の御希望」であるかのような読まれ方もできる文面になっていた。事実、昭和天皇がこのビラの存在を知り、「『クーデタ』の起こるのは必然」と悟り(50)、急遽、自らの意思をもって、一四日の御前会議開催を命じた経緯もよく知られている(51)。

無条件降伏路線を公式には取り下げられないアメリカにとって、天皇と国民を軍から引き剝がすことは、兵員の犠牲を少なくするためには必要な措置であったろう。また、ドイツ崩壊後のヨーロッパにおけるソ連の力への恐れが、ようやく、ヤルタ会談後のアメリカ国内にも芽生えるようになってくる。加藤哲郎氏が発掘した、アメリカの情報戦部門によって編纂された、平和のシンボルとしての天皇利用計画＝「日本計画」（一九四二年六月策定）[52]も、しだいに意味をもってきたことだろう。この計画の中核部分を書いたものは、加藤氏の見立てによれば、情報調整局（ＣＯＩ）調査分析部（Ｒ＆Ａ）極東課において、戦前期に東京帝国大学法学部で蠟山政道教授、美濃部達吉教授のもとで学んでいた、日本政治専攻のチャールズ・ファース（Charles B. Fahs）だという。

「日本計画」の文中で最も興味深い内容は、以下の二点である。①日本の民衆に、彼らの利益は彼らの現在の政府の利益とは同じでないことを示し、普通の人々が、政府の敗北が彼ら自身の敗北であるとはみなさないようにすること。[53]②過去において日本の軍部指導者は、天皇の象徴的側面を彼らの軍事的企みに利用してきた。にもかかわらず、天皇シンボルは、軍部への批判の正当化と平和への復帰を促し、強化するためにも利用することが可能なのである。[54]

有馬哲夫氏が明らかにしたところによれば、グルーは、四五年七月二一日付の『ワシントン・ポスト』に、実のところ戦時情報局のエリス・ザカリアス大佐に書かせた「無条件降伏」という記事（記事は無署名）を掲載させることに成功していた。要約すれば、記事は以下の点をアピールしたものといえた。[55]①無条件降伏とは戦争の終結のさせ方の一つで、南北戦争の際に北軍のグラント将軍が南軍のリー将軍に要求した方法である。②降伏のあと日本が得られる条件については、大西洋憲章、カイロ宣言、蔣介石の一九四四年の年頭演説、一九四五年五月八日のトルーマン大統領の声明、ジャクソン判事の戦争犯罪者に関する声明に明記してある。③アメリカの軍法は、最高裁判所の判例を踏まえたものであり、アメリカは敗戦国を完全に軍事的管理のもとに置いたとしても、征服や占領によって敗戦国の主権を侵害しないことを明記しているのである。このように説明を加えた上で、「日本人の主たる関心が、降伏後の天皇の地位の維持など、国体護持にあるなら、それがどうなるかを知る最良の方法は、尋ねてみることだ」との殺し文句で結ばれていた。

南原繁と高木八尺

戦争の最終盤において、アメリカからのさまざまなシグナルを受け止めていたグループの一つに、東京帝国大学法学部の七教授がいた。南原繁が法学部長となったのは、一九四五年三月九日、東京大空襲の前日にあたる。南原は戦後のインタビューの中で、終戦工作にかかわった教授たちを、高木八尺、田中耕太郎、末延三次、我妻栄、岡義武、鈴木竹雄、南原の七名としている[56]。先に名前を挙げた「日本計画」に参画していたチャールズ・ファースは、高木八尺と太平洋問題調査会における縁で戦前に面識があったという。海軍で終戦工作に従事していた高木惣吉の一九四五年六月八日の日記には、南原らが内大臣の木戸幸一とともに進めていた終戦工作についての情報が記されていた[57]。

南原と高木八尺の談話として高木惣吉が書き留めたメモには、アメリカには、ソフト・ピースとハード・ピースがあるという話を南原が切り出していることがわかる。先に登場したダレス、グルー、ファースなどの路線が、南原のいうソフト・ピース派なのだろう。その上で注目すべきは、南原が、天皇の位置づけを高く保つ必要性を説いていたことである。アメリカにとっての天皇の価値と、日本国民にとっての天皇の価値と、いわば、外と内からする両面の天皇の価値を高く保っておく必要があるという。

皇室ヲ利用シ得ル限リ利用スル。米ノ出血ヲ多量ニセザル範囲ニテ利用スル。一億玉砕ニ迄持ツテ行ツテ、皇室ガ米英ノ眼ヨリ見テ役ニ立タナカツタト言フコトニナレバ、之ヲ存続スル意味ハナクナル。国民ヨリ見テモ、声ナキ声ヲ聞クベキデアル。天聴ハドウナサツテヰルカトイフコトニナツテクル。一億玉砕ニ行ツテハ、天聴ニ対スル怨ハ噴出スル。

こう冷静に分析した後、南原は、天皇が戦争終結の詔書を出す意義にまで、六月の時点で言及していた。すなわち、「盟邦亡ビ、自国ノミ戦フハ、朕ノ心ニ非ズ。世界人類ノ為ニ、内ニ向ツテハ国民ヲトタン〔塗炭〕ノ苦ミヨリ救フ(58)」との詔書案のキーワードとなるべき部分を高木は書き留めていた。南原が高木に語った締めの言葉は「国民ト皇室ハ直結シテ置キ度イ」というものであった。国民と皇室のまさにこのような関係性は、アメリカのソフト・ピース派が勘案してきたものであった。また、詔書案を語る南原の言葉は、池田純久が書き留めた八月一〇日の聖断の言葉に通ずるものがあった。事実、南原の意見は木戸内大臣を通じ、天皇にまで達していたことが、『昭和天皇独白録』からわかる。該当箇所は「木戸の所に東大の南原〔繁〕法学部長と高木八尺とが訪ねて来て、どうして〔も〕講和しなければならぬと意見を開陳した(59)」という部分である。

4　実際の武装解除過程

先に、敗戦時における久野収の失望を見たが、戦禍に疲弊し、食糧や物資の欠乏に困窮していた国民にとって、混乱の中で多くの物資を担いで復員してきた兵隊の姿は、軍隊に対する国民の最後の信頼を徹底的に失わせるに十分であった。軍と国民の決定的な乖離が、この軍保有物資の処分という形で噴出したのである。

復員する兵員に軍保有資材を配分してしまおうとの決定が、末端での混乱からくる、散発的な軍紀弛緩の結果、なしくずし的になされたのではなかった点に注意を要する。処分の根本方針は、まさに、政府中枢の、鈴木貫太郎内閣最後の閣議決定で決められたものであった。その方針を閣議に請議したのは、内閣綜合計画局長官池田純久であった。池田は、敗戦が確定した後、官（軍）保有物資を地方公共団体などへの移管あるいは、民間への保有転換を行うことで、連合国（すなわちアメリカ）への物資の引き渡しを逃れようと図った。[60]

池田純久

池田は、一九四五年八月一八日以降の東久邇宮内閣の次官会議に出席し、軍需品の民需転換を図った中心人物であった。[61] 戦前期、統制経済に通じた革新派の軍人として名高かった池田が、敗戦時においても、内閣綜合計画局長官として、軍需物資の民間への移転にかかわっていた点は注目される。東久邇宮内閣は、アメリカ側にいったんは登録され、破壊・廃棄を命じられた廃兵器の解体処理、当時の言葉で特殊物件処理と呼ばれた解体処理を、緒方竹虎内閣書記官長をトップとする終戦事務連絡委員会に担わせた。本委員会の中心には、やはり、戦中期から革新官僚であった、内閣綜合計画局の第一部長・毛里英於菟などが座り、解体処理の方針を立てていた。このような経緯で設置された、特殊物件処理委員会には、内閣調査局調査官として、この毛里や、美濃部洋次などが加わっていた。(62)

実際に、米軍が接収し、廃棄されるべき日本軍の兵器＝特殊物件は、一九四五年一〇月三一日から、戦時中に兵器生産にかかわっていた民間大企業五社（日本鋼管、日本製鉄、古河電気、住友金属、神戸製鋼）が解体兵器処理委員会を組織し、解体を請け負うこととなった。戦時中の長い期間を通じて、いわば「バター」から「大砲」を作り上げてきた、その統制経済の手法と関係者のその手によって、敗戦直後から、「大砲」から「バター」への再転換が迅速に開始されていったのである。軍と軍隊が武装解除された時、巨大な量のモノが残る。そのモノを、日本の内閣はまずは民の中に隠し、民の中に隠せなかったものを米軍に接収させ、非軍事化のために米軍が解体を命じたその廃兵器を、再び今度は民間の会社が解体・処分を受け取る構造を形成していった。

八月一四日の閣議決定

一九四五年八月一五日、樺太やソ満国境地帯など一部地域を除き、日本軍の組織的な抵抗は終わった。日本に進駐した総司令部と第八軍が最も早急に対処し、最大の関心を払ったのは、日本軍人の復員と日本軍の武装解除問題であった。敗戦時において、内地にはなお約七二〇万人の軍人がいたからである。進駐軍との連絡にあたった陸軍側のある要員は、同年九月九日のメモに、アメリカ側が「我が軍の復員状況及兵器特に武器、弾薬等の処理に関しては最大の関心」を有しているとの観察を記していた。[63]

軍は、八月一四日の二回目の聖断に茫然とした訳ではなかった。鈴木貫太郎内閣の閣議決定として「軍其他ノ保有スル軍需用保有物資資材ノ緊急処分ノ件」を呑ませていた。[64]閣議決定の内容は、国民生活安定のため、「民心ヲ把握シ以テ積極的ニ軍民離間ノ間隙ヲ防止スル」ため、「軍保有資材及物資等」を「隠密裡ニ緊急処分」する、というものであった。以下、閣議決定の文章を掲げておこう。

陸海軍ハ速カニ国民生活安定ノ為メニ寄与シ、民心ヲ把握シ、以テ積極的ニ軍民離間ノ間隙ヲ防止スル為メ、軍保有資材及物資等ニ付、隠密裡ニ緊急処分方措置ス、尚ホ陸海軍以外ノ政府所管物資等ニ付テモ右ニ準ズ。

例示

①軍管理工場及監督工場ノ管理ヲ直チニ解除ス、此ノ場合製品、半製品及原材料ノ保管ハ差当リ産者ニ任ス。

②軍ノ保有スル兵器以外ノ衣糧品及其ノ材料、医薬品及其ノ材料、木材、通信施設及材料、自動車（部品ヲ含ム）船舶及燃料等ヲ、関係庁又ハ公共団体ニ引渡ス。

③軍作業庁ノ民需生産設備タリ得ルモノハ、之ヲ適宜運輸省関係ノ工機工場其ノ他ノ民間工場ニ転換ス。

④食糧（砂糖ヲ含ム）ヲ原材料トスル燃料生産ヲ即時停止ス。

⑤軍需生産ハ之ヲ直チニ停止シ、工場所有ノ原材料ヲ以テ民需物資ノ生産ニ当ラシム。

閣議決定の趣旨説明部分には、国民生活安定や民心把握など、美しい言葉が連ねられていたが、閣議決定の第一義的な狙いはそこにはなく、決定の本質は、むしろ例示部分に示されていた。核心は、軍需品や原材料を、軍以外の部署へと所管替するという部分であろう。分配先は、軍以外の省庁、県庁や市役所などの地方自治体、民間工場などが指定された。

八月一四日の閣議決定をうけ、陸軍中央からは、八月一七日「陸機密第三六三号　軍需品、軍需工業等ノ処理ニ関スル件達」として、陸軍大臣名での指示が出されていた。(65) 陸軍大臣から陸軍航空本部長宛に出された本指示は、先に引用した閣議決定の具体的例示部分を敷衍した内容になっていた。以下に重要な部分を引用しておこう。

一、陸機密　別紙関係事項

飛行機ハ現装備ノ儘実動可能ナルモノト、然ラザルモノトニ区分シ、各航空機毎ニ適宜ノ飛行場ニ集結シ、機種、機数ヲ明ニシ所要ノ部隊ニ保管セシメ置クモノトス。〔後略〕

六、個人ニ利益ヲ壟断セシメザルコト、竝燃料濫用ヲ戒ムルコトニ関シテハ、厳ニ注意ヲ要スルモノトス、之カ為ニハ便宜主義ニ流レテ、軍需品特ニ燃料等ヲ近傍ノ市町村、個人等ニ払下グルコトハ極力之ヲ避ケ、現物ヲ市町村等ニ引取ラシムル場合ニ在リテモ、為シ得ル限リ府県庁等ヲ交付ノ対象ト為スモノトス。

引用した部分でみるかぎり、八月一七日付の「陸機密第三六三号」は、閣議決定の趣旨を具体化しただけにも見える。しかし、本来は、文書受領後、焼却されるべき付箋が残されたことで、本「陸機密第三六三号」に先立ってなされた本来の指示命令が、下部機関に流されていたことがわかる。付箋には次のように書かれていた。「本大臣達ハ敵側ヨリ停戦後軍需品等ノ整理ヲ如何ニ指導セシヤトノ質問アルベク、之ニ対シ公示シ得ルモノヲ作製セントスルモノナリ、実行ハ既ニ示達セラレタルモノニ拠ル、本達ハ前達中公示シ得ザル部分ヲ省略セルモノナリ。本付箋ノミハ速カニ確実ニ焼却スベシ」。

これを読めば、「敵側」、すなわち米軍による兵器と資料の接収を予期し、米軍側に接収させる資料として、閣議決定に忠実な「陸機密三六三号」が作成されたことがわかる。実際に使用されるべき「実行ノ指示書」は別にあると、この付箋は述べていた。

実行の指示書

実際の陸軍部隊に送られた指示書の一つが、同日の八月一七日、陸軍航空本部長から各航空部隊に対し航本機密第一三二号として出された「軍事機密　帥参二発号外第二号　航本機密第一三二号　軍需品、軍需工業等ノ処理ニ関スル件達」にほかならない。そこには、次のように書かれていた。文中、□□は字のつぶれにより判読不能であることを示している。

首題ノ件、別紙ノ外、陸機密第三六三号ニ拠ルベシ、航空総軍司令官／陸軍航空本部長〔中略〕

一、飛行機、武器、弾薬、器材、被服、糧秣、需品、衛生材料、□□資材等ハ散逸、隠匿、破壊スル

コトナク現在ノ儘保管シ、実情ヲ調査整理シ置クモノトス。
但シ、運輸並ニ国民生活ニ緊要ナル一部軍需品ハ、関係官庁又ハ民間団体ニ払下グルコトヲ得、又地方自動車等ニシテモ徴発セルモノ及借上施設、物品等ハ其ノ一部ヲ原保有主ニ返却スルコトヲ得。原材料等ニ就テモ右諸項ニ準ズ。

四、前諸項ニ伴フ経理的処理ハ左ノ準拠スルモノトス。
1．軍需品並ニ原材料及軍需生産施設ノ払下ハ原則トシテ有償トス、但シ、地方官庁等ニ対スルモノハ無償保管転移スルコトヲ得。又有償払下代金ハ直チニ全額支払ヲ要セズ。

傍線を付した、「但シ」以下の部分が重要だろう。運輸・国民生活に必要とみとめられる軍需品は、民間団体でもかまわないから移転、払下げをどんどんやれ、と指示しているに等しかった。また、本来は有償としながらも、無償の払下げや個人に対する払下げも黙認されるであろうことが文書から察せられる。米軍の質問や調査を予期して公表しうる部分から作成されたのが陸機密第三六三号であり、本来の軍需品処分は「軍事機密　帥参二発号外第二号」に従って進められた、ということである。軍需品は、米軍の接収・調査・再払下げを予期して、事前に、「民間」という大海原に隠されたとみることができよう。

ここまで、陸軍の場合を見てきた。しかし、海軍の手が汚れていなかったわけではない。八月一九日付「軍極秘／用済後要焼却」と記された史料は、海軍省軍務局長と海軍省人事局長の連名で、各鎮守府参謀長・各警備府参謀長宛に出されたものだったが、そこには「海軍施設系各部（海軍施設本部及ビ横須賀等海軍各施設部）ハ（中略）概ネ現機構ノ儘別紙海軍次官、運輸次官協定書案ノ方針ニ基キ運輸省ニ移管ノコトニ定メラレ」たとある。海運を管轄する官庁ということで、現機構のまま、運輸省に一括移管されたことになる。

山本善雄が残した史料中の、八月一九日（引用者による推定）「軍備撤廃要領（案）終戦委員会第三分科会」[66]には、冒頭に「処分法／確実ニ焼却」との文字があり、以下のような指示がなされていた。

一、根本方針
我方ノ軍備撤廃ニ当リテハ飽ク迄隠忍自重、敵ノ右施策実施ヲ最モ迅速且円滑ナラシムルヲ根本方針トシ、将来軍備再建ノ為ニハ、現有軍備ノ完全撤廃コソ却ッテ緊要ナルコト。
二、実施要領（中略）
（ニ）軍需品　敵ノ指示ニヨリ処分ス、但シ、其ノ儘、一般民需品ニ流用可能ノモノハ、成ルベク無理ナキ程度ニ於テ処分ス。

この史料からは、海軍においても陸軍と同様、表面的には米軍の指示による処置を伝達してはいたものの、裏面で、すなわち、焼却を前提とした指示書においては、「但シ」以下の部分で、民需への流用を積極的に進めていたことがわかる。また史料中の「敵」との表現、将来の「軍備再建」の表現が生々しい。

連合国方針の徹底

八月二一日、日本全権使節河辺虎四郎らは、マニラの連合国最高司令官総司令部から、降伏文書とともに「一般命令第一号」等を受け取り、帰国した。一般命令第一号は、九月の第一週末までに迅速な武装解除を要求しており、厳しいものであった。また、連合国側は、復員と武装解除の進展について、グラフや表で通告するよう、一般命令の実施要領で要求してきており、日本側もまた、米軍の、徹底的な文書主義をようやく知るところとなった。

九月二日に正式発表された一般命令第一号は、武装解除につき、以下のように定めていた。

第六項　責任ある日本及び日本の支配下にある軍並に民間当局は、連合国最高指揮官より更に指示ある迄、下記事項を毀損せず、且良好なる状態に置くべし。

第七項　日本帝国大本営は、連合国最高指揮官に対し本命令受領後（時間制限）内に、前期第六項（イ）（ロ）及び（ニ）に指定されたる事項に関し、各々其の数量、型並に所在地を示したる完全なる表（複数）を提出すべし。

第六項の細目として挙げられていたのは、（イ）総ての兵器、弾薬、爆発物、装備、軍貯蔵品、補給品其他あらゆる種類の戦用品並に戦用資材、（ロ）総ての地上、水上及空中輸送並に通信施設及資材、（ハ）飛行場、水上機基地、対空防備、港湾及海軍基地物資集積所、永久的又は一時的地上及沿岸防備要塞其他防備施設地域を含むあらゆる軍事施設及建造物、並に斯かる防備施設、軍事施設、建造物に関する計画並に見取図、(ニ) 総ての軍用物製造又は其の製造及使用を容易ならしむるを目的とする総ての工場、建築物、小工場、研究機関、研究所、試験場、技術資料、特許計画図及び発明並に其の運用に於て軍事的又は一部軍事的機関に依り使用せられ、又使用せらるるを目的とする其他の資材並に財産、であった。

傍線を付したように、完全なる表にして提出すべしと命ずるアメリカ側の要求に、日本側は慄然としたはずである。こうして日本政府は、八月一四日の閣議決定を取り消す処分を、八月二九日の閣議決定で行わざるをえなくなった。二九日の閣議決定は「昭和二十年八月十四日閣議決定、軍其の他の保有する軍需用保有物資資材の緊急処分の件は之を廃止す(67)」というものであった。

山本善雄の海軍終戦委員会の記録(68)でも、方針変更を確認できる。八月二九日の記述として、山本は「八月十四日閣議決定の件は、本日の閣議にて廃止す。○海軍としては之に基く訓令等は今後取止めのこととす。○可能なものは回収せしむ」と書かれていた。また、翌三〇日の記事には、「資料提出の件、各部共焼却の為、不可能なる旨、第六分科にて先方に通することとす」、との情けない言葉が見える。九月四日の記事にも、海軍側首席随員としてマニラに飛んだ横山一郎少将の言として、「一般命令第一号実施要領、総ての記録を保存すべし」との言葉が記されていた。

終戦犯罪

アメリカ軍が進駐してくる間隙を狙い、兵器を破壊し、石油や自動車などの軍用資材を民間へと横流しして、糧食や被服を復員者へ分配した軍の行為は、一九四五年末に開かれた第八九帝国議会において、激しい批判にさらされた。一二月一七日、大河内輝耕（研究会、子爵）の質問に対して、原守政府委員（第一復員省次官）は、終戦時に陸軍が保有していた、民需に転換可能であった物資の量について答えている。すなわち、米・麦・雑穀の合計は約一七万トンあったが、八月一七日から八月二八日までに三万トンが「払下げ」られ、復員兵へは五万トンが配分され、連合国へ引渡したものは九万トンであった旨が説明されていた。

なお、連合国へ引渡されたものは、米軍から一括して内務省が払下げを受け、都道府県に分配することとなっていた。同じく、被服については、終戦時に七六〇〇万着あったもののうち、「払下げ」一七五万着、復員者に携行させたもの一八五万着、連合国引渡しが四〇〇〇万着であったという。七七〇〇万枚あった毛布のうち、「払下げ」一〇〇〇万枚、復員者に携行させたもの二二〇〇万枚、連合国引渡し四五〇〇万枚。自動貨車九七九六輛のうち、「払下げ」一〇五四輛、連合国引渡し八七四二輛。兵器については、連合国へ引渡された分は、陸軍関係で内地のみの数値として、以下の数値が挙がっていた。飛行機八九二二機、タンク三一一三輛、牽引車二三〇〇輛、火砲一万挺、自動火器四万挺、小銃一三一万挺、弾薬実包三億、火砲用弾薬一千万発。

原次官の答弁で注目すべきは、「払下げ」の部分であろう。復員者へ分配されたものに比べ、こちらは、多くの問題を残した。「民需に転換し得るものは民需に転換しろと云ふ政府の方針に基きまして、其の当時地方団体、或は県庁、其の外公共団体に相当之を転換して居ります。〔中略〕有償で以て正当にやるべき所を、〔中略〕それ等の手続きを執つて居りませぬ」。有償で公共性の高い団体に配分すべきところを無償で配分してしまったというが、本当に無償で配分されたのか、あるいは、配分の対象者が公正に選択されていたかどうかは、有耶無耶にされたままだった。

同じ第八九帝国議会の衆議院本会議で、一九四五年一一月二九日、戦時中にあっては応召代議士として名を馳せた福家俊一（無所属倶楽部）が、軍の不正行為を「終戦犯罪」と断じた。「終戦のあのどさくさに紛れて行はれた公用金の着服、軍需物資の横領竝に民間と結託して転売又は隠匿したる等の、不当なる行為に出た所の所謂終戦犯罪に関する件」を福家は、下村定陸相に質していた。終戦犯罪という言葉は、国体護持の保証こそが自主的武装解除にほかならないと呼号していた軍の、敗戦後の姿を象徴して余りある言葉といえるだろう。

おわりに

以上、敗戦前後における武装解除をめぐる、軍部、中心的には陸軍の態度の変容過程について見てきた。状況証拠の積み重ねからではあるが、以下のような経緯が明らかになったといえるだろう。

レイテ沖海戦に敗れた小磯国昭内閣と軍は、皇土防衛こそが国体護持にほかならないとのプロパガンダを国民に行っていた。また東条英機元首相や阿南惟幾陸相などの軍首脳もまた、兵備の保持あるいは自主的武装解除こそが「天壌無窮の神勅」に明らかなように国体護持の保障になるとの論理を用いて、天皇にも陸軍部内にも説得を行っていた。

アメリカ側は無条件降伏方式という点で譲歩を行わなかったが、連合国の唱える武装解除の実態について、ポツダム宣言、バーンズ回答、空襲の前後に投下するビラ、短波放送や新聞雑誌を用いた情報戦などさまざまな機会を用いて、赤裸々に日本側に説明を繰り返した。アメリカ側は、国民と政府が軍隊の武装解除を認めれば、戦争は終わるとの展望を示したのである。ビラの文章は、国民と政府と、軍・軍隊との間に溝を穿つものとなっていた。

いっぽう昭和天皇は、一九四四年九月の時点では、武装解除の拒否と戦犯引渡し拒否の二点について譲歩できないと考えていた。しかし、降伏の政治的主体を喪失したままドイツ軍が降伏したのを知った四五年五月、天皇はこの二点を断念しても国体護持を確保しうると判断し、軍説得のために、三国干渉時の明治天皇の詔勅を用いることとした。

国民と天皇に背を向けられた軍は、一九四五年八月一四日、鈴木貫太郎内閣の最後の閣議決定として、国内にあった兵備や軍備のうち、国民生活に活用しうるもの中心に民間・文官機構への転移を決定した。武を文へと融解させることで、軍は自ら幕を引き、歴史の舞台から退場していったのである。

註

(1) 本章は、二〇〇九年一一月八日の第一〇七回史学会大会近現代史部会シンポジウム「軍事史研究の新潮流」において筆者が行った報告「軍保有資材と物資から見た敗戦と戦後」をもとにしている。また、加藤陽子「戦争の「かたち」と軍民関係」、メトロポリタン史学会編『20世紀の戦争　その歴史的位相』(有志舎、二〇一二年)の内容と一部重なる部分があることをお断りしておく。復員・引揚に関する筆者の他の論考として、加藤「敗者の帰還——中国からの復員・引揚問題の展開」『戦争の論理　日露戦争から太平洋戦争まで』(勁草書房、二〇〇五年)第九章、初出は『国際政治』一〇九号(一九九五年五月)を参照されたい。

(2) 外務省編刊『日本外交文書　太平洋戦争　第三冊』(二〇一〇年) 一〇八六文書、一九〇八頁。

(3) 当該期の理解としては、最新の研究として、鈴木多聞『「終戦」の政治史 1943-1945』(東京大学出版会、二〇一一年)、長谷川毅『暗闘　スターリン、トルーマンと日本降伏』(中央公論新社、二〇〇六年) を挙げうる。

(4)「東条元首相手記 (20.8.10-8.14)」(請求番号　平11法務02441100、国立公文書館所蔵)。同手記は、伊藤隆ほか編『東條内閣総理大臣機密記録　東條英機大将言行録』(東京大学出版会、一九九〇年) には所収されていない資料である。

(5) メンバーは、平沼騏一郎、若槻礼次郎、岡田啓介、近衛文麿、広田弘毅、東条英機、小磯国昭の七人。

(6)「天孫の御詔勅」とは、いわゆる「天壌無窮の神勅」を指す。天照大神が皇孫に与えたとされる神話上の勅語。「豊葦原 (とよあしはら) の千五百秋 (ちいほあき) の瑞穂の国は、是れ吾が子孫 (うみのこ) の王 (きみ) たるべき地 (くに) なり。宜しく爾皇孫 (いましすめみま) 就 (ゆ) きて治 (し) らせ。行矣 (さきくませ)。寶祚 (あまつひつぎ) の隆 (さか) えまさむこと、当に天壌 (あまつち) と窮りなかるべし」。辻善之助、森末義彰『歴代詔勅謹釈』(育英出版、一九四四年) 一頁。この勅語には、天皇による統治の正統性は語られてはいるが、統治と兵備保持の密接不可分性については、語られていない。

(7) 前掲「東条元首相手記」。なお、同手記は、半藤一利・保阪正康・井上亮『「東京裁判」を読む』(日本経済新聞出版社、二〇〇九年) 三九五〜四〇六頁にも所収されている。引用部分は、同書三九六頁。

(8) 天壌無窮の神勅は、国定教科書『国史』に載せられており一般によく知られていたが、終戦時の参謀本部第一部長・宮崎周一「作戦秘録 (下)」の一九四五年七月二五日条によれば、陸軍省参謀副長会同において阿南陸相が、「戦勝必勝信念の根基は天壌無窮の神勅、炳乎たる帝国の歴史、神勅を信ずるにあり」との言葉を含む大臣訓示を行っていたことがわかる。軍事史学会編『宮崎周一中将日誌』(錦正社、二〇〇三年) 一八七頁。また、陸軍士官学校などで教授されていた『詔勅集謹解』の冒頭には、本神勅が載せられている。

(9) 嵯峨敞全『皇国史観と国定教科書』(かもがわ出版、一九九三年) 二二二〜二二四頁。

(10) 前掲「東条元首相手記」中、「奉答要旨」。半藤ほか『「東京裁判」を読む』三九九頁。

(11) 細川護貞『細川日記 (下)』(中公文庫、一九七九年) 四二四頁。

(12)前掲「東条元首相手記」。半藤ほか『「東京裁判」を読む』四〇二頁。
(13)伊藤隆・武田知己編『重光葵　最高戦争指導会議記録・手記』(中央公論新社、二〇〇四年)。
(14)以下の引用は、伊藤ほか編『重光葵　最高戦争指導会議記録・手記』一三八～一三九頁。
(15)「高木惣吉略歴」伊藤隆ほか編『高木惣吉　日記と情報』下巻(みすず書房、二〇〇〇年)九九四頁。
(16)前掲『高木惣吉　日記と情報』下巻、八九五頁。
(17)外務省編『日本外交年表竝主要文書　1840-1945』下巻(原書房、一九六六)六二六～六二七頁。
(18)前掲『日本外交文書　太平洋戦争　第三冊』一〇八六文書、一九一六頁。
(19)「昭・二〇・八　終戦委員会関係綴　山本少将」(①/終戦処理/22、防衛研究所戦史研究センター所蔵)。
(20)前掲『日本外交文書　太平洋戦争　第三冊』一〇九三文書、一九二七～一九二八頁。
(21)同上一〇九三文書中「付記三　バーンズ回答解釈」一九二九頁。『日本外交文書』においては本記録を、作成者不明としているが、木戸日記研究会編『木戸幸一関係文書』(東京大学出版会、一九六六年)五一〇頁所載の「岡崎外務省調査局長意見」と同文であるので、岡崎勝男の作成とした。本文書は、外務省の加瀬俊一書記官から松平康昌内大臣秘書官長宛に送られたもの。
(22)「説明資料」、参謀本部所蔵『敗戦の記録』(原書房、一九六七年)二八六～二八七頁。
(23)上奏文書は、前掲『敗戦の記録』二八八頁。上奏した事実については、伊藤ほか編『高木惣吉　日記と情報』下巻、九二六頁。
(24)久野収著、佐高信編『久野収セレクション』(岩波現代文庫、二〇一〇年)一六頁。初出は、「敗戦前後の日本――一つの回顧」、『季刊現代史』三号(一九七三年)。
(25)伊藤ほか編『高木惣吉　日記と情報』下巻、八五五頁。
(26)伊藤ほか編『重光葵　最高戦争指導会議記録・手記』一一一～一一二頁。
(27)徳川義寛著、御厨貴・岩井克己監修『徳川義寛終戦日記』(朝日新聞社、一九九九年)二〇四頁。
(28)天皇の聖断発言の内容を、確実な史料の比較から確定したものに、古川隆久「昭和天皇の「聖断」発言と「終戦の詔書」」、『研究紀要』七八号(日本大学文理学部人文科学研究所、二〇〇九年)がある。なお、古川隆久『昭和天皇「理性の君主」の孤独』（中公新書、二〇一一年）も参照のこと。
(29) 木戸日記研究会校訂『木戸幸一日記』下巻（東京大学出版会、一九六六年）一二二三～一二二四頁。
(30) 大本営陸軍部戦争指導班・軍事史学会編『機密作戦日誌』下巻（錦正社、一九九八年）七五六頁。諸史料が語る、天皇の言葉の内容の差異とその意味については、前掲の古川「昭和天皇の「聖断」発言と「終戦の詔書」」のほか、鈴木『「終戦」の政治史』第四章に詳細な考察がある。
(31) 前掲『宮崎周一中将日誌』一九六頁。
(32) 池田純久「終戦時の記録・池田」、鈴木『「終戦」の政治史』一七二頁から再引用。
(33) 前掲『機密作戦日誌』下巻、七六三～七六四頁。
(34) 前掲『宮崎周一中将日誌』一九九～二〇〇頁。
(35) 前掲『敗戦の記録』二九〇頁。
(36) 陸軍省情報部編『支那事変下に再び陸軍記念日を迎へて』（一九三九年）一～二頁。
(37) 加藤陽子『増補版　天皇の歴史　8　昭和天皇と戦争の世紀』（講談社学術文庫、二〇一八年、原版は二〇一一年）第三章二六七頁。
(38) 寺崎英成、マリコ・T・ミラー『昭和天皇独白録』（文春文庫、一九九五年）一四六頁。
(39) 前掲『日本外交文書　太平洋戦争　第三冊』一一〇〇文書、一九三九頁。
(40) 同前、一一〇三文書、一九四一～一九四二頁。
(41) 江藤淳編『占領史録』上・下巻（講談社学術文庫、一九九五年）。
(42)「今後の事態進展に関する予想　昭和二十年八月十七日」武田知己監修・解説、重光葵記念館編『重光葵外交意見書集』第三巻（現代史料出版、二〇〇八年）三九一頁。
(43) アーネスト・メイ、進藤榮一訳『歴史の教訓　アメリカ外交はどうつくられたか』（岩波現代文庫、二〇〇四年）。
(44) 有馬哲夫『アレン・ダレス　原爆・天皇制・終戦をめぐる暗闘』（講談社、二〇〇九年）一四二頁。
(45) 同前、二一九～二二〇頁。

(46) 家近亮子「中国における「戦争責任二分論」の系譜」、添谷芳秀編『現代中国外交の六十年　変化と持続』(慶應義塾大学出版会、二〇一一年)。
(47) 一ノ瀬俊也『戦場に舞ったビラ　伝単で読み直す太平洋戦争』(吉川弘文館、二〇〇七年) 二三九頁、写真版一二五。
(48) 同前、二四〇頁、写真版一二六。
(49) 徳川夢声『夢声戦争日記』第五巻（中央公論社、一九六〇年）一四六～一四七頁。
(50) 寺崎ほか『昭和天皇独白録』一五六頁。
(51) 鈴木『「終戦」の政治史』一八三頁。
(52)「日本計画」は、米国心理戦共同委員会議長で陸軍省軍事情報部（ＭＩＳ）心理戦争課長オスカー・ソルバート大佐を公式提案者とする計画で、一九四二年六月の段階で草案が完成していた。加藤哲郎『象徴天皇制の起源　アメリカの心理戦「日本計画」』(平凡社新書、二〇〇五年) 三〇頁。
(53) 同前、一二二頁。
(54) 同前、一二三頁。
(55) 有馬『アレン・ダレス』二八七～二八八頁。なお、グルーの奮闘については、中村政則『象徴天皇制への道　米国大使グルーとその周辺』(岩波新書、一九八九年) 参照のこと。
(56) 丸山眞男・福田歓一編『聞き書　南原繁回顧録』(東京大学出版会、一九八九年) 二六九頁。
(57) 伊藤ほか編『高木惣吉　日記と情報』下巻、八八一～八八二頁。
(58) 同前、八八二頁。
(59) 寺崎ほか『昭和天皇独白録』一四三～一四四頁。
(60) 池田純久『陸軍葬儀委員長　支那事変から東京裁判まで』(日本出版共同、一九五三年)。
(61)「昭和二十年八月東久邇宮内閣次官会議記録　内閣官房総務課長」(請求番号　平16内閣00002100、国立公文書館所蔵)。
(62)「公文類聚　第七十三編　巻十五　昭和二十三年　国会四　記録提出十二」(請求番号　類03179100、国立公文書館所蔵）。
（63）「高嶋少将史料　進駐軍トノ連絡ニ関スル件報告」（中央／終戦処理／940、防衛省防衛研究所戦史研究センター所蔵）。
（64）前掲「公文類聚　第七十三編　巻十五　昭和二十三年　国会四　記録提出十二」。
（65）「軍需品、軍需工業等ノ処理ニ関スル件達」（中央／終戦処理／899、防衛省防衛研究所戦史研究センター所蔵）。
（66）「昭和二〇、八　終戦委員会関係綴　山本少将」（①／終戦処理／22、防衛省防衛研究所戦史研究センター所蔵）。
（67）前掲「公文類聚　第七十三編　巻十五　昭和二十三年　国会四　記録提出十二」。
（68）前掲「昭和二〇、八　終戦委員会関係綴　山本少将」。

第8章　「戦場」と「焼け跡」のあいだ

この章はもともと、新潮社の季刊誌『考える人』の小特集「花森安治と戦争」中の掌篇として書かれた。一九六八年八月、「戦争中の暮しの記録」を特集した『暮しの手帖』の反響が余りにも大きく、翌年一冊の本の形をとって刊行された。その『戦争中の暮しの記録』を丸々一冊読み、特に、花森安治によって書かれた冒頭の散文詩「戰場」を読み解くというのが、『考える人』編集部が筆者に与えた「お題」だった。中国大陸、東南アジア、太平洋の島々などを戦場として日本軍は戦ったが、戦争最末期の内地の諸都市が受けた空襲は、都市や農村に住む民間人をターゲットとしており、抗戦意識の減退を誘うためというには余りにも苛酷な戦争体験を女性や子供に強いたといえる。

今回取り上げる『戦争中の暮しの記録』の表紙写真は、手帖と薔薇で構成されている。中央に置かれた、軍隊手帳より少し小さいサイズの革の手帖は左隅が焼け焦げ、燃えカスもまわりに少し散らばる。その手帖の上には、朝露と思しき水滴をまとった深紅の薔薇の蕾が一輪。死んでいった者の記憶や記録を悼むのであれば、コクリコ（ポピー、雛罌粟《ひなげし》）の花がふさわしいだろう。第二次大戦などの記念式典がヨーロッパで行われる場合など、参列者はコクリコで胸を飾る。そのような歴史やその経緯など、花森安治であれば百も承知であったろう。こうして、この本を編むにあたっての花森の主眼は、悼むことにはなかったのではないかとの推測が浮かぶ。赤い薔薇それも蕾ならば、花言葉は、純潔、心を捧げる、などになる。表紙写真の発するメッセージは、「あなたの記憶や記録を大切に真摯に抱きかかえ、次代にお伝えします」との、花森からの愛の言葉だったのだろう。

『戦争中の暮しの記録』表紙
（資料撮影＝新潮社）

花森の主眼は悼むことにはなかったとの筆者の推測を支える別の根拠は、この本の冒頭に組まれた「戦場」と題するエッセイに他ならない。一九四五（昭和二〇）年三月一〇日の東京大空襲から八月一五日の玉音放送まで、見開き一二ページの映像写真をバックに、花森は不定型詩風の文章を書いている。分かち書きをはずし、句読点を付して引用すると、出だし部分は次のようになる。「〈戦場〉はいつでも海の向うにあった。

花森安治のエッセイ「戰場」より（資料撮影＝新潮社）

海の向うのずっととおい手のとどかないところにあった」。東京大空襲の翌朝の描写の後、「しかしここは〈戦場〉ではなかった。この風景は單なる〈焼け跡〉にすぎなかった。ここで死んでいる人たちをだれも〈戰死者〉とは呼ばなかった」と続く。花森の数値へのこだわりは尋常ならざるものがあり、「三月十日午前零時八分から、二時三七分まで、一四九分間に、死者8万8千7百93名、負傷者11万3千62名。この数字は、広島、長崎を上まわる」とし、「ここが、みんなの町が〈戰場〉だった。ここそ、今度の戰争でもっとも凄惨苛烈な〈戰場〉だった」と書く。花森には悼んでいる暇《いとま》などなく、幸福だった庶民の生活の場を戦場にした、アメリカや日本の政府の行いを告発していた。

この本は、一九六八（昭和四三）年八月、『暮しの手帖』第九六号の特集として発刊され、八

○万部をすぐに完売し、一〇万部増刷したといわれる。翌年に、八月一五日という日付を付して保存版を刊行したことも考えれば、本書が、時代情況をよく鑑みた上で刊行されたことは間違いない。新聞に公募を出して回想を募ったところ応募総数は一七三六篇に達し、その回想や記録の中から花森が選んだものが、ここに収録されている、庶民の声に他ならない。明治百年記念式典反対、大学紛争激化の予兆、裏も表もあった日米による沖縄返還交渉、ベトナム戦争の泥沼化、ベトナム特需による経済成長等々で、時代は騒然としていた。このような時代を背景として、四四（昭和一九）年六月のマリアナ沖海戦で大敗以後、きわめて悲惨なものとなった日本人の日常生活、空襲被害、集団疎開についての回想と記録を取り纏めようと、花森に決意させたものは何だったのだろうか。「焼け跡」あるいは「焦土」と呼んでしまうことで、そこはありきたりの場所となり、「今度の戰争でもっとも凄惨苛烈な〈戰場〉だった」事実が忘れられてしまう、との花森の強い危機意識は、今でこそ広く受容されうるものとなったが、六八年当時にあっては、むしろ稀なものではなかったか。

二〇一〇（平成二二）年八月一四日、太平洋戦争終盤の空襲で傷害を負ったり肉親を奪われたりした空襲被害者らは、初めて全国組織「全国空襲被害者連絡協議会」を結成した。これまで国は、民間人の被害者については「戦争で受けた損害を、国民は等しく受忍しなければならない」として、援護措置をとらなかった。しかし、サンフランシスコ講和条約が発効した一九五二（昭和二七）年以降、旧軍人・軍属とその遺族には国家補償理念に基づいて、総額約五〇兆円の恩給や年金が支給されていた。戦争の惨禍と国民が受忍すべき損害について、公平性の担保という点から、空襲被害は近年、急速にクローズアップされるようになってきた。しかも、注目すべきことは、空襲被害者らの会は、日中戦争中に日本軍が行った重慶爆撃などによる中国被害者の会との連携も試みている。不公平性を問題として国家賠償を求めて運動する人々の視線は、被害・加害の双方を広く見据えるようになってきた。

戦争といえば、海の向こうで軍人たちが行うもの、との日本人の皮膚感覚は、日清、日露、第一次大戦、日中戦争でたしかに培われた。吉田健一は『ヨオロッパの人間』（講談社文芸文庫）の中で、ヨーロッパの人間にとっての戦争の苛酷さを次のように書く。

それは宣戦布告が行われればいつ敵が自分の門前に現れるか解らず、又そのことを当然のこととして覚悟しなければならないということであり、同じく当然のこととして自分の国とその文明が亡びることもその覚悟のうちに含まれることになる。

たしかに、日中戦争までの日本の戦争は、吉田の描写するヨーロッパの戦争とは違い、外国が戦場だった。だが、四四年七月七日、サイパン失陥により、日本は長距離爆撃機B29の空襲可能圏内に入り、それ以降の日本人は、敵機がいつ自宅上空に飛来してもおかしくなく、また自分の国とその文明が亡びることを覚悟しなければならない状態に置かれていた。花森が、焼夷弾攻撃を受けた日本の諸市街地を「今度の戰爭でもっとも凄惨苛烈な〈戰場〉だった」と見たのは正しい。戦略としての夜間都市爆撃は、深刻な惨禍を非戦闘員に及ぼす。アメリカの戦争の仕方は、日本人の戦意喪失を狙うため、都市名を名指ししつつ順番に焼夷弾爆撃を行った。アメリカは、心理戦という面と被害の甚大さという面で新局面を開いた。そこに早くから着目しえた花森はさすがである。

アメリカは大戦中、①侵略戦争を起こすことは犯罪である（＝戦争違法観）、②戦争指導者は刑事責任を問われる（＝指導者責任観）、の二点を、新しい戦争犯罪の概念として規範化しようとしていた。戦争に敗退すれば国体が変革され、戦争指導者は裁かれるとの恐怖から、軍部は国民を絶望的戦いの道連れにしようとしていた。アメリカは、連夜の無差別戦略爆撃と、それを有効に防禦しえない日本軍の失態を国民に露わに見せつけることで、従順な日本国民の心が軍批判に向くことを、あるいは、天皇の心が軍から離れることを期待した。時代は、自国の軍隊が敵主力を撃破し、敵主力を軍事的に無力化することによって戦争が終わる、そのような古き良き時代ではなくなっていたのである。

国民の受ける苦しみの絶対値を最大化するため、アメリカは研究に研究を重ねた。東京大空襲で甚大な被害を出した地域が、関東大震災時の延焼地域とほぼ一致するのは偶然ではない。アメリカは、関東大震災の被災地図を詳細に分析し、日本の家屋を効果的に延焼させるための実験を経て焼夷弾を開発した。指揮したのは、第二〇航空軍第二一爆撃集団司令官カーチス・ルメイであり、その指揮の下で爆撃の効率につき数学的手法で分析を行ったのがベトナム戦争期の国防長官を務めたロバート・マクナマラである。太平洋戦争最終盤の空爆とベトナム戦争とは地続きであった点に、改めて注目したい。

空襲される都市を「今度の戰爭でもっとも凄惨苛烈な〈戰場〉だった」ととらえる花森の眼は、容赦ない現代戦争の惨禍について、今一つ別の観点からも見抜いていたように思われる。本書『戦争中の暮しの記録』に収録された回想で、読み手を最も暗澹たる気分にさせるのは食糧をめぐる日本人同士の闘争であった。六八年時点での学童疎開の回想もあれば、戦争中に書かれた生活の記録も所収されている。後者の例として、勝矢武男「日日の歌」が掲載されていた。防空頭巾を縫う妻、玄米を搗く子ども、配

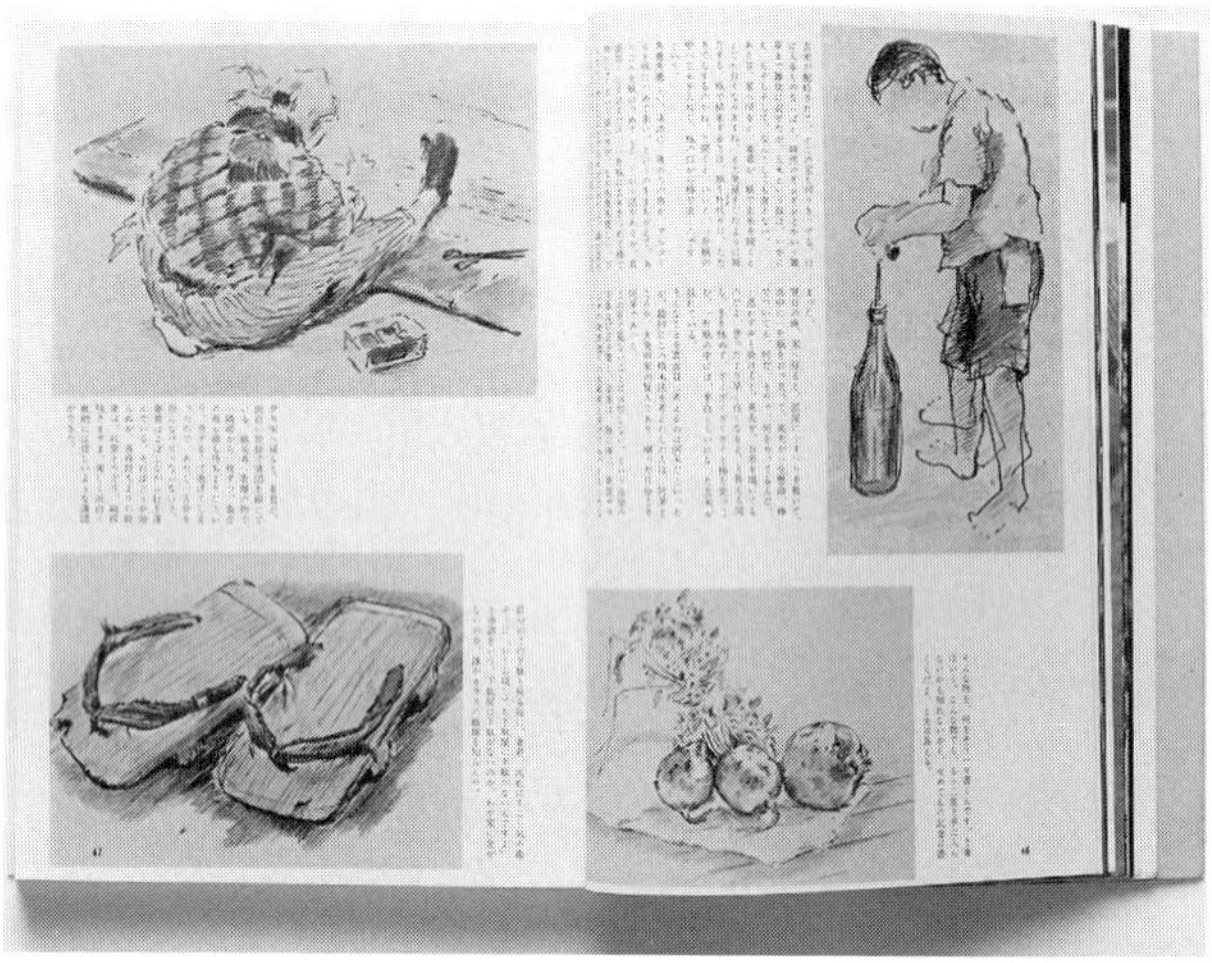

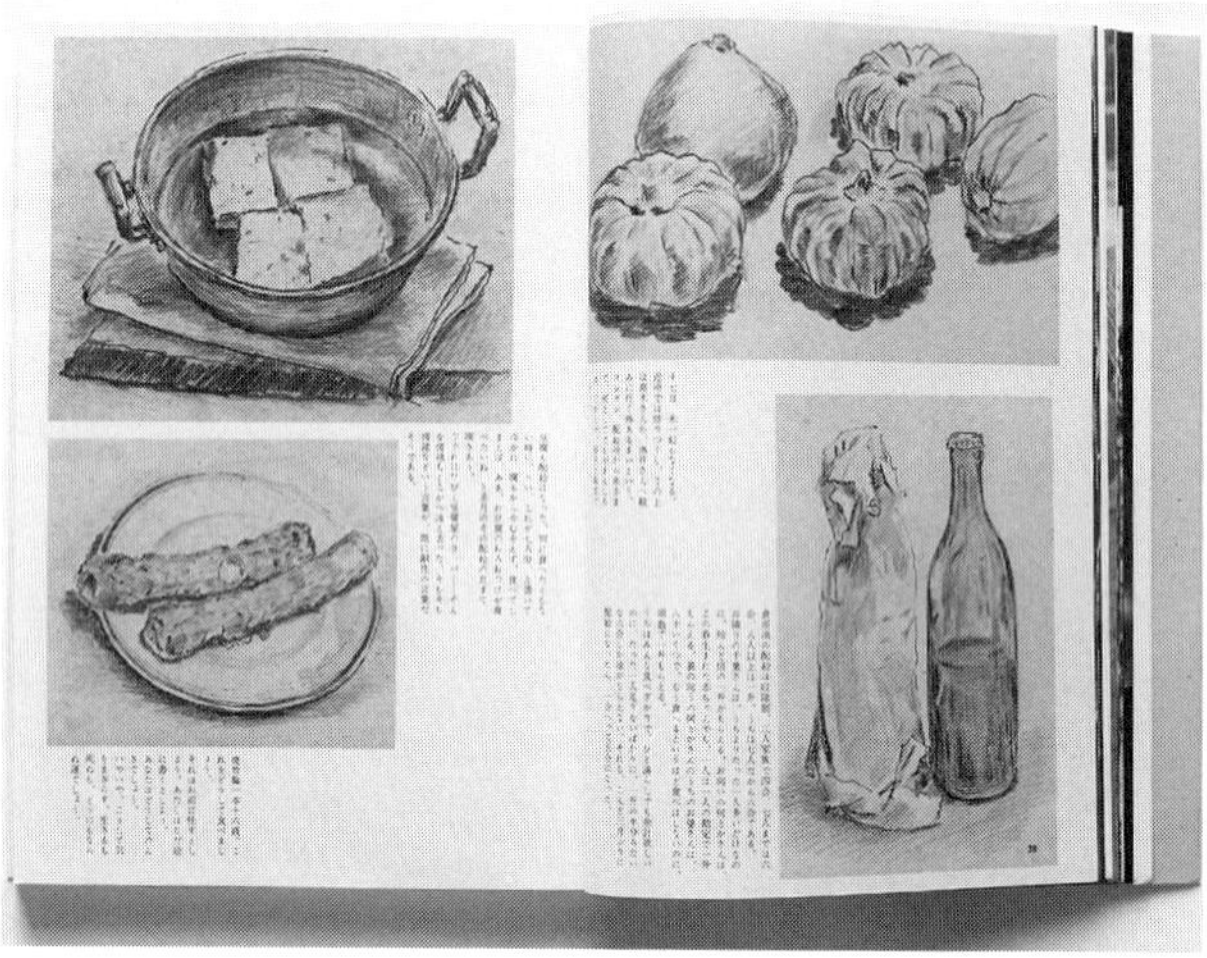

勝矢武男「日日の歌」より（資料撮影＝新潮社）

給品、疎開学童へ持参する慰問品などが、簡潔な所感と共に色鉛筆の達者な絵で表現されていた。勝矢は『太平洋物語』『魔海の悲劇』など、少年少女向け小説で知られた作家である。

食用油の配給に言及した勝矢の文章に次のようなものがある。「食用油の配給は段階制、三人家族で四合、七人までは六合、八人以上は一升。うちは七人だから六合である。〔中略〕裏の向うの何とかさんのうちの婆さんは、八十いくつで、もう食べるというほど食べはしないのに、頭数で一升もらえる。うちはみんな食べざかりで、ひと滴らしでも余計欲しいのに、たった一人足りないばかりに、一升の半分みたいな六合しか油がもらえない」。五人の子どもを抱えていた勝矢が「裏の向うの何とかさんのうち」に向ける眼差しは、切実かつ赤裸々だ。羨望というよりは強い不満であり、怒りに近い感情が綴られている。本来は、戦争を始めた政府、絶望的な戦いを続ける軍部に向けられるべき怒りは、まさに身近の無力な他者に向けられていた。

これと同じ眼差しが、子どもでも同様に生ずることは、東京都の梅野美智子の回想から明らかとなる。国民学校三年生だった梅野は大阪府南河内郡の神社に集団疎開していた。大豆御飯や高粱《コーリャン》御飯が続くと生徒は消化不良で下痢をする。付き添いの先生は赤痢などを恐れ、下痢をした生徒は自己申告させ、気づいた友人からも届け出るようにさせた。ところが、ここで本末転倒のことが起こる。生きるために必要な、子どもながらの戦いが始まる。下痢をすると御飯ではなくお粥があてがわれる。「すると、その子の分だけ、御飯のわけ前が増える。〔中略〕おなかをこわした子は、〔お粥だと腹の足しにならないので〕こわしていないと嘘をついて御飯をたべたがる。〔友達は〕そうはさせじとトイレで耳をすますのである。隣りでアヤシイ音がすると、すぐ犯人をつきとめ、先生に報告する。そしてわずかに増えた御飯をガツガツたべた」。このような「社会」を一〇歳にもならない子らが生きていた。

大人には大人の、子どもには子どもの、激しい戦いが演じられていた。大人と子どもの戦いということでは、熊本県の山下隆男が語る、兵庫県柏原町《かいばら》（現丹波市）への集団疎開の一幕が掲載されている。疎開に送り出した親が送ってくる心づくしの食糧を、教師たちは「後で公平にわける」からと言い、没収する。だが、いつまで待っても分配されない。子どもらは、ラジオの線を通した穴から、教師たちが夜な夜な、練乳の缶詰などを平らげているのを見てしまう。山下は書く。「極限に近い状況下における人間の倫理が、どんなにもろく、どんなに弱いものかを目の前で知らされた」、と。このような醜悪な事件は、実のところ日本のいたるところで起きていたことは、戦後アメリカ軍が接収したことで焼却を免れた、特高警察史料から、いくらでも見つけることができる。

国民をもろともに餓鬼道に落とすような戦争を、決して国家は行ってはならなかった。また、一九二〇年代以降、植民地からの外米輸入で米の国内消費をまかなっていたことも自覚せず、また、本来は南方油田地帯から石油を運ぶタンカーの船腹二〇〇〇万トンが確保できなければ対米戦争は困難だとの試算が出ていたにもかかわらず、軍部は六〇万トンのタンカーの船腹だけで開戦してしまった。そのような日本であれば、アメリカから国民が飢餓線上に陥るような封鎖を受けたが最後、早期に降伏をしなければならなかった。空腹もまた「今度の戰爭でもっとも凄惨苛烈な〈戰場〉だった」のである。人間の数、食糧の量、燃料の量、このバランスが一つでも崩れれば、いかなる政治の時代でも、いかなる技術進歩の時代でも、地獄がいとも簡単に現出することは、二〇一一年の地震・津波・原発事故で我々は思い知った。国民と国民のあいだを憎悪で満たすような、そのような戦争が銃後で起きていれば、それは、凄惨たる戦場に他ならない。花森は、女と子どもの回想や記録を中心に、六八年という時点で、鮮やかにとりだして見せた。

映画監督の伊丹万作（伊丹十三の父）が、死の半年ほど前に書いたエッセイに「戦争責任者の問題」（『映画春秋』一九四六年八月号）がある。伊丹は、多くの人々が今度の戦争では軍や官にだまされていたと嘆いてみせるが、それはありえないと書き出す。「いくら何でも、わずか一人や二人の智慧で一億の人間がだませるわけのものではない」と。そして、普通の人々が日々の暮らしのなかで発揮した「凶暴さ」を鋭く告発していた。

少なくとも戦争の期間をつうじて、だれが一番直接に、そして連続的に我々を圧迫しつづけたか、苦しめつづけたかということを考えるとき、だれの記憶にも直ぐ蘇ってくるのは、直ぐ近所の小商人の顔であり、隣組長や町会長の顔であり、あるいは郊外の百姓の顔であり、あるいは区役所や郵便局や配給機関などの小役人や雇員や労働者であり、あるいは学校の先生であり、といったように、我々が日常的な生活を営むうえにおいていやでも接しなければならない、あらゆる身近な人々であったということはいったい何を意味するのであろうか。

重病に冒され、死を前にした伊丹は、「だまされていた」という人々を見ると暗澹たる気持ちになるという。なぜなら、「『だまされていた』といって平気でいられる国民なら、おそらく今後も何度でもだまされるだろう。いや、現在でもすでに別のうそによってだまされ始めているにちがいないのである」

と。伊丹がこの文章を書いたのは四六歳のときであった。戦争ですさみきった日本人の姿を、伊丹は戦後も忘れなかった。彼の誠実さが記憶の上書きを許さなかったのだろう。花森が、女と子どもの〈戦場〉の記録を、六八年という時点で庶民の前に突きつけた心根の奥には、単にアメリカや日本の為政者への憤りだけがあったのではなかった。餓鬼道に落ちた国民の昔日の姿を、今一度思い出す必要性に迫られたに相違ない。反戦とは、そのような精神をもってして初めて可能となるからだ。

あとがき

四〇〇ページ近い本書の「あとがき」までたどりついてくれた読者には、感謝の言葉しかない。また「あとがき」から読み始めるのが習い性の「あとがき党」別名「あとがき愛読党」の方に向けてアピールするため、本書が研究史に加えた新たな論点など箇条書きにして振り返っておこうとも考えた。拙著（加藤 二〇一八）で実践したように。ただ本書の場合、「はしがき」においてすべての章で論じた要点をまとめていること、各章の扉に置いた「リード文」でそれぞれの章の「問い」を明らかにしているので、これらによって本書が論じている内容などお摑みいただけたらありがたいと思う（以下、敬称は略す）。

さて、近代史を専門としている筆者が軍・軍隊に関心を抱いたのは、古代の防人《さきもり》から近世の武士、はては戦前期の軍人までを貫く「意識」のようなものへの関心があったためだ。このような関心から、軍隊と天皇との関係を通時的に見た時どうなるのか、おおまかな見取り図をここに掲げ、「あとがき」にかえたい。

本書の総論では、一九三二〔昭和七〕年が重要な年として登場していたが、まさにその年に生まれた古代史研究者笹山晴生が、少年時代の太平洋戦争中に感じた述懐から話を始めよう。当時の少年雑誌には万葉集の防人の歌などが満載されていて、笹山少年は大伴家持《おおとものやかもち》の編纂にかかる万葉集に、次に引く常陸国の防人の歌「今日よりは　顧みなくて　大君の　醜《しこ》の御楯《みたて》と　出で立つ　吾は」などがあることを知る。笹山は研究者としての筆致としてはやや踏み込んでこう述べている。「そもそも多くの防人歌のなかに、およそ人々の敢闘精神、あるいは滅私奉公の精神を鼓舞すべきものがなにもなかったとしたら、あれほどまでにつよく人々に訴えかける、言霊としての力をもちえなかったはず」であり、「防人歌のなかには、〔中略〕人間の意識に深く刻まれたなにかが宿っていて、それが国家危急のおりに、同じ血を伝える人々のなかに共鳴した」（笹山　一九七五：四）のではないかと。

歴史を振り返ってみれば、国家が公的武力（天皇の下での軍団・兵士制など公民兵）に依った時期は、律令国家としての八世紀の奈良時代までと、明治維新以降昭和戦前期まで（徴兵制軍隊）の二回だった。それ以外の時期は私的武力（武家の私的主従関係下に組織）の時代であり、笹山は、防人の歌を採録した大伴家持の意識の裏に、天皇の公民兵だとの皇軍意識、武門の名を負う大伴氏ゆえの自負を読み取っていた。

ついで幕末維新期に天皇の国制上の位置づけが大きく変化する。日中戦争から太平洋戦争終結までの先の大戦で戦死者を最も出した世代の一人、一九二三（大正一二）年生まれの近世史研究者尾藤正英は、この変化を次のような「問い」として捉えた（尾藤　一九九二：一六八）。「武士身分の廃止という大きな社会的変革が、あまり大きな抵抗もなく、短期間に急速に遂行されたところに、明治維新の一つの重要な特色が見出される。〔中略〕封建的特権身分の廃止という大事業が、しかもその身分の出身者を主要な構成員とする政府によって、比較的に容易に行われたのは、何故であろうか」。この問いに対しては、武士が尊王思想に目覚めたから、あるいは武士と豪農との間に同盟関係を築いた下級武士たちのエートスが核となり武士階層に革新的性格が生み出されたから、といった説明がこれまでなされてきた。だが尾藤はこの問いに、武士という社会階層がいかなる状況で発生したかを考えることで答えを対置してゆく(同前：一九二)。

一五～一六世紀にあって武士は、被支配身分に属していた上層農民が武装した新興社会層として誕生する。この発生の特質から見た時に武士の特徴はいかなるものになるのか。まずその意識は、共同体的な性格から由来した、合議制の伝統、平等意識に支えられていたものと推測できよう。つぎにその使命感は、地域社会の平和を自力で保証しようとする意識となるだろうし、兵農分離後を経て国家の政治と軍事を担う身分に編成された時点では、「国家の対外的な独立と国内の平和とを維持する責任の意識」を持ったとみなせよう。

このような使命感から考えた時、次のような説明が可能となる。列強の軍事力を前に幕府＝公儀の武威が役に立たないものとわかった時、それは共同責任を代表するはずの幕府が責任を全うしなかったことを意味し、国内平和と対外独立の維持という「役」を担う武士層にとって幕府は排斥されるべき対象、すなわち「私心」ある対象とみなされていったのではないかとの見立てだ。武士層にとって「私心」の反対の価値は「公論」だったから、幕末維新期の天皇は公論重視のシンボルとして浮上する。江戸総攻撃予定日に出された「五箇条の誓文」を想起するまでもなく公議輿論は、天皇と武士をつなぐ論理となってゆく。

発生形態から推測される武士の特性は二つ、合議制の伝統と平等意識だったが、この二つが近代においていかに位置づけられていたのか、その例を各一つずつみておきたい。満州事変の計画者だった石原莞爾は、二・二六事件後の一九三六（昭和一一）年三月一二日、陸軍の再建方針を語るにあたってこう述べていた。「軍部自ら実行力絶大なる強力主義に則り、其組織に一大革新を加ふるを要す。蓋し、現下の組織は合議制、弱体主義に堕しあればなり」（加藤 一九九三：二二四）。組織体としての陸軍の特性を「合議制」に石原はみていた。それはもはや否定されるべき対象ではあったが。

平等意識については乃木希典に対する北一輝の議論を紹介しておきたい。日露戦時の乃木の戦術については当時から批判があった。北はその著作『日本改造法案大綱』中の「国家の権利」の章において、「徴兵制の維持」を国家の権利として掲げていたが、その説明部分に乃木の挿話を登場させている（北 二〇一四：一一七）。兵営・軍艦内での「階級的表章」以外の物質面での平等を要求した北は、「乃木将軍が軍事眼より見て許すべからざる大錯誤をなして彼の大犠牲を来せしに係らず、彼が旅順包囲軍より寛過されし理由の一は己れ自ら兵卒と同じき弁当を食いし平等の義務を履行せしがゆえなり」と述べ、兵営生活での兵士との平等といった観点から乃木を評価していたのである。

では、天皇親率を理念に置き、政治からの中立性を確保すべく誕生した近代の軍隊が、その後いかなる論理と経緯によって変容を遂げていったのか、それをごく簡単におさえておきたい。昭和天皇がポツダム宣言受諾を決意した際、陸海軍の統帥部や陸相が反対したことなどは第7章で述べた。東条英機元首相はサザエの殻（軍事力、軍隊）とサザエ（天皇、皇位）のたとえ話によって天皇に反対意見を奏上しただけでなく、四四年七月の時点の内閣総辞職の際には、国体論に狭義と広義の二つがあり、広義の国体論では「国家の為にならぬ場合は、上命に背いても良い」のだと論じていた。国家のためには、生身の身体を持つ天皇の意思に従わなくとも可、とする考え方だった。

国家の為政者が「王の二つの身体」のうち自然的身体（カントーロヴィチ 二〇〇三）の意思に従わないなどよくある光景だったとは、日本の歴史を学んだ者なら誰でも知っている。一つだけ例を挙げれば、一八六五（慶應元）年にあって第二次長州征討を命じた孝明天皇の勅命を批判した大久保利通の言葉「非義勅命は勅命に有らず」など有名だろう（鈴木 一九九三：二二）。近代に限ってみても政治当局者は、生身の身体を持つ天皇その人と「万世一系」との理念を伴った皇位（政治的身体）をクールにも分別していた（増田 一九九九：一四、一九）。一九〇七（明治四〇）年の公式令の制定などは、明治立憲制の創設者だった伊藤博文や伊東巳代治が、有賀長雄ら国法学者とともに、皇室（天皇・皇族）と国家との切り分けを再考し、改めて制度改正に臨んだ措置といえた。井上毅は頑として認めなかった皇族の臣籍降下などの改正案が皇室典範増補に盛り込まれたからだ。日露戦後という時代は、皇室を議会から隔絶させ、皇室は「私事」だと強弁できなくなった時代にほかならない（鈴木 一九九三：一四八〜一四九）。

国家の行政の担当者である為政者の側が、国家と天皇の区分に再検討を加える必要を感じ始めたちょうどその時、中国革命へのコミットを通じて二〇世紀初頭の世界の変容を最も敏感に感じていた社会運動家北一輝もまた、天皇のあり方や国体論のアップデートの必要を感じていた。日露戦争終結の翌年、一九〇六（明治三九）年の著作『国体論及び純正社会主義』で北は、「日本国民と日本天皇とは権利義務の条約を以て対立する二つの階級にあらず」（北 一九五九：二一三）と書き、国家という存在を前にした時、天皇と国民は対等と位置づけられなければならないと喝破した。

常にもまして北の舌鋒の鋭さが増したのは理由がある。日清・日露の両戦争に勝利し、植民地を保有する「二〇世紀帝国」となった日本だったが、その日本が有すべき国体論は準備されているのか、との義憤からである。憲法学者の穂積八束や哲学者の井上哲次郎などが説く「君臣一家論」などでは、現代社会は説明がつかないという批判だった(北 一九五九:二六四)。条約により新しい版図が日本に附加されたにもかかわらず、先の論者らは「天祖は国民の始祖」、「天皇は国民の宗家」などと呑気なことを述べていたからである(鈴木 一九九三:一七五)。植民地として獲得された台湾、租借地となった関東州、併合された韓国、南樺太など、そこに居住していた人々の処遇はどうなるのか。北の問いは、これらの人々と日本の天皇との関係を理論的にどう関係づけるのかという根本的な問いかけに他ならなかった。国家を前にしての天皇と国民の対等性を求めた北の、国家と社会への見方が、当時にあっては高い水準での憲法理解だったことに早くから注目していたのは筒井清忠である(筒井 二〇〇六:三八九〜四〇七)。

国民の代表である議会と天皇を直結させ、天皇を国民の天皇としてゆくための改造法案を具体化した点に北の議論の画期的な新しさがあったといえよう。「二〇世紀帝国」日本にあって、行政の担当者の側と社会運動家の側双方から、国家と天皇と国民の関係がいかにあるべきかをめぐる理論が出され、どちらが時代を規定するかの競合が始まっていた。そのような時代にあって、「股肱の臣」との言葉で天皇と関係づけられ、「国家の対外的な独立と国内の平和とを維持する責任の意識」を歴史的に抱いていたはずの軍隊は、時代にいかに対応していったのか。

まず解決すべき問題は、軍人勅諭の核心にあった軍人の政治不干与という原則を、いかなる論理で乗り越えようとしたかということだったろう。北一輝の改造法案や国体論の核心を読み抜いた陸軍青年将校菅波三郎。その影響下にあった士官候補生らの五・一五事件公判での陳述からわかることをまとめておく（原ほか 一九九一：九八）。三三年七月二九日の法廷では島田朋三郎法務官が青年将校の考えについて尋ねていた。菅波は、「軍人の使命と云うことに就て、軍人は国家を保護すると云うことに付て何か話はしなかったか。外敵に対て国家を保護するのが軍人であるばかりでなく、内敵に対しても国家を保護しなければならないということを話さなかったか」と、法務官は誘導質問を行った。

それに対して候補生の一人・八木春雄は島田の望み通りに答えていた。「軍隊は国家保護の任務」を有っており、「内乱を鎮定するのが真の目的ではなくして、内乱を未然に防ぐ」のが真の役割であり目的だとの答えである（原ほか 一九九一：一〇三）。国家の保護に任ずる軍人は外敵のほか内敵にも対応すべきであり、内乱を未然に防ぐための行動こそが大事だとの論理であろう。二・二六事件の裁判の頃とは異なり、血盟団事件や五・一五事件の公判廷は、軍人・国家主義者の民間人らの自己宣伝の場と化し、裁判はいわば社会運動と同等、あるいはそれ以上に大きな機能を果たすようになってしまっていた（加藤 二〇一八：二五〇〜二五三）。弁護士・菅原裕の法廷戦術の鮮やかさと国家防衛権論については総論で述べたが、急迫かつ重大な危機の存在がある場合、国家の安全を担保する軍人にはそれを防衛する義務があるのだとの論法であった。

稀有な運動家にして青年将校だった藤井斉の議論を最後に見て筆を擱きたい。藤井の筆になる二八年の王師会宣言中には、「武人の国家的使命を自覚せず、伝統のまゝに政治に係《かか》わらずの勅諭を曲解してその美器の下に国家の情勢に自ら掩《おお》ひ、その混乱に耳を塞ぎて責任をのがれんとす」として軍人の現状を批判した部分があった（高橋 一九七四：二五四）。三〇年四月三日の日付を持つ、同じく藤井の手になる「憂国慨言」は、「我等は外敵の侮辱に刃を磨くと同様にこの内敵—然り天皇の大権を汚し、民衆の生命を賊する貴族、政党者流及財閥〔中略〕政治にかゝはらずとは現代の如き腐敗政治に超越するを意味し、世論にまどはずとは民主共産主義の如き亡国思想に堕せざるを云ふ」（同前：二六〇）と論じていた。先の五・一五事件の公判での発言と合わせて考えれば、軍人勅諭の組織的な読み替えが社会の中で進行していたということだろう。

長いあとがきも本当にこれでおしまいにするが、二〇〇七年に勁草書房から二冊目の拙著『戦争を読む』を出したおりに大変にお世話になった編集者の土井美智子さんに、今回もまたご担当いただけたのは筆者にとって何より嬉しいことであった。今回も、採録すべき文章の選択から、掲載の順序、全章で統一した章節の構成、釣り見出しの作成にいたるまで、すべて土井さんが流れるような優雅な手さばきでお進めくださった。心から感謝申し上げる。

二〇一九年九月

加藤陽子

参考文献

加藤陽子（一九九三）『模索する一九三〇年代　日米関係と陸軍中堅層』山川出版社、新装版二〇一二年
加藤陽子（二〇一六）『増補版　天皇の歴史　8　昭和天皇と戦争の世紀』講談社学術文庫

カントーロヴィチ、E・H（二〇〇三）小林公訳『王の二つの身体　中世政治神学研究』上・下巻、ちくま学芸文庫
北一輝（二〇一四）『日本改造法案大綱』中公文庫、原本は一九二三年、改造社
北輝次郎（一九五九）『北一輝著作集』第一巻、みすず書房、原本は一九〇六年刊
笹山晴生（一九七五）『古代国家と軍隊　皇軍と私兵の系譜』中公新書、講談社学術文庫版、二〇〇四年
鈴木正幸（一九九三）『近代日本の軌跡　7　近代の天皇』吉川弘文館
高橋正衛（一九七四）解説『現代史資料　23　国家主義運動　3』みすず書房
筒井清忠（二〇〇六）『二・二六事件とその時代　昭和期日本の構造』ちくま学芸文庫
原秀男ほか編（一九九一）『検察秘録　五・一五事件　Ⅳ』角川書店
尾藤正英（一九九二）「明治維新と武士」『江戸時代とはなにか　日本史上の近世と近代』岩波書店、岩波現代文庫版、二〇〇六年
増田知子（一九九九）『天皇制と国家　近代日本の立憲君主制』青木書店

初出一覧

総　論　「天皇と軍隊から考える近代史」　書き下ろし

第１章　「戦争の記憶と国家の位置づけ」　長谷部恭男編『「この国のかたち」を考える』（岩波書店、二〇一四年）、二五～六一頁。

第２章　「軍国主義の勃興――明治維新から第一次世界大戦終結まで」原題「日本軍国主義的興起」、郭岱君主編『重探抗戰史㈠　從抗日大戰略的形成到武漢會戰（1931-1938）』（台湾、聯経出版、二〇一五年）、一七～四七頁。日本語版は本書に初収録。

第３章　「第一次世界大戦中の「戦後」構想――講和準備委員会と幣原喜重郎」　劉傑・川島真編『対立と共存の歴史認識　日中関係150年』（東京大学出版会、二〇一三年）、一二七～一五〇頁。

第４章　「一九三〇年代の戦争は何をめぐる闘争だったのか」　岩波新書編集部編『シリーズ日本近現代史　⑩　日本の近現代史をどう見るか』（岩波新書、二〇一〇年）、一〇七～一三一頁。

第５章　「総力戦下の政―軍関係」　吉田裕ほか編『岩波講座アジア・太平洋戦争　２　戦争の政治学』（岩波書店、二〇〇五年）、三～三二頁。初出で割愛した部分を含む長いバージョンにて収録。

第６章　「大政翼賛会の成立から対英米開戦まで」　吉田裕ほか編『岩波講座日本歴史　第18巻　近現代４』（岩波書店、二〇一五年）、三～四〇頁。初出で割愛した部分を一部補足して収録。

第７章　「日本軍の武装解除についての一考察」　増田弘編著『大日本帝国の崩壊と引揚・復員』（慶應義塾大学出版会、二〇一二年）、四九～八〇頁。

第８章　「「戦場」と「焼け跡」のあいだ」『考える人』（新潮社、二〇一一年夏号）、一三八～一四三頁。

人名索引

サ行

タ行

ナ行

ハ行

マ行

ヤ行

事項索引

タ行

ナ行

ハ行

マ行

ヤ行

ラ行

ワ行

著者略歴

1960年　埼玉県に生まれる
1989年　東京大学大学院人文科学研究科博士課程修了（国史学）
現　在　東京大学大学院人文社会系研究科教授
主　著　『戦争の日本近現代史』（講談社現代新書、2002年）
『戦争の論理』（勁草書房、2005年）
『満州事変から日中戦争へ』（岩波新書、2007年）
『それでも、日本人は「戦争」を選んだ』（新潮文庫。旧版は朝日出版社、2009年）
『昭和天皇と戦争の世紀』（講談社学術文庫。旧版は講談社、2011年）
『戦争まで』（朝日出版社、2016年）
『天皇はいかに受け継がれたか』（責任編集、績文堂、2019年）ほか

天皇と軍隊の近代史　　けいそうブックス

2019年10月20日　第1版第1刷発行
2022年3月20日　第1版第5刷発行

著　者　加《か》藤《とう》陽《よう》子《こ》
発行者　井　村　寿　人

発行所　株式会社　勁《けい》草《そう》書　房

112-0005 東京都文京区水道2-1-1　振替 00150-2-175253
（編集）電話 03-3815-5277／FAX 03-3814-6968
（営業）電話 03-3814-6861／FAX 03-3814-6854
堀内印刷所・松岳社

ISBN978-4-326-24850-6　　Printed in Japan

＊落丁本・乱丁本はお取替いたします。
ご感想・お問い合わせは小社ホームページから
お願いいたします。

https://www.keisoshobo.co.jp